教育部、财政部"职业院校教师素质提高计划"—— 职教师资本科《秘书学》专业培养标准、培养方案、核心课程和特色教材开发项目（VTNE052）系列成果

职教师资本科秘书学专业丛书

丛书主编 / 王 雯

办公室事务管理

Office Affairs Management

王 雯 / 著

 社会科学文献出版社
SOCIAL SCIENCES ACADEMIC PRESS (CHINA)

丛书总序

古人云："国之废兴，在于政事；政事得失，由乎辅佐"，这充分体现了秘书职位的重要性。秘书专业是一门实践性、应用性很强的专业。做好秘书工作不仅需要扎实的理论知识，更需要丰富的实践经验和动手操作能力。为了使从业人员就业时能尽快适应秘书工作岗位，应以实践为导向、以能力为本位。

丛书包括三本教材：《办公室事务管理》《秘书学专业教学法》《会议组织与服务》。《办公室事务管理》教材编写突出课程实践性和开放性的特点，实现理论和实务的有机结合，既注重专业知识理论基础，又兼顾专业能力培养和实际工作指导；《秘书学专业教学法》聚焦教师向职教师资本科秘书学专业学生传授知识的方法，有助于提高学生专业能力、教师职业道德能力及实践操作能力，是研究秘书学教学过程及其规律的教材；《会议组织与服务》培养秘书学及相关专业学生的理论研究和实际操作、解决问题能力，注重理论与实践并重，通过理论实践一体化教学，让从业人员能办会、会办会、办好会。

丛书从"能力本位"观念出发，分析了秘书专业"能力本位"对秘书从业人员的要求，秘书职业"能力本位"包括诚实守信的处世态度，任劳任怨、认真负责的工作作风，责任感，敬业精神，团队意识，品德修为，性格修养，仪表气度等。丛书具有如下特点，一是系统设计框架，丛书涵盖了秘书从业人员面临的办事、办会基础议题，内容之间紧密衔接。二是以实践为导向，秘书工作必须重视实践环节，促使学习者把所学理论知识迅速转化为实际能力，在工作过程中加深对知识的理解和运用。在丛书中，涉及秘书专业的内容均以秘书实践为导向，聚焦为从业人员解决实践中的问题。三是以培养从业者职业能力为终极目标。职业能力包括了职业技术能力和职业关键能力两部分，涵盖了技术技能、理论知识、职业素质等从业需要的全部能力。本丛书将职业技术能力的培养与职业关键能力的培养紧密结合，旨在使学生既提升做事的能力，又学会做人的本领；既有迅速上岗的能力，又有职业可持续发展能力。

作为职教师资本科秘书学专业核心教材，本丛书是教育部、财政部"职业院校教师素质提高计划"——"职教师资本科《秘书学》专业培养标准、培养方案、核心课程和特色教材开发项目"的研究成果。丛书对于进一步完善秘书学人才培养培训体系，推动秘书工作的科学化、规范化发展具有基础性和创新性价值。这一系统成果，既是开展从业人员培训的专门教材，也是在职自学的重要读物，同时也将为秘书管理部门加强和改进管理工作提供有益借鉴。希望各管理部门、从业人员和培训机构能够充分利用好这些成果及资源。

前　言

随着我国市场经济的迅猛发展，各行各业对办公室事务管理人员的需求越来越大，对其从业人员的知识要求更具有时代性、能力要求更具有针对性、素质要求更具有综合性。如何适应社会发展的新需求，培养具有综合职业能力和全面素质的现代化办公室管理人才和秘书学师资人才成为近年来人们关注和研究的课题。

课程是培养人才的基本单元，教材是培养人才的主要载体，根据近年来办公室事务管理工作的实践需要，并在研究了大量同类教材内容和总结多年职业教育教学经验的基础上，我们编写了《办公室事务管理》一书。本书作为教育部、财政部职业院校教师素质提高计划——职教师资本科秘书学专业的一本核心图书，按照一个目标、两个对接、三种形式、四项考核的原则，在教学目标设定、教学内容设置、教学形式设计、教学考核安排等方面有一定的突破和创新。

一　教学目标的针对性（一个目标）

遵循秘书学职教师资培养的目标和规律，将理论与实践、专业与教学、高校的培养环境和职业院校专业师资的实际需求有机地结合起来，更加重视办公室事务管理从业人员和秘书学师资人才的思维与创新能力、实际操作能力和观察分析与解决问题的能力、职业道德与综合素质的培养。

二 教学内容的对接性（两个对接）

强调教材内容设计同职教师资能力培养与办公室管理典型工作任务要求的对接性，实现教材内容、师资能力培养、办公室管理岗位任务要求三者的无缝对接，并就任务情境下如何完成工作任务进行了详细的任务目标、任务描述、任务分析和任务实施步骤的解析。

强调教材内容设计与国家秘书职业标准的对接性，将国家秘书职业标准中所涉及的办公室事务管理工作内容及相应标准作为相应项目及任务教学内容的主要标准。

三 教学形式的多样性（三种形式）

以讲授法、讨论法、参观教学法设计为主，设计完成教材理论教学的讲授。

以直观演示法、现场教学法、任务驱动法为主，设计完成教材实践教学的讲授。

以练习法、自主学习法为主，设计完成教材综合实践教学的训练。

四 教学考核的全面性（四项考核）

通过项目中子任务的技能训练、任务自我评价、任务组内评价、任务教师评价四项考核指标设定教学目标考核。

本书围绕办公室事务管理工作所设计的 8 个项目、29 个子任务精选了典型的教学案例，并设计了紧密结合实际的项目教学内容。

本书的写作团队成员主要为云南大学职业与继续教育学院秘书学专业的骨干教师，他们均具有丰富的教学经验或办公室管理一线工作的经验。本书由王雯整体规划设计大纲和体例，又经过多位作者数次研讨和修改才着手正式编写，最后由王雯统稿。参加编写的人员分工如下：第一章、第二章由杨博执笔；第三章、第六章、第八章由王雯执笔；第四章、第七章由董红梅执笔；第五章由胡莹执笔。

在本书撰写过程中，我们汲取了很多行业领域和职业教育领域的专家、学者的先进思想及理念，在此一并向他们表示诚挚的谢意。在编写过程中我们参考了国内外许多图书杂志和秘书网站发表的文献资料，均以参考文献的形式列出，在此谨向这些作者和版权所有者表示衷心的感谢。因我们的水平有限，书中疏漏之处在所难免，敬请广大读者及同仁批评指正。

著　者

目　录

第一章
认识办公室事务

第一节　了解办公室事务

学习目标

◆ 明确办公室的概念及地位。

◆ 掌握办公室事务的内容及特点。

◆ 熟悉办公室人员基本行为要求。

任务描述

招聘单位在招聘办公室工作人员，尤其是文员、秘书、助理等职务时，常常要求应聘者熟悉办公室的日常事务管理工作。可对于办公室事务工作，很多人的思想观念仍然停留在传统意义上的接打电话、端茶送水等基础性的工作内容上，熟悉办公室事务的内容、特点和人员基本行为要求能够确保办公室事务工作的有效开展。

任务分析

办公室人员分为多种，每个行业、工种的具体工作要求不同，但基本要求相同，从事办公室事务工作首先必须了解办公室事务的内容、特点和工作人员的基本行为要求。

【任务实施步骤】

（一）明确办公室的概念

【操作流程】

了解办公室概念→了解办公室地位

【操作步骤】

步骤1：了解办公室概念

很多时候人们一提到工作，就会提到"办公室"。在实际运用中，"办公室"一词主要有以下几种含义。

（1）办公的场所。泛指人们办公的场所，这种场所必须具有处理与工作有关的各种事务的功能，配备有办公家具、档案柜、打印设备、通信设备等，可供人们在书写、接待、会谈、联络等工作中使用。

（2）政府机关及企事业单位下设的主管某一专项工作的行政机构。

（3）各类机关、团体、单位中协助领导处理本单位日常工作、为领导及整个团体提供辅助和支持工作的专门机构。

步骤2：了解办公室地位

（1）中心地位。

办公室常常要代表领导处理全局性的问题，起到指挥、控制整个单位工作的作用。

（2）枢纽地位。

办公室在一个单位中是上下沟通、左右协调、联系各方、保证单位工作正常运行的枢纽，起到直接协助领导工作的作用。

（3）窗口地位。

办公室是一个单位的总进出口，处于联络站的地位，是对外沟通交流、宣传的重要窗口。

（二）掌握办公室事务的内容及特点

【操作流程】

了解办公室事务的主要内容→了解办公室事务的特点

【操作步骤】

步骤1：了解办公室事务的主要内容

我国办公室工作的具体内容是由办公室职能所决定的，主要包括以下内容。

（1）办公室日常事务管理工作。负责办公室环境管理、办公用品管理、会议室和公务用车管理、时间管理、印信管理、借款与报销。

（2）接待工作。负责接待来访者、接打电话、团体接待、宴请活动。

（3）信息管理工作。负责信息收集、信息整理、信息传递、信息储存与使用。

（4）文书工作。负责收文处理、发文处理、文书管理。

（5）领导活动管理。负责领导日程管理、领导出差安排、出境差旅安排。

（6）调查研究。负责调查研究准备、开展调查活动、调查分析研究、撰写调研报告。

（7）危机管理与突发事件应急处置。负责危机管理、突发事件应急处置。

（8）领导交办的其他工作。负责领导和管理部门临时交办的其他工作。

＊**相关知识链接**＊

国际秘书协会确定的办公室事务的主要内容

国际秘书协会确定的办公室事务的主要内容包括：速记上司交代事项；执行录音吩咐；档案管理；阅读并分类信件；以电话维持公共关系；替上司定约会时间并记录；按上司指示完成信函；在权限内自发信函；接待来访宾客；替上司接洽外界人士；自动处理例行的事务；为上司安排旅行或考察；替公司宾客订房间机票等；准备好公司要开会的资料；替上司收集演讲等的

资料；替上司准备财务等报告；整理并组织好粗略的资料；替上司保管各种记录；协助上司保管各种记录；督导一般职员或速记员；搞好会务工作；复印资料。

步骤2：了解办公室事务的特点

（1）服务性。

办公室工作不仅服务领导，而且服务单位全体人员，因此要有良好的服务意识，做到细化服务、提高效率，杜绝"为他人作嫁衣"的思想，端正工作态度。

（2）政策性。

办公室事务工作都必须根据单位的相关政策和规定依据来办理，不能随意。

（3）繁杂性。

办公室作为单位的枢纽部门，事务千头万绪，临时需要处理的事务很多，必须不断加强自身的事务处理和管理能力。

（4）综合性。

办公室是综合办事部门，承担着同所有部门的信息传递和沟通责任，在处理办公室事务时需进行综合分析、统筹处理。

（三）熟悉办公室人员基本行为和能力要求

【操作流程】

了解上下班规范要求→了解职业行为规范要求→了解现代秘书职业技能要求→了解职业形象规范要求

【操作步骤】

步骤1：了解上下班规范要求

上班一般提前到岗，在正式工作开始之前做好清洁准备工作；因故不能准时上班，应提前向领导说明原因和请假，把不在岗时必须处理的事务跟同事交代，以免延误工作；上班时间临时外出，要向同事说明去向，外出半天及以上时间要征得领导同意，并保持通信畅通；下班前对手头未完成的工作进行整理，按主次安排好，以便次日顺利工作；下班时应征询领导是否还有工作要处理。

步骤2：了解职业行为规范要求

忠于职，诚于事，秉持对职业的忠诚，做好交办的每一件事；严于律己，宽以待人，维护办公室工作的和谐环境；把握处事分寸，重要问题请示领导，日常事务自行处理；服从领导，当好参谋；谦虚谨慎，办事公道，热情服务；将工作整合有序化，提高工作效率；对突发事件要处乱不惊、随机应变，阻止事态扩大；上班时间不处理与工作无关事宜，有空闲时间可进行职业知识储备。

步骤3：了解现代秘书职业技能要求

随着电子时代、网络时代的到来，现代社会对秘书角色的要求变化很快，秘书人员需要从以下方面提高自己的职业技能。

（1）多元化才能。

现代社会对秘书人员的要求是全方位的，在具备一定的语言处理能力和计算机技能的同时，还需具备所从事特定行业的专业技术知识。

（2）出色的组织能力和控制能力。

秘书作为一个组织者，在面临自己日常繁杂工作任务的同时，还要为领导出谋划策，或者为各种会议和活动做计划，并落实安排，这就需要秘书能够把握和控制各种复杂的局面。

（3）完美的沟通能力。

秘书需要和领导、同事以及客户打交道，要协调企业内外部的关系，这些都有赖于沟通能力作保证。

（4）获取新知识的能力。

现代社会知识更新的速度超过了以往任何一个时代，要想完成好自己的工作任务，在激烈的竞争中赢得主动，秘书必须通过继续深造来不断增长知识和提高技能。

（5）团队合作能力。

团队合作能力是现代社会秘书人员需要重点强调的，没有一个人能够完全脱离群体取得成功，而秘书人员又是社会组织中处于特殊地位的一个角色，需要通过自己的努力，帮助领导组织构建一个强有力的团队，同时督促团队努力工作，最大限度地发挥团队的潜力。

步骤4：了解职业形象规范要求

办公室着装要求干净整洁，款式大方，剪裁得体，穿着舒适，行动自在；避免款式夸张或太过休闲的服饰；发型要求自然、不夸张，女士不化浓妆，男士注意面部清爽。

技能训练

* 案例 *

ＸＸ公司招聘信息

招聘岗位：行政文员

招聘人数：1 人

最低学历：大专

职位月薪：面议

岗位职责：

1. 及时、准确接听/转接电话，如需要，记录留言并及时转达；

2. 接待来访客人并及时准确通知被访人员；

3. 收发公司邮件、报刊、传真和物品，并做好登记管理以及转递工作；

4. 负责快件收发、机票及火车票的准确预订；

5. 负责前台区域的环境维护，保证设备安全及正常运转（包括复印机、空调及打卡机等）；

6. 协助公司员工的复印、传真等工作；

7. 完成上级主管交办的其他工作。

岗位要求：

1. 女士优先，形象好，气质佳，年龄 22～30 岁，身高 1.65 米以上；

2. 大专及以上学历，1 年以上相关工作经验，文秘、行政管理等相关专业优先考虑；

3. 较强的服务意识，熟练使用电脑办公软件；

4. 具备良好的协调能力、沟通能力，有责任心，性格活泼开朗，具有亲和力；

5. 普通话准确流利；

6. 具备一定商务礼仪知识。

（选自云南人才网）

1. 思考题：请分析上述招聘信息所反映的办公室事务工作的内容及要求。

2. 训练：熟悉掌握办公室事务的工作内容及要求。

（1）训练内容：请根据以上招聘信息或自行查找秘书或文员相关岗位招聘信息，按照招聘要求，拟定一份办公室秘书工作职责。

（2）训练要求：要求学生通过应聘者角色扮演了解掌握办公室事务工作的内容及要求。

学习评价

表 1-1　学习评价内容

学习目标	自我评价			组内评价			教师评价			备注
	好	较好	一般	好	较好	一般	好	较好	一般	
1. 熟悉办公室事务工作内容及特点										
2. 能够对秘书、文员等岗位的任职条件做出研究分析										
3. 掌握办公室人员基本行为要求										

第二节　融入办公室事务工作

学习目标

◆ 具备良好的工作心态准备。

◆ 具备良好的工作思想准备。

任务描述

很多刚接触办公室事务工作的人员往往只能在办公室打杂，做了一段时间，除了每天按部就班地扫地、端茶、接电话，偶尔看看文件外，也没什么事情可干，很容易在从事办公室事务初期对自己的理想和抱负将要在这个含金量不高的岗位上消失殆尽而苦恼。良好的心态和思想准备，能够更好地帮助秘书人员适应办公室事务工作。

任务分析

从事办公室事务工作，必须从思想、心态等方面做好相应的准备，从而更好地融入工作中，并最终做出实效。

任务实施步骤

（一）工作心态准备

办公室是反映单位综合形象的一个重要窗口，做好办公室的事务工作其重要性不言而喻。由于办公室管理的事务通常比较繁杂，往往也是各种矛盾集中之处，如处理不当，很容易激化矛盾，从而影响工作。在办公室的工作中，若能秉持"六颗心"，则对于增进理解、化解矛盾、改进工作往往具有事半功倍之效。

【操作流程】

拥有"诚心"→拥有"公心"→具备"热心"→具备"耐心"→做事"细心"→处事"平常心"

【操作步骤】

步骤1：拥有"诚心"

所谓诚心，就是真心诚意地对待自己的工作和同事。是否对办公室工作有一颗真诚热爱的心、是否对同事有一种朴素诚恳的服务态度，是决定能否做好办公室事务工作的首要因素。办公室就像一个小社会，外迎内接的事务桩桩件件看似小事，却又总是与单位的形象与工作紧密联系着。如果不是抱着一种全心全意服务的态度去做，很难想象能把那些纷繁琐碎的事务处理得井井有条并使各方满意。

步骤2：拥有"公心"

不偏不私，平心处事。矛盾的背后，总是牵扯到利益。不同的观点，不同的利益，也就会产生不同的立场。要协调好这些矛盾，就需要站在一个公正的立场上。不以亲乱纪，不以疏废事。只有自身位置摆正了，才能起到以身作则之效。办公室事务烦琐，接触人员复杂，对管理工作要求也高。如果在协调处理事务时，不能做到一碗水端平，就容易让矛盾激化。因此，要求别人做到的，自己要首先做到；要求别人不做的，自己要带头不做。若能做到不偏不倚，在协调处理矛盾时，通常也就游刃有余了。

步骤3：具备"热心"

关心同事，提供热情周到的服务，这既是处世的基本准则，也是办公室工作性质所要求的。办公室是单位接待的中心，迎来送往必不可少，以热情的态度接待客人、服务同事，和以冷淡的话语打发客人、敷衍同事，其工作效果的差别想必也是显而易见的。

步骤4：具备"耐心"

日常工作中，矛盾总是不可避免的，常常因为观点不同，或者信息失真，造成种种误会。面对这些情况，如果选择逃避，那只会让矛盾或误会越积越深。因此一旦出现矛盾，就必须以积极的态度去面对。而矛盾或误会通常是成易化难，要消弭误会、化解分歧，往往非朝夕之功，这时就需要耐心。要耐得住性子，忍受别人一时的不理解甚至冷嘲热讽，用诚心、公心和热心去解除别人心中的疑惑或不满。办公室管理少不了要做人的思想工作，这也是一项细致艰苦的任务，需要有磨破嘴皮的觉悟。对政策的宣传贯彻、对处理或处罚理由的说明、对纷争的协调等都需要一张铁嘴，指望所有事务都能一蹴而就是不现实的，如果没有足够的耐心，没有做好迎接长期挑战的准备，那只能是半途而废，有时甚至会起到相反的效果。

步骤5：做事"细心"

细节决定成败，只有平时细心观察事物，才能及时发现问题，防微杜渐，将矛盾化解在萌芽状态。办公室工作千头万绪，很多事情看似小事，却是能影响大局的要事。如果工作不细心，很容易丢三落四，甚至影响到单位形象。因此，切不可因为小事而大意，要注意平时点点滴滴经验的积累。特别是对一些失误和错漏之处，要及时总结教训，避免重蹈覆辙。

步骤6：处事"平常心"

在办公室工作，要守得住原则，经得住误解，正确面对得失，这就需要有一颗平常心。工作中遭遇误解或反对等压力并不可怕，可怕的是面对得失不能保持平常心，或因一时失志而一蹶不振，或因一时得意而忘乎所以。以淡然的态度对待得与失，纵有千般烦恼困惑，也可消弭于无形。保持良好的心态，也就为做好办公室工作打造了一个坚实的平台。

（二）工作思想准备

对于刚接手办公室事务工作的人员来说，单位往往不会马上委以重任，而是先试用一段时间。新人往往在试用期间会觉得工作很单调、待遇不高，甚至觉得无所事事，感觉工作就是打扫一下卫生、泡一下茶、看看报纸。因此在选择从事办公室事务工作前，必须做好相应的思想准备，从小事做起，努力提升自己，在打杂的过程中寻找属于自己的机会，从而尽快成长。

【操作流程】

充分发挥主观能动性→提高工作的含金量→在工作中不断学习→在"打杂"中创造机会

【操作步骤】

步骤1：充分发挥主观能动性

办公室实务工作不是打算盘，领导拨一下你就动一下，很多时候需要秘书充分发挥主观能动性，自己找事做，做到"眼勤、耳勤、脑勤、手勤"。开始的时候可能找不到事做，但只要用心，总有能让你接手去做的工作，否则你也只能端茶、送水、打扫卫生到试用期满就要另觅出路了，但在发挥主观能动性的同时，必须注意自己所做的事是否越位。

步骤2：提高工作的含金量

几乎所有的办公室事务工作都可以增加其"含金量"，例如：给客人泡茶的时候多一个微笑；给领导起草文件的时候多加点图表说明，让简单枯燥的数字更直观……虽然办公室事务工作主要就是做"杂务"，但也不能机械地去做，要以精益求精的态度，在做好工作的同时给自己的每一份工作增加

"含金量"。否则，如果认为办公室事务工作只是"打杂"，那么你的工作永远只能是"打杂"。

步骤3：在工作中不断学习

办公室事务工作所涉及的领域和内容繁杂，工作人员很多时候不可能样样精通，要做好办公室事务工作更要熟知单位的工作情况，因此必须不断充实自己，可以从下面三方面入手：第一，仔细阅读和琢磨经手的各类文件和资料，掌握单位的工作动态；第二，留意领导对相关事务的处理方式；第三，留意网站和报刊上有关本行业的新闻和动向，遇到不懂的就向同事请教。日积月累，你就能基本了解单位的运行状况和领导的工作重心了，工作视野自然就会开阔，想领导所想、急领导所急，与领导在工作中形成默契，自然就可以为领导分忧了。

步骤4：在"打杂"中创造机会

坚持从小事做起，主动"打杂"，一方面可以让领导看到你的态度和能力，另一方面可以看到你的上进心。只有这样才能慢慢建立起信任，得到更多的机会。

技能训练

＊案例＊

小红是刚毕业的大学生，经过几轮的笔试和面试，可以说是过五关斩六将，终于以较好的成绩如愿地被一家规模颇大的合资企业录取，做了前台秘书。年轻漂亮的小红意气风发，刚参加工作就想好好表现、得到公司的认可。到单位上班后，整天笑容满面，礼貌热情，抢着接待客人，对公司其他部门的同事也是问寒问暖，大家都夸奖她伶俐能干。可她发现前台的其他四个同事对她很冷淡。其中，赵姐的资格最老，已经来公司三年了，另三位来的时间也不短了。小红在上班过程中明显地感觉到赵姐对她的敌意很深，问她什么事都爱答不理的，而另三位同事唯赵姐马首是瞻，对她也是冷冷淡淡。刚开始，小红没有太在意，心想我做好自己的工作就行了，后来发现这很困难，因为她们前台接待的客人很多，工作头绪又多，她虽然受过培训，但毕竟新来乍到，还有很多业务不是很熟，对公司方方面面的情况还不是很清楚，需要同事们的指点和帮助，同时，前台工作的性质本来也需要大家的配合和协助，可想到同事对自己的态度，小红很迷茫。

1. 思考题：

（1）你怎样看待小红刚到公司的表现？

（2）如果你是小红，遇到单位有人敌视你，你会怎么做？

（3）你怎样看待赵姐她们对待小红的做法？

（4）如果你遇到这样的情况，你会怎么办？

2. 训练：办公室事务工作准备训练。

（1）训练内容：利用 1 学时，将学生分小组，分别扮演小红、赵姐和其他同事，演练与同事共事的全部过程。

（2）训练要求：在实训前布置学生复习融入办公室事务工作的准备要求，明确工作思路，并安排小组长合理分配任务角色，要求学生融入角色。

学习评价

表1-2　学习评价内容

学习目标	自我评价			组内评价			教师评价			备注
	好	较好	一般	好	较好	一般	好	较好	一般	
1. 工作心态良好										
2. 工作思想准备充分										

第三节　办公室事务工作悟性训练

学习目标

◆ 了解办公室事务工作的悟性内容。

◆ 培养良好的办公室事务工作悟性。

任务描述

从事办公室事务的过程中，常常会因为对领导的工作安排理解稍有偏差而受到批评，这往往是工作悟性不足所造成的。

任务分析

作为秘书人员，既要能领悟和落实上级的意图，又要能提出自己独特的、富有创造性的意见。否则，就不能很好地履行秘书的职责、高质量地完成上级交给的任务，而这与秘书个人的悟性紧密相关。

任务实施步骤

（一）了解办公室事务工作的悟性

【操作流程】

了解悟性→了解秘书的悟性→了解办公室事务工作的悟性

【操作步骤】

步骤1：了解悟性

悟性是将感性的材料组织起来，使之构成有条理的知识的认知能力，也可以理解为一种分析理解能力。

步骤2：了解秘书的悟性

根据办公室事务工作的性质和特点，秘书的悟性应该指具体的、适应办公室事务工作特点的、对办公室事务和工作的分析理解能力。具体来说，就是能将信息和感性材料组织起来、构成有条理的知识的能力，辩证思维能力和敏锐的洞察能力，快速理解上级意图、迅速形成意见和办法的能力，创造性、高质量独立完成工作的能力等。

步骤3：了解办公室事务工作的悟性

秘书从事办公室事务工作的悟性是指秘书在办公室事务工作的过程中体现出来的能充分领悟工作原理，能充分发挥自己的才能，能把事情办得既遵守章法又使领导满意，并获得大家认同的一种良好的内在素质。

（二）提高办公室事务工作的悟性

秘书是为辅助领导处理日常工作而存在的，在办公室事务工作上就必须与领导保持默契。秘书要辅助好领导的工作，必须先理解自己的领导，而要理解领导，又首先得熟悉领导。

【操作流程】

熟悉领导→理解领导→辅助领导

【操作步骤】

步骤1：熟悉领导

秘书的工作实际上是领导工作的补充和延伸，这决定了秘书的职能活动要以领导的意图为转移，其基点在于正确地领会、掌握领导宏观和微观的工作意图，严格遵循、围绕领导意图，通过自己的调查研究、提供信息、参谋建议、撰拟公文、协调处事、接访交往等职能活动，去辅助领导工作，去中肯地体现、贯彻领导意图。

（1）了解领导的工作内容。

①了解领导工作的全局。作为秘书应很好地了解企业或单位的组织结构，清楚地知道谁在负责什么样的业务，了解整个企业的运营状况以及企业在整个行业中所处的位置。只有具备全局观念，秘书在办公室事务工作中才能根据领导的职责范围和公司发展的需要，积极主动地做一些准备工作。

②了解直接领导的职责范围和权限。了解直接领导的职责范围和权限，才能在工作中根据实际情况，采取对应的有效行动，很好地完成文件、电话等交流，高效率地辅助领导的工作。

（2）了解领导的性格与工作习惯。

秘书要了解领导的性格与工作习惯，只能自己去观察、琢磨。秘书可以从领导曾经的工作阅历去了解他，如他曾担任销售主管，那么他与客户打交道就是其强项，但组织管理和技术方面相对弱一些。秘书还可以从日常工作中去观察领导，如他每天见了哪些人、打了哪些电话、批了哪些文件，习惯于什么时候约见客人，约见客人时，其先后顺序怎样安排，以及谈话时间的长短、说话的口气、关注的问题等。通过仔细观察，你就能慢慢地了解你的领导，知道他内心真正在想些什么。秘书只有真正了解领导的工作习惯、意图和想法，才能针对性地去适应他，并在其不足的方面给予弥补和配合。

（3）了解领导的交往范围和一些家庭私事。

①秘书要把自己与领导的关系调整到这样一种状态，即既不介入对方的私生活，又在一定程度上了解对方的行动。有时候领导会找机会和秘书商量一些关于他个人的事情或委托秘书帮他办私事，在这种情况下，秘书最好不要辜负领导对自己的信任，因为这是双方工作相得益彰的基础。当然，当领导的个人利益与公司利益发生冲突时，秘书要把公司利益放在首位。

②了解领导的家庭私事和个人交际范围，有利于秘书开展工作，如在接待客人的时候，如果你知道对方与领导是一种什么样的交往，在接待中就能更好地掌握分寸，从而避免造成误会，影响公司的业务。

步骤2：理解领导

秘书要理解领导，才能有效配合领导开展工作。

（1）理解决策的真实意图。

领导为什么会作出这样的决策？他这样决策的依据是什么？秘书平时要多琢磨，特别是要多了解领导的价值观、人生观等内在的东西。只有对内在的东西了解透了，才能真正理解他所作决策的真实意图，并使自己的辅助和配合更为默契。

（2）听出指示的弦外之音。

在办公室事务工作中，一些领导交代工作时只是三言两语，有时甚至还会含糊不清。为了减少秘书工作理解上的错误，要求秘书能真正理解自己的领导，在接受领导指示时，应从总体上把握指示的精神，特别要注意听出领导的弦外之音。只有百分之百吃透了领导的指示精神，才能百分之百地按照领导的意图去贯彻执行。

（3）多找领导身上的优点。

秘书应该理解，领导其实也是常人一个，他身上也肯定有不足之处，但他必定有某些过人之处，否则就不可能取得成就并居于现在的位置。只有理解了这一点，秘书才会在工作上去适应领导的思维方式和工作习惯，与领导形成一种默契，使双方的工作相得益彰。

（4）适应领导的工作习惯。

秘书与领导的关系要协调，最有效的办法就是让自己适应对方，与领导相处不顺利时，首先应改变自己的工作习惯或性格来配合领导的工作。如果心里有不满，最好找机会和领导谈谈，即使谈话的结果是领导的否定回答，也可以弄清楚领导为什么会否定，这样才有机会熟悉和理解领导思考问题的方式和处理问题的方法。

步骤3：辅助领导

（1）把握辅助工作的权限。

秘书是领导工作中对外交流沟通的枢纽，所处位置很重要，但所拥有权限并不高，因此，秘书在工作中应发挥自己的主观能动性，但又不能超越自己的权限。秘书在工作中遇到新情况和新问题时，必须与领导取得联系，获得领导的指令后，按指令行事，不能自行其是、自作主张。

（2）尊重维护领导的权威。

①帮助领导摆脱窘境。日常工作中，领导与来宾会谈是家常便饭，当领导与客人会谈时，可能出现话不投机的情况，使领导处于窘境，这种情况下，秘书要机智地转移话题，创造一种轻松愉快的氛围。

②维护领导威信。秘书更换新领导是常有的事，每个领导都有自己的工作习惯或者工作作风，在谨慎建议延续旧法的同时，多听领导的安排和意见，绝对不能这样提议："过去用这种方法，效果一直不错，我看最好还是用原来的方法。"应遵从领导指示，帮助新领导尽快熟悉工作。

技能训练

＊案例＊

最近，局里要进行一次分房，解决一些符合条件的人的住房困难问题。据说这是最后一批福利分房，以后国家要调整国有单位的住房政策。听到这个消息，局里议论纷纷，那些住房困难的人，都想找找关系、托托门子，以便赶上这分房的末班车，所以，这些天找局长的人和电话特别多，局长烦不胜烦，特别头疼，就叮嘱秘书遇到此类的人和电话一律挡驾。这下可难为坏了郭秘书，来找局长说情的人大多死缠烂打，摆出见不着局长誓不罢休的样子，闹得郭秘书一个头两个大，什么事情也做不了，还不能对他们发火要态度，否则更是火上浇油，又不能直截了当地说局长不想见他们，只能态度坚决地推托局长不在、到市里开会去了，或说局长到下属单位视察去了等。由此，得罪了很多人，他们都在背后骂郭秘书："狐假虎威，瞎神气。"有人偷偷告诉郭秘书背后的闲言闲语，郭秘书也只能苦笑作罢。有一天，财政局经常和他们局打交道的刘科长来了，要见局长。这时候来，明摆着也是来说情的，为在他们局里上班的妹妹家分房子的事来找局长走走后门。郭秘书来到局长办公室跟局长一说，局长也不想见他，因为见了答应也不是，不能一碗水端平，后患无穷；不答应也不是，得罪了财神爷，将来不好办事，所以也让郭秘书挡驾。郭秘书还没来得及出去，刘科长已经敲门自己走了进来，问道："怎么，李局长，连我也不想见啊。"李局长很尴尬，马上说："哪里，哪里，欢迎，欢迎。"这时，郭秘书……

1. 思考题：

秘书在执行领导意图的时候，稍有不慎会被骂成"狐假虎威"，你认为应该怎样做才能避免呢？郭秘书的所作所为是否真的是"狐假虎威"？

2. 训练：办公室事务工作悟性训练。

（1）训练内容：利用 1 学时，学生分小组，分别扮演局长、郭秘书和刘科长，演练案例余下发展全部过程。

（2）训练要求：在实训前布置学生复习工作悟性训练的内容和方法，并安排小组长合理分配任务角色，要求学生融入角色。

学习评价

表1-3　学习评价内容

学习目标	自我评价			组内评价			教师评价			备注
	好	较好	一般	好	较好	一般	好	较好	一般	
1. 能够通过接触熟悉领导										
2. 能够通过接触理解领导										
3. 能够辅助领导开展工作										

第四节 办公室沟通协调训练

学习目标

◆ 掌握办公室沟通的方法和技巧。

◆ 掌握办公室协调的方法和技巧。

任务描述

办公室事务很多是需要一个团队完成的工作，秘书很多时候都不可能独立完成和包揽所有的事项，在工作的过程中就需要通过沟通和协调来完成相应的工作任务。

任务分析

在工作中良好的沟通和协调会帮助秘书提高工作效率，既能增进人与人之间的情感，又能调整和改善部门之间、工作之间、人与人之间的关系，使之以整齐步伐达成共同使命。

任务实施步骤

（一）沟通训练

【操作流程】

沟通基础训练→与领导沟通→与同事沟通→与客户沟通

【操作步骤】

步骤1：沟通基础训练

沟通是人与人之间通过语言、表情、动作、文字等方式互相传递信息和表达意见，并且对对方的意图作出反应的行为过程。欣赏沟通、包容沟通、换位沟通、理解沟通、坦诚沟通是"三办"能力的核心素质。

（1）欣赏沟通。

欣赏沟通是沟通过程中对对方的欣赏，沟通中最本质的东西是人性。

欣赏是一种态度，肯定与赞美最容易赢得对方的欢心，讨论共同感兴趣的话题最容易获得对方的共鸣，坦率地说出想法最容易获得对方的响应。因此，为对方着想的建议最容易获得对方的信任，欣赏对方就是这一切的基础。

欣赏沟通的要求：以欣赏的方式看待对方，以欣赏的心情沟通对方，以欣赏的态度对待对方。

欣赏的真谛是尊重，首先是重视对方的存在以及想法，其次是对事不对人，接着是将对方的不同见解或对抗的行为视为一种有趣的东西，可以用来丰富自己的思维或阅历，然后从对方的角度想问题，找出与你自己相同或者近似的地方，明确作出肯定，最后以此为基础，努力弥合分歧以达成更多的共识。

（2）包容沟通。

包容是一种思想，包容的意思就是宽容大度。只要善待与包容他人、无欲无求，沟通即自然而然。包容沟通的几个要求如下。

一是平和心态。以平和的心态面对一切身外之物。

二是豁达大度。劝慰自己，对方也不容易，不要因为已经发生或者对方的失误来看待这个人。

三是珍惜缘分。把所有相识的人都视为一种缘分。

四是换位思考。即使对伤害过自己的人，也都试着从对方的角度来看待所发生的事情，至少让自己更理智和宽容。

五是设身处地。凡事都要设身处地考虑，并且要多多理解和包容别人，退一步海阔天空。

六是与人为善。坚持自己的善良与宽容，让自己活得安心，并以自己的包容心感染和影响周围的人。

七是分忧解难。远离是非，拒绝热闹，尽自己所能为别人排忧解难。

（3）换位沟通。

沟通产生障碍的重要原因之一，是沟通双方各执己见，都认为自己正确，或者即使有一方已经意识到自己有错，但出于某种考虑，也仍坚持己见。

换位是一种思维方式，在思考自己的利益诉求的同时，也要设想对方的利益诉求，双方就共同点和差异比较，求同存异，在说服对方前，先说服自己，最后设定沟通的具体方式，以对方最容易接受或者喜欢的方式进行沟通。

（4）理解沟通。

真正的沟通是双方彼此理解，达成共识。要想说服对方，首先得理解对方，这是一种态度，也是非常实用的技巧。只有彼此理解，才能达成共识，但理解不是放弃自己的主张无原则地迁就，一旦有了谁占上风谁吃亏的想法，理解就失去了意义，从而导致互不相让。

（5）坦诚沟通。

坦诚是一种表现。所谓坦诚，就是直截了当，态度坦诚，不加掩饰，毫无保留，说出自己的想法，然后倾听对方想法。

步骤2：与领导沟通

＊工作案例＊

小张是一个性格直率的女孩，她喜欢坦诚，有什么就说什么，毕业后她经过多次选择，最终到了一家私营企业从事秘书助理工作。该企业是一家典型的家族式企业，企业中的关键职位均由老板的亲属担任，各种裙带关系比较复杂，小张的上司就是老板的大儿子王经理。王经理主要负责企业的产品研发工作，根本没有任何的管理概念，小张觉得对于专业就是人力资源管理的自己来说，这样的情况也就意味着自己的发展空间很大。于是，在某天下班前，小张找到了王经理，并直接就企业管理中存在的问题向王经理进行了汇报，希望能够得到上司的认可，并以此证明自己是一个能干的人。可王经理却说小张对工作情况还不熟悉，公司的确存在很多问题，但是也的确是在盈利，并问小张有没有什么具体的方案，小张因为才来没几天，对公司情况还不是很了解，所以根本也没准备什么方案，但是她保证尽快拿出方案可以改变现在的公司状况。王经理听后随便搪塞了几句就把小张请出了办公室。小张感到很失落。小张该如何与王经理进行沟通才能使二者在沟通上的障碍消除？

＊案例点评＊

从沟通目的来看，小张从公司利益出发，直接提出了自己的建议，希望能解决公司的问题，并想以此证明自己的才能，改变公司管理状况；而从王经理的角度出发，更希望能让自己的员工多了解公司，尽快进入工作状态，希望小张在不要打破公司权利结构的情况下拿出解决方案，因此，两者在沟通目的不同的时候就出现了沟通障碍。只有在了解公司情况和上司意图的基础上再提出建议，才能进行有效的沟通。

（案例来源：杨锋《秘书工作案例与分析》）

作为秘书，要学会从领导的言行中了解领导的性格，选用不同的沟通技巧。

（1）在与领导沟通时要做到不擅权越位。

秘书在与领导沟通中要学会自觉维护领导的威信，自觉维护管理层内部的一致性。无论是请示、汇报、反映情况，都应严格按照领导的职责分工进行，不越级不越权。不随便议论领导，不传小道消息。

（2）在与领导沟通时要灵活变通，与领导之间建立信任，对不同领导风格和不同性格的领导应注意采取不同的沟通方法。

①对豪爽型的领导。

一般说来，豪爽型的领导喜欢有才能的人。因此，在这种领导的手下工作，你要善于表现你的才能，运用你的才能，多向领导提出建议，要显得成熟稳重一点，与这样的领导沟通要像钟摆一样，控制在一定的幅度内来回摆动，恰当的时候加一点力，这样才会使钟表无限地走下去，才会达到沟通的目的。

②对冷静型的领导。

头脑冷静的领导在各种情况下都能保持常态，也容易让人因其冷静的处事方式和态度而感到难以捉摸。与这样的领导相处，秘书最好是先懂得"藏拙""守拙"。在你提出工作计划和建议时，千万不要在冷静的领导面前自作主张、擅自行事，要等到计划决定后，交由领导批准同意，你才能够负责执行。在执行的过程中，你还必须作详细记录，记录下你的执行步骤、行事过程、所遇的问题、拟订要采取的解决方法，甚至还包括一些极细微的地方。这样，你一丝不苟的作风才会让领导放心，不会觉得把事情交给你会出现疵漏，也不会认为你为人行事毛毛躁躁、不可信赖，你若具有这样一丝不苟的态度和行事方式，会与冷静的领导相处得很好。

③对犹豫型的领导。

这样的领导最显著的特点就是：对下属提出的建议、计划、方案等，往往都是含糊其词，没有一个明确的态度，显得犹豫不决，很多时候都是不置可否，使得工作难以进行。遇到这种情况很多下属都会感到非常着急，可是又束手无策，不知如何应付。面对这样的领导，沟通方法有：

秘书要积极提出建议，并考虑全面，对建议进行分析，并叙述不这样做会产生的负面影响，也就是说，让领导明了其中的利害得失。

要学会站在他的立场上考虑问题，把"你的心情我了解""你的想法我也很赞成"等信息传递给他，这样会得到领导的支持。

如果有可能，你最好事先联络好相关的部门，取得这些关键人物或部门的理解之后，再向你的领导提出建议或方案，这样，你的意见就能比较容易地得到领导的采纳，采用一些必要的方法消除领导的顾虑，你可以与犹豫的领导实现很好的沟通。

（3）在与领导沟通时应提倡简约和多介质的沟通。

秘书在与领导沟通时应言简意赅，应努力提高信息的质量，事先要将信息加工、提炼、压缩，并采用多种沟通方式进行沟通。目前，许多单位每季或每月都会召集大量员工聚集在一起开会，使领导与员工进行沟通，让员工们了解公司的新情况，提出好的建议，使领导决策合理化、公平化。

步骤3：与同事沟通

＊ 工作案例 ＊

小张研究生毕业后进入了某外贸公司销售部工作，四个月后，她因为工作表现出色、销售业绩突出，被调任销售部经理助理，并涨了薪水。得到提升后，小张对工作更加努力，经常陪领导加班，基本没时间和同事有更多的交流与沟通，因此逐渐地，她在和同事打交道时总是感觉同事对她表面客气、背后却经常排挤她，甚至听到了背后有不少人议论她清高或者是用姿色迷惑上司的言语。小张感到很困惑。

* 案例点评 *

小张的出色让一些老员工心里很不平衡，再加上她对于与同事搞好关系的重要性认识不足，不主动与同事沟通交流，自然被疏远和冷落了。

同事是你除了家人外最常见面和接触的人，作为秘书要做好与同事的沟通工作。一般说来，和同事沟通不需要太多的技巧，但是也不能大大咧咧、随心所欲。与同事沟通需要注意以下原则。

（1）以诚为本是与同事沟通的前提。

无论做什么事情，首要前提是真诚。在和别人合作的时候，一定要讲究诚信。如果你连起码的诚信都没有，别人怎么敢和你合作？当今社会，恐怕没有人愿意和一个不讲信用的人共事。作为秘书，与同事相处一定要以诚待人，这也是沟通工作的基本要求。

（2）寒暄在与同事沟通的过程中发挥很大的作用。

和同事在一起工作，不要小看寒暄招呼。早晨上班的时候，见到了同事，一句简单的"早上好"代表了你对他一天的祝福。短短的一句问候让人如沐春风。下班的时候，说句"再见"代表了你亲切友好的态度。如果你和同事发生了什么不愉快的事情，简单的一句寒暄或许可以让你们之间的怨气化为乌有。一般说来，同事之间在一起工作，要配合默契，生活上要互相帮助。和同事相处，一定要注意从多方面培养感情，在你们之间制造和谐融洽的气氛。而寒暄、招呼有利于改变你们之间的气氛。寒暄、招呼看起来似乎微不足道，一句简单的话语不过几个字，脱口就可以说出，想都不用想，但实际上它又体现了同事之间是否相互尊重、礼貌、友好，是良好沟通的关键。

（3）与同事交往的过程中不挑肥拣瘦。

有脏活累活不要推给别人，自己主动去做，如果别人做了不能带来利益的工作，你也要主动去协调，为了创造良好的工作环境，就要和同事同心协力，不斤斤计较，要协同工作。

（4）与同事沟通中要实事求是、不自吹自擂。

和同事相处一定注意不自吹自擂。每个人都有优点，同样每个人也都有缺点。人和人的能力是不一样的，你在某一个方面或许很突出，而你的同事可能在其他方面比你好。作为秘书，如果你的优点是显而易见的，别人都可以清楚地看到，你没有必要再为自己声明什么。如果你根本没有某种优点，或者说你在某一方面根本就是表现平平，你偏说自己有或者说自己是高手，那时你会非常尴尬。如果你的确是一个才华出众、能力强、办事效率高的人，在同事面前也不要自高自大、盛气凌人，对那些能力不如你的人指手画脚、不屑一顾，如果你这样做，只能招致他人的反感和抵触。

（5）与同事沟通中不卖弄炫耀。

在工作中取得好的成绩，是一件让人非常高兴的事情，好成绩代表了你的努力最终获得了回报，也代表了领导对你工作的肯定，作为秘书，你一定会感到喜悦。如果你的成绩也是被同事肯定的，他们自然会为你高兴，这时你需要注意的是，千万不要在同事面前炫耀卖弄。在同事面前过多地谈论自己的成绩和功劳，会让同事觉得你是在有意抬高和显示自己，甚至会觉得你是在轻视或贬低别人。同事对你工作中所取得的成绩已经给予肯定，赞赏的语言或许已经讲过了，如果此时你还要卖弄，就会引起别人的反感。因此在沟通工作中不要卖弄，否则会造成沟通障碍。

（6）与同事沟通不吹毛求疵、搬弄是非、高高在上。

作为秘书，要实事求是，不讲不该说的话，不要背后议论人，以礼待人，以诚待人，不要搬弄是非、高高在上，只有这样才会实现有效沟通。

（7）要学会消除误解、避免排挤。

要想和同事很好地沟通，就要想办法消除误解。一般说来，及时的说明和解释是最佳的办法，如果你自己说或解释不方便或解释不清，最好请同事帮忙。如果自己的确有错，一定要赔礼道歉，请求同事的谅解，不要把口头道歉当作无所谓的事情。如果对方有错要尽量地谅解。在沟通的过程中要避免排挤，避免排挤的方法是培养聊天的能力，因为同事们最大的爱好之一就是聊天，一起聊天可以改变同事们对你的态度，这样会让自己保持良好的工作心态。

（8）要学会关怀、安慰有方。

工作和生活中难免会遇到一些波折和困难，当同事遇到困难的时候，你要学会主动帮助、主动关心。平时要关心同事，乐于助人，这样自己也会感到温暖。在安慰同事的时候要找合适的机会，掌握分寸。

步骤4：与客户沟通

＊工作案例＊

小张是某餐饮企业的总经理秘书，一次总经理因为有事，让其代他到企业的某家分店去了解一下运营状况。小张刚走进那家分店，就看见了店里的员工正在和一名前来就餐的客人争吵不停，原因是就餐的客户在用餐时发现一盘菜里有只苍蝇，于是叫来了餐厅的负责人解决此事，但是餐厅经理见状却一口吃下了苍蝇，并试图推卸责任。小张在了解情况后马上出面就餐厅经理的做法向顾客赔礼道歉，并在上报请示后做出了相应的赔偿。

＊案例点评＊

作为秘书，要清醒地认识到客户就是我们的上帝，在与客户打交道时要尊重客户，关心客户，不和客户发生冲突，掌握沟通的方法，学会沟通的技巧，在顾客提出问题时应以积极的态度进行沟通，避免企业因此名誉受损。

（1）与客户沟通的方法。

①要对客户显示出积极的态度。

一般说来，你对别人是什么态度，别人对你就是什么态度。因此，想要尽快与客户沟通并建立联系，你就应该给客户一个良好的第一印象，应对客户显示你的积极态度。主要注意以下几点。

外在形象。主要从头发的修饰、个人的整洁情况、衣服和饰物的搭配等方面体现你的个人形象。你的个人形象越好，你对客户的态度就越显积极。

身体语言。良好的身体语言可以帮助你传递信息，与客户取得相互的理解和信任。

说话的语气。若你与客户交流时，表现出你的温和、通情达理，并且声音清楚自然，那么你已经在说话的语气上赢得了客户。

②了解客户的需求。

集中注意力，注意客户在说什么，并寻找真实含义，同时给予客户信息反馈。此外，还可以通过发放调查问卷、查询客户资料等方式，了解客户的需要。

（2）与客户沟通的技巧。

让客户发泄。你应该在听其诉说时，闭口不语，但要不断点头，保持眼神交流。同时，要记住客户表现出的烦恼、沮丧或愤怒只是一种发泄，你只是他们的倾诉对象，不要认为他们的行为是针对你的。

不要陷入负面评价。不要对客户产生负面的心理评价，从而影响你对客户的情绪。

移情于客户。移情意味着你对客户表示遗憾，移情用语通常有"我能明白你的感受"或"那一定非常难过"或"我对此感到遗憾"等。

主动解决问题。心烦意乱的客户很少能平静地解决问题，你必须有意识地倾听，确保在了解问题的前提下，主动提出解决问题的方法。

双方协商解决方案。在提出的方案得到客户认同后，你必须解释一下你为实施解决方案准备采取的步骤。

跟踪服务。对客户进行跟踪服务，可以通过电话、电子邮件或信件进行。有效的跟踪服务，可以避免同类问题的出现，并能解决新出现的问题。

（二）协调训练

【操作流程】

协调基础训练→对上关系协调→对下关系协调→上下双方关系协调

【操作步骤】

步骤1：协调基础训练

（1）大事统中有合。

对于类似召开大型会议、迎接上级检查等大事，通常情况下可采取会议协调、制度协调、计划协调等方式，以形成抓落实的合力。

（2）急事稳中求快。

急事的显著特征是突发性和时效性强，要求处置果断、快速、准确、稳妥。

首先要因事制宜。对一突发事件，必要时可"特事特办"，如果"火烧眉毛"还按部就班，就可能误事，错过最佳处理时机，这也是一种失职。

其次要尽力而为。遇到上级要求高而急、正常程序下无法完成的工作，要因时而异，加倍努力，竭力完成。绝不能因事急而敷衍、不讲质量。

最后要讲求方法。对上级规定时限内无法完成的工作，要积极与其联系，冷静客观地反映情况，寻求解决问题的最佳途径，不可情绪激动和顶撞，把关系闹僵。

另外，还要积极赢得领导的支持，借助领导的力量进行协调，但要注意及时把协调的内容、意向、目的说清楚。

（3）难事方中求圆。

工作中，常常会遇到领导对某一问题意见不一致的情况，协调时常用的办法如下。

一要做好超前预案。在领导之前把情况搞清，把方案准备充分，尽量把各种因素，包括可能出现的不同意见及如何解释都考虑进去，以扎实的工作、严谨的作风争取领导意见的统一。

二要做好双向协调。结合时间先后、职务高低、职责分工等因素，积极做好沟通工作，把领导间的不同意见双向转达、传递，使领导了解对方的想法，求得理解和支持，寻求意见一致。但要切忌两面讨好、利用领导，不做有损团结和工作的事。

三要做好"冷处理"。对时间要求并不很急的事，不妨适当放一放，酝酿一段时间再议。

（4）凡事办中有礼。

常言道："你敬我一尺，我敬你一丈"。凡事你礼貌在先，即使不好协调的事情，别人也会甘当指路人，从而赢得尊重和支持。

平时，不管对上、对下还是同事之间，都要建立起融洽信任的关系，保持"礼尚往来"，说话办事注意分寸和场合，重小节，不做伤害感情的事。

同时，要学会容言、容人、容事，加强主动协调、增进沟通，努力使自己得意时有人举杯、失意时有人开导、发生失误有人帮、出现漏洞有人补。

（5）杂事粗中有细。

＊工作案例＊

一位秘书陪一位新到任领导下基层，在其他各方面都进行了认真协调准备，唯独没有了解出行路线，带车行进过程中，凭想当然选路，结果陷入"迷魂阵"。

＊案例点评＊

办公室工作千头万绪，琐事繁事较多，如果想事办事粗疏，不仅影响工作落实质量，还会带来负面效应。在办事过程中，一定要仔细严谨，尽可能把各方面的情况都摸细搞准，把方案做周全，使每个环节都不出疏漏。

（6）特事圆中有度。

工作中，有些事情在业务和职责范围之内，有些则不然。特别是领导有时交办的一些涉及原则的事情，办与不办，往往使有的秘书感到手足无措，不好把握。

对待这种特殊事情，既不能完全应承，也不能一口回绝，可取的方法是认真思考一下，如果属于违反政策规定的事情，应委婉地提醒领导，不可随心所欲，更不能投其所好，千万不要做影响领导形象甚至使其犯错误的事。

如果领导一时不理解，甚至有看法，也应刚直不阿，坚持原则。

＊相关知识链接＊

协调中的"三R原理"

集体组织是一个成熟的人际关系网络。在这个网络中能否产生组织效应通常要由三个相互协调运作的因子共同来决定，即资源、关系、结果。

资源（resource），也称R1，是指组织中存在于员工当中的知识资本。

关系（relation），也称R2，是指组织中人与人之间的一种相互关系。

结果（result），也称R3，是指组织目标达到的程度。

在这三个协调因子中，R2 是核心的动因，因为如果 R2 运转正常可以把 R1 成功转化为组织绩效，反之则会使 R1 消失从而影响到 R3。

步骤2：对上关系协调

对上关系协调是组织对其上级领导人和领导部门的协调，这个过程往往通过正确贯彻上级的政策、指示，全面领会领导意图，使局部利益与整体利益保持高度一致，不折不扣地完成上级下达的工作计划和工作布置，并及时地汇报执行情况等组织行动来实现。

＊案例＊

某外贸公司张副总经理因一项对外业务工作，与李总经理又争执了起来。后来，张副总经理在与王秘书外出乘车中，埋怨李总经理主观武断，不尊重他人意见，导致决策失误，给公司经营造成了损失。王秘书知道总经理与副总经理因工作意见不同，有些分歧。总经理是一位有能力、有魄力、办事雷厉风行的人；但不太注意工作方法，伤了不少人，对此，职员颇有意见。副总经理考虑问题周到，群众关系好，也关心别人，但决断能力差些。从心底里讲，王秘书的个人感情更倾向副总经理。今天，副总经理谈起他与总经理的分歧，分明是想得到秘书对他的支持和同情。王秘书此时应如何办？

＊案例点评＊

领导之间的意见分歧是经常有的事情，遇到某些领导在秘书面前故意地指责、批评其他领导时，秘书必然处境尴尬、左右为难。如果处理不当，不仅仅是秘书角色行为失范，甚至会导致角色崩溃。所以，作为秘书应该把握原则，提高自己处理这类事件的能力，耐心解释，说好话不说闲话，以弥合领导间的裂痕。

（1）对上关系协调的原则。

①维护领导成员的威信和形象。

秘书维护领导成员的威信，主要是从工作的角度出发，即使秘书本人因此受到误解和委屈，也要泰然处之。在工作中，只能为领导补台，不能拆台。秘书一定要尊重领导，积极配合领导工作。当领导有某些疏漏和不足时，要积极采取补救措施，消除影响，同时要注意维护领导的自尊心。每个人都有其自尊的一面，领导也不例外，秘书给领导提意见和建议一定要注意场合。

②维护领导层内部的团结。

维护本单位领导层的团结，事关本单位内部的稳定和有效运转，这是每个秘书义不容辞的责任。秘书作为领导的参谋和助手，经常活动于领导成员之间，并在领导层和下属机构之间起着沟通信息、处理信息的作用，因此掌握的情况比较多，也比较深入。反映情况、转达意见时要讲究方式方法，不利于团结的话、闲话、气话不要说。发现领导之间有误会，应寻找适当的机会帮助澄清问题、化解矛盾。切不可挑拨是非，将问题复杂化。秘书请示汇报工作，应严格按照领导成员职责分工进行，有分管领导就找分管领导，不越级请示。涉及全局问题时，要请主要领导人裁定，并通报其他领导成员。

（2）对上关系协调的方法。

①及时发现问题。

发现问题是解决问题的关键。秘书是领导的贴身助手和参谋，在本部门和上级的关系中处于重要位置，一旦发生某些不够协调的现象，应敏锐地从文书往来和领导的言谈举止中及时发现问题。发现问题后，要及时向领导汇报，并积极采取相应的协调措施。

②解决问题的方法。

与上级领导部门的关系，与其他的关系相比具有一定的特殊性，解决方法也应与之相适应，没有公式化的程序，要根据不同情况、问题的性质和大小而采取相应的办法。大体上说，可采取以下几种方法。

自查。就是检查本部门自身是否全面领会了上级领导的意图，是否贯彻了上级部门的政策精神，是否局部利益服从了整体利益，是否在各个方面与上级领导保持了一致，是否完成了上级部署的各项工作，是否符合标准等。

整改。一般而言，如果本部门的工作符合上级部门的要求，得到领导的肯定、认同，就不会产生不和谐的现象。但如果在自查中发现有与上级要求不一致的地方，那就应该加以整顿、改进，以纠正偏差。

积极请示。在贯彻执行上级的工作要求时，会遇到各种不同的情况，这些上级在布置工作时未必都能考虑得尽善尽美。遇到这种情况时下级部门不宜擅自决定，而应多请示，请领导对难以解决的问题予以定夺，以便把工作搞好。

主动汇报。将本部门的工作安排和进展情况、所遇到的问题等主动向上级部门汇报。这一方面能使上级全面了解本部门的实际情况，便于做出正确的判断、适当的决策；另一方面也体现了下级对上级领导部门的充分尊重。

步骤3：对下关系协调

对下关系协调指上级部门在工作过程中，充分考虑了下级的实际情况，倾听下级的意见和要求，科学地制定决策，并有效地将组织决策意图贯彻到下级各执行单位，使之自觉地协调运转，积极为实现组织目标而努力工作。

＊案例＊

小周是北京海峡经贸公司总经理办公室的秘书，这天下午一上班，她就帮总经理收拾行李，因为总经理要赶三点半的飞机到上海出差，这时，财务部有人打电话来向总经理告状，说河南一家公司故意拖欠近百万元的货款，是市场部和销售部相互闹别扭人为造成的。放下电话，总经理对小周说："你找个时间把这个问题了解一下。如果不是什么大问题，你就协调一下，把问题解决算了。"总经理走后，小周先给市场部的人打电话，又给销售部的人打了电话，问河南那家公司的拖欠货款是怎么回事；他们公说公有理，婆说婆有理，但小周把基本情况摸清楚了。

在小周的眼里，销售部的人平时一个个牛气冲天，很少买总裁办秘书们的账，说自己是某某的"小蜜"也是从销售部传出来的，所以，她决定利用这个机会教训一下销售部的人，让他们知道村官也是干部！于是，她接受了市场部的说法，让销售部的人在一个星期内把这100万元要回来。销售部经理说有困难，小周说："那好，你自己去跟老板解释吧！希望你们不要拿自己的饭碗当玩具！"销售部经理当然知道小周这是在狐假虎威，但这事毕竟自己也有责任，所以，他只好忍气吞声地说争取在一周之后把货款要回来；但与此同时，他又在心里琢磨如何让这个小丫头知道自己的厉害！于是，像武侠小说里的故事一样，一场新的恩怨情仇又开始了……

＊案例点评＊

对下关系协调：上级机关在工作过程中，充分考虑了下级的实际情况，倾听下级的意见和要求，科学地制定决策，并有效地将组织决策意图贯彻到下级各执行单位，使之自觉地协调运转，积极为实现组织目标而努力工作。

（案例来源：谭一平《我是职业秘书》）

（1）对下关系协调的原则。

①严守本分，不擅权越位。

秘书部门不是独立的，只是领导机关的辅助机构，处理、协调问题的时候，只能根据领导的决定、决议和批示的精神办理，而不能代替领导拍板。秘书虽然辅助领导研究各种问题，但只有发言权，无表决权。秘书部门提出的解决问题的预案，只有经过领导研究决定、成为领导的决定后，才能生效。

②放手使用，充分信任。

秘书在工作中常常会遇到一些桀骜不驯的下属，他们足智多谋，有能力和魄力，同时又锋芒毕露、雄心勃勃，处处透着慑人之威。这些下属常常提出与上级相反的意见，而往往又能显示出他们的意见的高明。这使得许多管理者不知如何对待他们。在对待这种人时我们决不能嫉贤妒能，而应该放手使用、充分信任，为他们提供施展才华的机会和条件，采纳他们的意见，赋予他们解决问题的权利。而对那些能力比自己强的人，你谦虚一点尊重他们，反而能令其心服，同时也可以吸引更多的人才。

（2）对下关系协调的方法。

①面商协调法。

对不涉及多方，或者虽然涉及多方但不适宜或者不必要以会议方式协调的问题，可以用面商的形式。面商方式比较灵活，可以是代表组织意见的正式谈话，也可以是个人之间的谈心和交流。可根据不同需要灵活处理。

②磋商式协调法。

协调者以平等的身份、商量的态度、探讨的口气发表自己的意见，征求对方的看法，共同寻求解决问题的最佳办法，达到协调的目的。在重大问题未决策前，上下级之间、平行级之间、部门之间，为了达成某种协议，可以采用磋商式协调法。

③建议式协调法。

协调者以平等的身份、建议的态度、谦虚的语言，将自己的意见转告给对方，提请对方选择采用，以达到协调的目的。而不是要求对方去做什么，更不是指示别人做什么和怎么做。平行关系、无隶属关系的单位之间及上级机关的某部门与下级单位之间，往往采用建议式协调。这种协调不具有强制性和约束力，但具有一定的影响力，有助于解决问题。

步骤4：上下双方关系协调

上下关系协调是指对本部门的上级与本部门的下级进行协调，目标是理顺上下关系，使得上下思想、行动保持一致。进行这项协调工作的秘书处于中间环节，作用大、责任重。

＊案例＊

年轻的张秘书刚到公司A部门不久，有一次到公司的B部门去协调工作，没有很好地完成，他非常生气。吃中午饭的时候，他就在饭桌上向自己部门的同事抱怨说：B部门真是的，明明公司有规定，部门之间应当相互协调，B部门口里说支持A部门的工作，却不肯借他们的技术员过来帮帮我们忙完这一段。我非要到经理那里告他们一状。这时候同桌吃饭的秦秘书听见了，她是个老秘书了，进公司已经七八年了。她笑眯眯地说："年轻人，不要生气。我建议你这么向经理说，就说，我们的工作近来进度比较紧，想请B部门的技术人员帮忙，B部门也很想帮忙，而且公司也有相关的规定，但是，他们部门也有自己的难处，不知道经理能不能想想办法。"张秘书一听，连连点头。事情后来果然办得很成功。

＊案例点评＊

张秘书的问题就是光考虑到自己部门的问题，没有考虑到别的部门可能也有自己工作的难题，所以不能做到平心对人，我们可以假想，如果真的按照张秘书最初的想法去向经理告状，那么结果会怎样，经理可能会怪罪B

部门，B 部门会很生气，表面上可能会接受经理的批评，但实际上对 A 部门的工作拖三阻四，一点都不配合，这样两个部门之间的矛盾就激化了，同时也可能给经理造成一定的影响。如果此时换一种表达方式，工作效果就截然不同了。所以在工作协调的过程中一定要考虑到各方的难处，以便更好地完成任务。

（1）上下双方关系协调的步骤。

①找准问题。

这是协调工作的开始，强调一要找，即秘书要主动深入实际、深入群众，通过调查，发现需要协调解决的矛盾；二要准，即找准那些必须通过协调才能解决的问题，然后，报请领导同意，请他直接出面协调，或受领导之托去行使协调之责任。

②拟订方案。

通过对协调问题的分析论证，提出切实可行的协调工作方案，包括协调的时间、地点、参与人员、拟采用的协调工作方法、所要达到的目的，并尽可能设计出几套方案，陈述其利弊，请领导定夺。正确的工作方案可避免走弯路，但工作方案很难做到尽善尽美，只能在协调工作实施过程中不断修正。

③实施协调。

实施协调工作方案，既要有原则性，又要有灵活性，瞄准协调目标，随机应变。但对协调过程中出现的新情况、新问题要及时向领导反映汇报，以便得到领导的支持。

（2）上下双方关系协调的方法。

①文字协调法。

这是经常采用的协调形式，如通过拟订工作计划、活动部署、订立制度、集体审查修改文稿等形式统一认识，协调行动，使组织内部上下各相关方面的工作协调运转；用征求文稿意见、会签文件、会议备忘录、会谈协商纪要等形式，协调组织与外部各方面的关系。这种形式具有规范性、稳定性，是较长时间内保持协调关系的依据。

②信息沟通法。

现实生活中的很多矛盾，是由于不了解情况，凭主观臆测，加上偏听偏信造成的。医治此症的良药，就是沟通信息。将有关部门、单位的人员召集起来，如实介绍情况，就能解除误会，消除隔阂。心情舒畅，事情也就好办了。

③政策对照法。

对同一项工作，有的部门认为该办，有的部门认为不该办、不能办，往往众说纷纭、各抒己见。在这种情况下，就要对照党和国家的方针、政策、法规，用政策统一思想、达成共识。

技能训练

* 案例 *

中午下班的时间就快到了，办公室陈主任刚收拾好办公桌准备离开，电话铃响了起来。电话是公司李总经理打来的，李总在电话中交代，下午两点半有一家合作单位的采购员要来公司考察产品，并强调办公室必须在下午两点前准备好相关的产品说明等材料。

楼道里，陈主任拦住了正准备下班的张秘书，请他利用中午时间加班把产品说明材料突击出来。可张秘书表现出明显的不耐烦，他说："对不起，我中午有重要的事情要办，我没时间。"

陈主任不满地说："你怎么总是这样，每次让你干点活，你就有事，你的事可以挪到下午去办嘛。"

"午休是所有职工的权利，你没权占用。"张秘书立马顶了回去，两人发生了激烈的争执。

陈主任与张秘书的矛盾由来已久。两年前办公室的前任主任调离，大家一致认为业务能力强的张秘书是新任主任的当然人选。但是上级调来了销售部的陈先生来当主任，陈主任对办公室的业务基本是外行，也不热情，不善于跟部门下属来往，一副公事公办的样子。

张秘书觉得陈主任一点也不喜欢他，而陈主任觉得张秘书由于没有当上主任而对他充满了敌意，讨厌他这个外行来领导他。

前一段时间发生了一件事，更加深了他们彼此之间的猜疑、隔阂。

事情是这样的，张秘书得了流行性感冒，请了病假在家休息。作为业务骨干的张秘书休了病假，陈主任立刻感到办公室工作的压力大增。所以在张秘书休息的第四天，张秘书接到陈主任的电话，问他病好了没有，能不能尽快上班，因为人手紧张。张秘书回答说，他的病还没好，还需要休息几天才能上班。

张秘书在家休息的第五天，天气特别好，张秘书自己也觉得身体有了一些好转，想到外面活动活动，就推出了链条断了一直没顾上修的自行车，到马路边的修车铺修理自行车。就在他修好车正要离开的时候，陈主任恰好办事从这条马路经过，看到张秘书在修车，陈主任没打招呼，转身就过去了。

当下一个星期张秘书回到办公室上班时，他觉得应该向陈主任解释一下。"陈主任，上周我去修车，是……"张秘书结结巴巴地开口了，一看到陈主任冷若冰霜的脸，他不知道怎样说下去。

"好了，不用说了，我都知道。病好了就上班吧。"陈主任不等他说完就离开了。张秘书不知道陈主任都知道了些什么，反正他知道陈主任是不会相信他的。

这件事过了几周，公司给了办公室一个去桂林参加秘书业务培训班的名额，张秘书觉得自己是办公室的业务骨干，应该可以去参加培训，就向陈主任提出申请。但陈主任告诉他，这个名额应该让干工作认真负责的同志去，而张秘书工作的责任心太一般了。

从那以后，两人的关系就十分紧张。

于是就发生了这天中午因为加班问题而激烈争吵的一幕。

1. 思考题：

（1）从案例中分析，造成陈主任和张秘书关系紧张，乃至于争吵的深层次原因是什么？

（2）作为办公室主任，陈主任应该如何与部门下属协调好关系？案例中的陈主任的失误在哪里？

（3）张秘书的不足之处有哪些？他该如何协调好与部门负责人的关系？

如何通过沟通解决两人的矛盾？

2. 训练：沟通协调训练。

（1）训练内容：将学生分小组，学生分别扮演张秘书和陈主任，演练两人在加班事件和张秘书生病事件中的沟通协调全部过程。

（2）训练要求：要求学生角色互换，每个人都扮演一次不同的角色。

表1-4　学习评价内容

学习目标	自我评价			组内评价			教师评价			备注
	好	较好	一般	好	较好	一般	好	较好	一般	
1. 能够做好与领导沟通										
2. 能够做好与同事沟通										
3. 能够做好与客户沟通										
4. 能够处理好对上关系协调										
5. 能够处理好对下关系协调										
6. 能够处理好上下双方关系协调										

第二章
办公室日常事务管理

第一节　办公室环境管理

【学习目标】

◆ 掌握办公环境布置的要求。

◆ 掌握办公环境管理的要求。

◆ 掌握办公环境安全检查的方法和要求。

任务描述

一个条件优越、环境美化的办公环境总能给员工在每天开始工作时就带来一份好的心情，同时也有助于提高员工的工作效率。

任务分析

布置办公环境，使其整洁、舒适、卫生、安全是秘书事务工作的基本任务之一，在办公环境布置和氛围营造之前必须了解办公环境的类型和基本要求，从小事做起，从细节入手，并定期进行维护和管理。

【任务实施步骤】

（一）工作环境布置

【操作流程】

了解办公环境含义及分类→办公室布局→办公室布置

【操作步骤】

步骤1：了解办公环境含义及分类

（1）含义。

办公环境，也称办公室环境，它是由诸多影响办公过程的因素综合而成的。它有广义和狭义之分，广义是指一定组织机构中所有成员所处的大环境；狭义是指一定的组织机构的秘书部门工作所处的环境，它包括人文环境和自然环境。人文环境主要包括文化、教育、人际关系等。自然环境包括办公室所在地、建筑设计、室内空气、光线、颜色、办公设备和办公室的布局、布置等。

（2）分类。

①社会环境。

它是指一个国家内部的物质经济环境、政治法律和精神文化环境，同时包括这个国家的人口、民族、历史等因素。作为社会组织内部管理的组成部分，办公活动必然要从社会环境中得到任务和信息，然后再进行消化和加工，进而转化为服务于社会和组织的各种"产品"。如果把办公活动作为一个系统，它正是在这种输入、转换和输出的动态平衡中，使其自身在社会环境中不断生长和发展的，因此分析社会环境是研究办公环境的出发点。

②组织环境。

它是指一个社会组织内部的机构设置、目标划分和运行情况，同时包括人际关系和工作方法等因素。办公室在履行自己的职能中必然要同组织中其他机构发生各种各样的联系，办公活动的正确实施不仅取决于其他机构的支持和配合，还取决于组织内部机构是否合理、各种制度是否完善，这些最终关系到组织内部管理的状况，而组织内部的管理状况又在一定程度上影响其社会地位。

③工作环境。

工作环境，即我们通常所说的办公室。它是指具体办公场所及使用的办公设备等，同时包括从业人员的状况。无论各社会组织间的功能差异有多大，其办公活动都少不了人员、设备和场所。对一般的工作人员来讲，尤其是秘书，绝大部分时间都待在办公室里。为了尽可能减轻精神疲劳、提高办公效率，就必须考虑办公场地、设备、颜色、声音和温度等环境因素对办公人员的心理影响，并把它们有机结合起来，才能获得最佳的工作状态。这足以说明工作环境在办公环境中的重要地位。

一般来说，秘书对办公室面临的社会环境是难以进行影响和改造的。随着自己在组织中地位和经验的不断积累，高级秘书对组织环境能逐渐产生一定的影响，而一般的秘书能够直接影响并在工作中加以选择、改进和优化的主要是工作环境。

步骤2：办公室布局

办公空间是一个组织开展经营活动所必需的，也是一种必须支付的资源，费用通常是按平方米来计算的。如何在适当面积的空间中获取组织的最大效益是一个组织在选择和设计办公结构和布局时必须考虑的。

（1）办公场所的整体安排。

一个组织机构的办公场所不管是购买或租用，抑或是自建，在对新的办公场所进行整体安排时，主要考虑以下因素：办公场所的总面积；机构的建制和办公空间的分类；职工的人数；组织经营的性质或内容；部门间的联系。

（2）办公室的类型。

从总体上来看，办公环境是一个比较复杂的开放系统，通常我们将办公室布局的种类分为开放式办公室和封闭式办公室两种，为了便于认识办公环境，我们首先不妨对办公环境按范围大小来进行分类。

①小办公室。

又称为传统办公室，即封闭式办公室。传统的办公楼多为中间一条走廊，两边是多间15~20平方米的小间，这些小间都是带门窗的独立小房间，每个房间供一个或几个人使用，都配备办公桌及相应的办公设备。每间办公室都应有办公家具，如桌椅、文件橱、书架、茶几等，配以电话、台灯、电脑等。

如果有三人以上在一间办公室里办公，办公桌要沿两边同一方向摆放，以避免面对面视线相对的影响。上司单独用的办公室桌椅要面对门平放，桌前可放些临时接待客人用的椅子。

②大办公室。

也称为开放式办公室，是指一个比较大的工作空间内包含众多单个工作位置的组合。这样的办公空间多为 100～200 平方米的大厅，中间或窗边留出走廊。在每一个工作位置都布置办公桌、文件和文具的存放空间、椅子、电话、计算机设备等。每个工位之间一般会用高约 1.5 米的隔板分开，以吸收噪声和减少相互影响，上司办公室应通常置于办公区的最里边，用玻璃隔开，这样，上司既可以监督员工的工作状况，又不受声音的干扰。

图 2-1 大办公室

功能的分隔、流程的顺畅、关系的建立、氛围的营造、效率的产生，都能在这个空间有机地表现出来。这些正是具有现代意识的开放式布局所强调的。

③公寓式办公室。

规模小的单位，如三五人的办事处、联络处等往往租用公寓来作为办公场所，我们称之为公寓式办公室。一般将进门的客厅作为接待室或秘书办公室，将里间作为领导的办公室或会客室。

图 2-2　公寓式办公室布局

表 2-1　小办公室、大办公室、公寓式办公室的优缺点比较

类型	优点	不足
小办公室	1. 比较安全，可以锁门 2. 保密性比较强 3. 便于员工集中注意力，从事细致或专业工作 4. 易于保证隐私，明确办公空间自己使用	1. 费用高，墙、门、走廊等占用空间多并要装修 2. 难以监督工作人员的活动 3. 员工之间交流不便，易感觉孤独
大办公室	1. 灵活应变，工作位置能随需要而变动 2. 节省面积及费用，能容纳较多的员工 3. 淡化了等级观念，便于同事间的沟通与交流 4. 员工的行为易受到上司的督查及同事间的相互监督 5. 易于集中服务和共享办公设备 6. 能培育全新的企业文化，激发员工的创造力和合作精神	1. 难保机密 2. 房间易有噪声，使人难以集中注意力，使思维缺乏足够的灵活性 3. 易导致工作压力的增加，甚至危害健康 4. 员工难以找到属于自己的私人空间
公寓式办公室	1. 小巧而灵活 2. 费用支出低 3. 突出领导地位	1. 能容纳的办公人员比较少 2. 等级分明

因此，我们布局办公室时，应更多地从企业的定位及企业文化入手，根据实际工作需要，选择适合的办公室布局。

步骤3：办公室布置

办公室内的布置主要考虑的是办公桌椅、装饰、室内光线、温湿度、声音、办公用品及设备的布置。总的说来是要方便、舒适、整洁、和谐、统一、安全。

（1）办公桌椅。

办公桌椅的样式、规格和颜色要与办公室内的装饰相协调。其款式多采用多平面转角平台，人坐在中间，右下方设置抽屉组合，左上方放置电脑，以适合使用电脑和读写等多种要求。有条件的可采用自动升降的办公椅，以适应工作人员的身体高度，方便工作。上司的桌椅和沙发则应豪华精致些。

图 2-3　办公桌椅布置样图

办公桌椅和柜架的排列应采用直线对称式布置，这样可利用的工作空间就大了，做起事来容易施展得开，心情也会好一些，工作效率自然也就会提高。

（2）办公室装饰。

办公室一般使用本色或白色的垂直窗帘，不宜使用灰色等深色调的窗帘，因为颜色太深会使办公室显得阴气沉沉。窗帘如果要打开，应开到底，宽敞透亮；关闭时应统一角度，不然会显得比较凌乱。另外，室内可放些对人体有益的绿色植物，它们使人赏心悦目，在现代办公环境中有着点缀色彩、调节气氛的作用。

（3）办公室的光线。

办公室的光线来自两方面，一是自然光，二是照明光。除自然光外，办公室的光源布置应自然均匀而且柔和明亮。一般来说，在写字时，光源应来自左方；而打字时，光源最好来自两方，总之，以前面不出现任何阴影妨碍视线为宜。会议室宜采用能集中与会人员的注意力和保持讨论态度的高光亮度。在通道内则宜采用使人感觉到平静的暗光。

（4）办公室温度与湿度。

温度与湿度是构成办公室环境的比较重要的因素。办公室内温度应保持在 20℃～25℃，湿度保持在 50%，这样的温湿度能使人保持充沛的精力，并充分发挥其智力。

（5）办公室声音。

声音属听觉范畴，在办公室声音的管理上，应注意消除噪声。噪声容易使人烦躁、思维混乱、注意力无法集中。办公室的噪声主要来源于：办公机械噪声，如空调、打印机、电话等；人为噪声，如办公区域人为的大声喧哗、搬动东西等；外来噪声，如办公区域周边环境所产生的噪声等。要解决上述噪声，除用隔音效果较好的门窗外，还可使用隔音板或把办公机械统一安放在一个独立的单间。

（6）办公设备及用品。

碳粉有毒，复印机宜放在通风良好的窗边，且尽量稍微远离办公桌。电脑、传真机、打印机、扫描仪、投影仪、数码文件中心等办公设备宜集中放在一个区域，便于电源接线和维护管理。

＊案例＊

案例1：一上二楼楼梯就进入了某公司的员工开放办公区，四面都是墙壁，见不到阳光，照明靠屋顶的日光灯，然而灯光非常昏暗，几秒钟内就让人有种压抑和憋闷的感觉……员工们说，由于灯光太暗，看东西和写东西时间久了，眼睛就会发痛，进而会头晕，工作效率低下……

案例2：在20世纪80年代末期，中国惠普公司曾经更换过一次办公家具——全部是从国外进口的高级家具。员工用的办公桌每一个价值一万元、每一把椅子价值三千元，可以说，当时在国内很难见到这么高级的办公家具，那么，惠普为什么要花那么大的本钱去进口高档家具呢？一方面那时候国内的家具水平还不像现在这样，与国际标准差距很大；另一方面是惠普的办公设施必须达到国际上通用的 EHS（Environment Healthy Safety）标准。EHS 这三个字母分别代表"环保"、"健康"和"安全"，换句话说，所有家具必须达到发达国家的环保、健康、安全标准。当然今天看来，很多国内的大企业也能做到，但是在80年代末期的时候，国内基本上还没有企业这样做。因此在那样的一家公司工作，员工会有一种优越感和安全感。

为什么要执行严格的 EHS 标准呢？按照惠普的理论，公司要对员工的健康负责，比如员工若长久地坐在一张不合适的椅子上，也许会腰疼，也许会得职业病，如果真的得病了的话，对员工的健康有影响，而且公司还要为此承担医疗费用或相关责任。所以，惠普宁可花三千元钱买一把椅子，目的是达到全世界认可的 EHS 标准，这样就把所有可能出问题的地方事先想到并解决了。

除了一流的办公设备外，惠普还为员工提供一流的办公环境，即为员工提供达标的照明度。那时候走进惠普的办公室，大家就会有灯火通明的感觉，非常明亮，日光灯的数量比其他公司的办公室多好几倍，晚上亮灯的时候，在外面一看就与其他公司的办公室不同。为什么要这样？因为灯光太暗对员工的健康、对员工的眼睛都不好，必须达到国际上规定的照度，所以任何一个新办公室启用前，会有人专门测照度，看各个角落的照度是否达标。

案例点评

环境较差的办公室不仅不利于办公室工作的完成，而且不利于工作人员的健康与安全。办公室是一个组织开展经营活动所必需的，空间越大，费用越高，如何在有限的空间获取组织的最大效益，是一个组织的领导必然会考虑的，作为秘书在这一点上必须协助安排布局好办公室。要安排和布局好办公室，首先要了解办公室整体布局的类型及其作用，然后从经济、实用的角度考虑，合理进行整体安排，并对室内环境进行布局。一个和谐、美观、整洁、舒适和安静的工作环境，不仅有助于办公室工作的完成，而且有利于工作人员的健康与安全。

给员工提供一个高标准的工作环境，员工干起活来自然就心情舒畅，而员工心情愉快了，工作效率就会提高，干出来的活儿才可能漂亮，在惠普看来，倘若你希望自己的员工做出"五星级标准的工作"，你必须给他们提供"五星级的工作环境"，让员工知道什么叫五星级的标准、五星级与四星级的差别是什么。反之，员工在一个不够整洁、不够明亮的环境下干活儿，心情可想而知。

（案例来源：优米网，《笑着离开惠普》，http：//book. umiwi. com/12137/3401/5734. html）

（二）工作环境管理

【操作流程】

提前到公司→维护与管理上司办公区→管理个人办公区域→管理公共办公区→下班前收拾、检查办公环境及安全隐患消除情况

【操作步骤】

步骤1：提前到公司

在上班前，秘书一般需要提前 20~30 分钟到达办公室，以便提前做好当日工作开展前的准备工作。

步骤2：维护与管理上司办公区

上司办公区一般指上司整个办公区域（如总经理办公室、部门负责人办公室等）或同处开放式办公室的上司办公桌椅周围区域、桌面、家具、办公设备等。

秘书对上司办公区的管理工作，主要是上班前的准备工作。秘书应在上司上班前对上司办公区进行全面整理布置，提前 10~30 分钟到达办公室，以便上司一到单位就能快速投入工作。主要内容包括：开窗换气、调节好空

间温度，开启照明装置；清洁整理上司办公桌，把文件摆放整齐，清洁文件柜、档案架和各种陈列，打扫与清倒地面的垃圾、废纸；为电话按键和听筒的两端清洁消毒；给绿色植物浇水，清除残枝败叶；准备茶水或饮品；检查上司办公区有无安全隐患；若经上司授权，应定期对上司文件进行归类分档存放和整理，在上司的许可下将无用文件销毁。

步骤3：管理个人办公区域

管理个人办公区主要需要完成以下工作：清洁办公桌台面、地面、电脑、负责的设备、家具以及门窗墙壁等；保持办公桌面的清洁、整齐、美观，不乱放零散的物品和无用的东西；为电话按键和听筒的两端清洁消毒，电话一般放在左手边方便拿到的位置；来访者或与会者用过的茶具应当即清洁干净，并重新摆放好。用完的一次性纸杯要及时清理掉；对废纸篓要及时进行清洁，涉及工作秘密的废弃纸张、文件资料不能扔进废纸篓，而应放入碎纸机进行销毁处理。

相关知识链接

办公用具放置注意事项

电话、文具盒、便条等常用的物品可放在办公桌上伸手可拿到的地方，当然办公桌上尽量少放东西，以够用为度；计算器、尺子和胶带大多是放在抽屉里的。

专用电话应放在左手边方便拿到的位置，腾出右手做记录。

除保密文件和不常用的文件要按照要求存放在安全的地方或者文件柜里面外，其他常用的文件夹可分门别类整齐地叠放在桌边或直立在文件架上，取出用完后应放回原处。

公用办公用品柜放置物品时，一般来说是重的、大的放下面，轻的、小的放上面，方便取用。

一些诸如电话号码本、航班表、火车时刻表、费用报销单、常用空白表单、字典等公用物品要放在位置明显、方便大家取用的地方。

步骤4：管理公共办公区

管理公共办公区主要需要完成以下工作：经常清洁、整理公共使用的复印机、打印机等设备周围的环境，发现复印纸摆放零乱、废物扔在地面等，要及时整理以维护环境的整洁；经常清理参与使用的茶水桌，保持桌面和地面无废弃物、无水迹，保持茶具清洁整齐；经常清理参与使用的文件柜、档案柜、物品柜等家具；注意清理由秘书负责的接待区或会议室，并在来访客人离开后或会后立即清理，保证在下一个访客到来或会议前环境干净整洁；设备、物品等公用资源要摆放有序，自用的办公文具、用品、零散物品应有序地放在抽屉里。所有的文件夹应整齐地叠放在桌边，并贴有标识予以区分，公共区域用过的物品用完后应摆放回原来位置。

步骤5：下班前收拾、检查办公环境及安全隐患消除情况

在下班前，应确保电器设备电源关闭、门窗和水电关闭方可离开办公室。

（三）办公环境安全检查

【操作流程】

确定检查周期→发现隐患后报告并解决→记录隐患处理过程及结果

【操作步骤】

步骤1：确定检查周期

办公环境安全检查分为定期检查、节假日检查和随机检查。定期检查一般是根据部门实际情况，如每月或每季度进行周期检查，春节、国庆等重大节假日前实施检查，随机检查是一种不定期检查。

步骤2：发现隐患后报告并解决

检查中发现隐患时，在职责范围内应及时排除危险或减少危险，如果发现个人职权无法排除的危险，有责任和义务报告、跟进直至解决。

步骤3：记录隐患处理过程及结果

将异常情况的发现、报告、处理等过程认真记录，作为档案备查。安全检查要包括办公环境和办公设备两部分，要区分"隐患记录及处理表"和"设备故障表"的使用，前者记录的是隐患，包括办公环境和办公设备两部分，后者是记录办公设备运行中出现的故障。例如计算机不能工作了，就应填"设备故障表"，如果计算机仍能操作，但屏幕被强光照射，非常刺眼，就应该填写"隐患记录及处理表"。

表 2-2　隐患记录及处理表

序号	时间	地点	发现隐患	隐患原因	发现人	处理人	处理措施及结果

表 2-3　设备故障表

时间	地点	设备名称、型号	使用部门及人员	故障症状	故障原因	处理人	处理措施及结果

技能训练

1. 思考题：常见的办公室安全隐患有哪些？

2. 训练：办公室布局设计。

＊案例＊

某公司市场部新搬迁进了新办公区域，有两间相对的办公室：一间长 5 米宽 7 米，一间长 10 米宽 7 米。该市场部有经理 1 人、秘书 1 人、销售人员 5 人。

办公区域示意图如下：

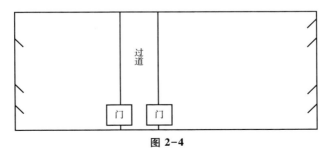

图 2-4

（1）训练内容：根据办公区域示意图绘图完成办公室布局设置，如有条件，可实地以教室或办公室为例，团队进行设计布局和实地布置。

（2）训练要求：根据办公室人员情况和工作开展情况整体考虑设计办公室布局，可任意设置隔断，但必须有一个小型内部会议室。

学习评价

表 2-4　学习评价内容

学习目标	自我评价			组内评价			教师评价			备注
	好	较好	一般	好	较好	一般	好	较好	一般	
1. 办公环境布局合理										
2. 办公环境安全隐患归类全面										
3. 掌握办公环境安全检查的方法和要求										

第二节　办公用品管理

学习目标

◆ 掌握办公用品采购的流程和方法。

◆ 掌握办公用品管理的方法。

任务描述

很多单位办公用品储藏室钥匙虽然在办公室统一保管，但是各个部门需要耗材都是直接来拿钥匙提取，当领用人发现需领用的物品没了，才通知办公室采购。

任务分析

办公用品采购是每个单位不可缺少的，办公用品管理的主要目的是便于更好地为各个部门及时提供所需物品，并以最小的储备来达到最佳的使用状态，避免物品积压和短缺，同时也能有计划地进行购买、节省开支。

任务实施步骤

（一）办公用品采购

【操作流程】

提交采购计划→汇总采购计划→办公用品采购

【操作步骤】

步骤1：提交采购计划

一般的日常办公用品采购需根据每月的平均消耗量来确定，一般按月或按季度进行采购。需采购的部门或个人在固定时间内要填写内部《办公用品申购表》，表的设计一般应明确申购人员、部门及申报物品数量和申购理由等，并签字提交审核。

表 2-5　办公用品申购表

申购部门		申购人		申购日期	
用品名称	申购数量	申购理由			
部门负责人签名：					

步骤2：汇总采购计划

相关负责采购部门在收集《办公用品申购表》后需进行整理汇总，并不定期根据采购物品的价格等因素进行多家比较，确认采购商家，形成《办公用品采购计划表》，经财务负责人和主管负责人确认后统一进行购买。

表 2-6　办公用品采购计划表

用品名称	规格型号	单位	单价	需求数量	金额	备注
合计						
主管负责人：		财务负责人：			经办人：	

步骤3：办公用品采购

应通过多渠道沟通建立与供货商的联系，以便更好地进行办公用品采购。比较供货商时，应注意考察以下情况。

（1）价格和费用。各供货商采购价格是有一定差异的，秘书应尽量多家对比，尽量指定一个供货商并建立长期的合作关系，这样可以降低价格。

（2）质量和交货速度。购买时应仔细检查产品的质量，选择供货准时、可以更换物品或退货的供货商。

（3）售后服务。对比供货商所提供的服务的方便程度、付费结算方式等。

（4）安全可靠。要了解供货商的信誉，并仔细查看订货单、交货单和发票等单据是否齐全。

（二）办公用品管理

【操作流程】

办公用品入库→办公用品保管→办公用品领用、发放及出库

【操作步骤】

步骤1：办公用品入库

采购秘书应负责催促货物的到货时间，以确保对方能够按协商的时间及时送货。在供货商送货后双方要根据各自持有的交货单和订货单对实物进行一一核对，确保名称、规格型号、数量、价格与订购时一致，以防出错，避免不必要的麻烦。

根据收到的办公用品，由采购秘书填写《办公用品入库单》。货物入库后，库房人员要签字确认，财务收到发票后进行再次核对，最终支付支票。

表 2-7　办公用品入库单

序号	物品编码	物品名称	规格型号	单位	数量	单价	金额	检验人	备注

金额合计：

入库人：　　　　　　　　　　　　　　　部门批准：

步骤2：办公用品保管

办公用品入库后，要逐件登记，专人专管，存放在安全的地方，以防损坏或失窃。要分类摆放，将体积大的、分量重的、新购的物品放在最下面或后面，切实做好防丢失、防潮、防火、防过期等工作。要认真做好办公用品的库存记录，并进行定期检查和清点，做到账物相符，然后确定最大库存量、最小库存量和再订货量。要认真填写库存记录卡，以便了解各部门人员使用物品的情况，防止浪费。

表 2-8 办公用品库存记录卡

库存编号：　　　　　　　　　　　　　　库存项目：
最大库存量：　　　　　　　　　　　　　最小库存量：

日期	接收			发放			余额
	数量	发票号	供货商	数量	申请号	个人或部门	

步骤3：办公用品领用、发放及出库

工作人员需领用办公用品时，要填写《办公用品申领表》后经部门负责人签字确认，管理办公用品的秘书人员要注意对办公用品进行认真清点并核实发放，对于发放的物品和对象应进行详细的登记，以计算出物品的剩余数量。

表 2-9 办公用品申领表

部门				编号						
申领物品							核发			
时间	品名	规格	用途	单位	数量	申领人	数量	经办	主管	备注

【技能训练】

＊案例＊

小张是某科技开发公司的办公室行政助理，负责管理办公设备及办公用品，由于他记忆力特别好，每次进货入库后，都能很快记住所进货物的规格和数量，因此他从不做办公用品登记。一天下午，他的同事小王拿着办公用品申领表来取办公用品，由于当时有急事，小张就叫小王自己去拿了，等他回来，小王已经取走了办公用品，并把钥匙放在他的抽屉里。小张既没有看申领表，也没清点物品，下班关了门就走了。到月底盘库的时候，发现少了很多办公用品。

1. 思考题：小张在办公用品管理方面存在哪些问题。

2. 训练：办公用品采购与管理。

（1）训练内容：结合办公用品采购与管理的相关学习内容，起草《办公室办公用品管理办法》。

（2）训练要求：管理办法中采购管理程序设计合理。由学生全体参与，完成后分组讨论、教师点评。

【学习评价】

表 2-10　学习评价内容

学习目标	自我评价			组内评价			教师评价			备注
	好	较好	一般	好	较好	一般	好	较好	一般	
1. 掌握办公用品采购的流程和方法										
2. 掌握办公用品管理的方法										
3. 能够建立办公用品管理制度										

第三节　会议室和公务用车管理

【学习目标】

◆ 掌握会议室管理办法。

◆ 掌握公务用车管理办法。

任务描述

办公室作为单位的核心部门，在确保部门工作正常运转的同时，还需要对会议室和公务用车进行安排和管理。

任务分析

合理地对会议室和公务用车进行规范管理，有助于单位节约资源和成本，提高会议室和公务车辆的使用效率，确保各项工作的有序开展。

任务实施步骤

（一）会议室管理

【操作流程】

预约申请确认→会议室准备→会议室交付使用→会议结束整理验收

【操作步骤】

步骤1：预约申请确认

申请部门需事先向会议室管理部门提出会议室使用预约申请，预约时需明确会议室使用地点、使用时间、会议内容、参会人数、需使用物资和其他注意事项。管理部门根据会议室空置情况进行逐层审批后就可以安排会议室了。会议如临时取消，申请部门需及时通知管理部门，以确保其他部门的正常使用。

表 2-11　会议室使用申请表

申请部门		人数	
申请使用日期		申请人	
会议内容			
会议地点			
主管意见			
领导意见			
备注：			

根据会议级别，重要会议需提前 2 天申请、一般会议需提前 1 天申请，临时会议需提前半个小时申请（特殊情况除外）。

根据会议需提供物资情况，无须物资准备一般至少提前半小时申请，需提供纯净水摆放一般提前 1 小时申请，需准备鲜花、水果等需提前 1 个工作日申请，需提供横幅、与会人员席卡等制作类物资需提前 5 个工作日申请。

步骤2：会议室准备

会议开始前，需根据会议时间提前确认会议室物资设备准备及环境卫生情况。

步骤3：会议室交付使用

会议室交付使用后，需提醒使用部门爱护设备和物品，并针对会议期间出现的设备故障等情况，迅速安排人员前往解决。

步骤4：会议结束整理验收

在会议结束后，应安排人员及时对会议室进行清理，关闭投影仪、电脑、空调等设备，将椅子及时归位，确保各种电器断电、门窗关闭。

（二）公务用车管理

【操作流程】

预约申请→用车审批

【操作步骤】

步骤1：预约申请

各部门用车一般需提前半天预约，可通过电话进行预约，由公务用车管理部门统一登记。

步骤2：用车审批

一般用车由办公室根据车辆空置情况和使用情况进行审批，根据预约登记情况做好用车计划并及时通知对方明确的派车时间和车辆车牌号。如车辆使用车程较远，一般还需主管领导签字核准。

表 2-12　公务用车使用申请表

公务用车申请表			
部门		经办人	
申请事由： 部门负责人签名：			
出车日期	年　月　日	出车时间	午　点　分
到达地点		乘坐人数	
办公室负责人审核： 		主管领导审核： 	
车号：	上车时间：	下车时间：	
驾驶员签名：		乘坐人签名：	

技能训练

训练：会议室和公务用车管理。

（1）训练内容：结合会议室和公务用车管理的相关学习内容，起草《会议室管理使用办法》《公务用车管理办法》。

（2）训练要求：管理办法内容全面，可操作性强。由学生全体参与，完成后分组讨论，教师点评。

学习评价

表 2-13　学习评价内容

学习目标	自我评价			组内评价			教师评价			备注
	好	较好	一般	好	较好	一般	好	较好	一般	
1. 掌握会议室管理办法										
2. 掌握公务用车管理办法										
3. 能够建立会议室管理制度										
4. 能够建立公务用车管理制度										

第四节　时间管理

学习目标

◆ 了解时间管理。

◆ 掌握时间管理的办法。

任务描述

秘书每天都要面对繁杂的工作，经常每天工作十多个小时，甚至有的时候需要熬夜通宵加班，但很多秘书仍然总感觉工作忙乱不堪，总觉得时间不够用。

任务分析

秘书每天要做的工作很多、很杂乱，而各项工作的紧急程度、重要程度各不相同，如果遇到事情就做，势必会导致工作忙乱无序。要在有限的时间内完成得井井有条，就必须了解和掌握时间管理的方法。

任务实施步骤

（一）了解时间管理

【操作流程】

了解时间管理的概念→了解时间的分类→了解时间管理的原则

【操作步骤】

步骤1：了解时间管理的概念

时间管理是指在耗费同样时间的情况下，为提高时间的利用率和有效性进行的控制。这种控制是应用现代科学技术的管理方法，对时间消耗进行计划、实施、检查、总结评价和反馈等，以达到预期的目标。具体内容为：

决定时间的消耗标准，选定目标，制订计划。

用分割和集中的方法来增加自由时间，使时间耗费日趋合理。

诊断自己时间的耗费情况，找出非工作性时间和浪费的时间，并尽量消除。

应用现代系统论、控制论的方法定量使用时间，以提高工作时间的有效性。

对工作时间的不合理安排进行控制。

步骤2：了解时间的分类

秘书的时间大致可分为两类，一类是不可控制时间，即受限于职权的要求而不能自由支配的时间，一般多为日常工作固定的时间；另一类是可控制的时间，即在自己权限内可以自由支配的时间。调查显示，管理者的不可控时间多于可控时间，这个差距随着管理职务的提升而加大。

秘书人员对时间管理的成功，不在于其在不可控时间中的表现如何良好，而在于尽量把不可控时间变为可控时间。

步骤3：了解时间管理的原则

利用时间有一个极其高级的规律，这个规律没有一个固定的模式，但存在一般原则。这些原则包括：

主次原则。用精力最佳时间干最重要的工作。

计划原则。消费时间要有计划性，设定优先次序。

弹性原则。保持时间上的弹性安排。

连续性原则。根据计划，保持时间利用的相对连续性，充分利用零碎时间。

授权原则。严禁事必躬亲，要善于授权和协调，调动团队积极性。

总结原则。要学会在事后善于总结，不断改进和完善工作。

（二）秘书时间管理方法

（1）ABC时间管理分类法。

秘书所面临工作有很多是突发性的，该类工作占据了秘书工作的很大一部分。所以必须把有限的时间科学、合理地进行分配，这样才能更好地实现预定的目标。可将各阶段目标分为ABC三个等级：A级为最重要且必须亲自、马上去实现的目标；B级为较重要、最好自己去做，也可授权别人去办理的目标；C 级为不太重要可以暂时搁置，但不会造成严重后果的目标。ABC 时间管理的步骤如下：

①列出目标。每日工作前列出"日工作清单"。

②目标分类。对"日工作清单"分类。

③排列顺序。根据工作的重要性、紧急程度确定 ABC 顺序。

④分配时间。按 ABC 级别顺序定出工作日程表及时间分配情况。

⑤实施。集中精力完成 A 类工作，效果满意，再转向 B 类工作。对于 C 类工作，在时间精力充沛的情况下，可自己完成，但应大胆减少 C 类工作，尽可能委派他人执行，以节省时间。

⑥记录。每一事件消耗的时间。

⑦总结。工作结束时评价时间应用情况，以不断提高自己有效利用时间的技能。

（2）时间表编制法。

时间表是管理时间的一种手段，它是将某一时间内已经明确的工作任务清晰地进行计划和标明的表格，可以起到提醒使用人和相关人员按时间表有效管理时间、完成工作任务的作用。编制方法如下：

①根据需求确定编制时间的周期（年度、季度、月、周）。

②收集并列出该阶段所有工作、活动和任务。

③发现活动时间有冲突，主动协商调整。

④按时间顺序将任务明细排列清楚。

⑤绘制表格，标明日期、时间和相应的行、列项目名称。

⑥用简明扼要的文字将信息填入表格，包括时间、地点等。

表 2-14　第一季度时间表样例

周次	1 月	2 月	3 月
第一周			
第二周			
第三周			
第四周			

表 2-15　月时间表样例

日期	星期	工作内容	日期	星期	工作内容
1	五		2	六	
3	日		4	一	
5	二		6	三	
7	四		8	五	
9	六		10	日	
11	一		12	二	
13	三		14	四	
15	五		16	六	
17	二		18	三	
19	四		20	五	
21	六		22	日	
23	一		24	二	
25	三		26	四	
27	五		28	六	
29	日		30	一	

表 2-16　周时间表样例

时间	星期一	星期二	星期三	星期四	星期五
9:00					
10:00					
11:00					
12:00					
13:00					
14:00					
15:00					
16:00					
17:00					

技能训练

* 案例 *

小张是某企业经理助理，他平时工作主动，勤奋努力，但总是被一堆不重要的琐事包围着。对于一些他认为重要又不太懂的事情，总是采取逃避的态度，非要拖到不能再拖的时候才动手处理，结果往往因为时间仓促，不得不草草了事。一次经理休假，让他代为起草一份公司产品销售策划案，由于还有一周时间，他想，不着急，于是在其后的几天一直忙于处理其他无关紧要的事情。临到经理回来前一天，小张才想起经理要的策划案还没有写，本打算全力以赴完成策划案，但因临时的会议一开就是半天，又被其他临时的事情耽误，到了下班还一直没有写策划案。吃过饭，一直在看的电视连续剧刚好到了大结局，他忍不住把电视看完，此时已经是晚上10点了。刚写了一半，又发现文件忘记带回家，只有第二天一早到办公室草草把没完成的策划案结束了。结果，一份准备轰轰烈烈、极具创意的策划案变成了一份毫无特色的文件。

1. 思考：小张在时间管理上存在哪些问题？我们在日常生活中是否跟小张类似？

2. 训练：时间管理。

（1）训练内容。

①时间管理游戏：桌上放有两个大小相同的类似水盆的容器和六七块大小不一的石头。其中一个容器中盛有一大半的细沙，另一个容器是空的。现在让你把所有石头和所有细沙都放到那个空的容器中，但条件是细沙和石头都不能冒过容器的上端平面，你会怎么做？

②结合自己的学习生活，为自己拟定一份一学期的时间安排表。

（2）训练要求。

由学生全体参与，分组完成时间管理游戏，教师点评。课后由学生自行完成学期时间安排表设计，并在期末检查执行情况。

学习评价

表 2-17　学习评价内容

学习目标	自我评价			组内评价			教师评价			备注
	好	较好	一般	好	较好	一般	好	较好	一般	
1. 掌握时间管理的方法										
2. 能够结合自身情况制订时间安排表										

第五节　印信管理

学习目标

◆ 掌握印章管理的办法和要求。

◆ 掌握信件管理的办法和要求。

任务描述

秘书部门是单位印章的主要管理部门，每天都需要给大量的文件加盖公章，同时也会收到和寄出大量信件，能否很好地处理这些比较琐碎的工作，也是衡量秘书工作水平及效率高低的一个标准。

任务分析

印章是单位对外行使职权和进行工作活动的凭证，代表了一个单位的权力和利益，具有法律效力，秘书人员需认真学习印章的使用管理知识，认真履行工作职责。除此，秘书每天都要收到和处理很多的信件，这些事看来容易，但要做好的话，除了细心与熟练外，还要掌握一定的程序和方法。

任务实施步骤

（一）印章管理

【操作流程】

印章刻制→印章颁发与启用→印章保管与使用→印章停用和撤销

【操作步骤】

步骤1：印章刻制

无论哪一级单位的印章，都要有上一级主管单位的正式公文。得到上级单位批准后，由印章的制发单位开具公函，附上章样到所在地的公安部门办理登记手续，由公安部门指定专门的刻制单位承担印章的刻制任务。印章刻制完毕，原刻制单位一律不得留存样章。

步骤2：印章颁发与启用

（1）印章启用前的准备。

①选定印章的启用时间。

②提前向有关单位发出正式启用的通知并附上印模。

③填写"印模卡"一式两份（一份留存，一份交上级单位备案）。

④在印章启用通知所规定的生效日之前，所刻印章不得使用。

（2）印章颁发与启用的要点。

①为安全起见，取公章应实行双人同行制。

②取回公章后，立即交办公室负责人拆封检验，指定专人保管。

③使用单位启用新刻制的公章时，要将印模和启用日期报送上级主管部门。上级主管部门和使用单位都要把印模和启用日期的材料立卷归档，永久保存。

步骤3：印章保管与使用

（1）印章的保管。

①专人负责。

一般应选择政治可靠、工作负责、坚持原则的专门人员进行管理。

②妥善保管。

按照保密要求，印章管理人不得委托他人代取代用印章，如因临时外出，应将保管印章的钥匙交给办公室或部门领导人，或指定临时代管人员代管。

③注意保养。

印章管理人应定期对印章进行保养清洁，以确保印章耐用、清晰。

（2）印章的使用程序。

申请→填写用印申请单→专人审核签字→用印→登记。

①申请用印。

需要加盖单位公章，用印人须填写《用印申请单》，经本单位主要负责人或主要负责人授权的专人审核签字批准。

表 2-18 用印申请单

文件标题			
发往机关		份数	
用印日期		用印申请人	
批准人		备注	

②正确用印。

任何文件和信函的盖印，必须位置恰当。盖印时，其位置通常在文件末尾的时间落款处，实际盖印的文件数量应和《用印申请单》上的份数完全一致。

③用印登记。

每次用印都必须进行详细登记。登记项目需包含：用印目的、文件名称、编号、签发人、领用人、盖印人等。

表 2-19 用印登记表

顺序号	用印日期	文件标题	发往机关	份数	用印人	批准人	备注

步骤4：印章停用和撤销

因机构变动、名称改变或公章损坏需启用新公章而停止使用旧公章时，在新公章启用时，同时将旧公章送交，由制发机关封存或销毁。自行销毁的，要经上级部门批准方可。

属于机构撤销的，应在撤销决定下达之日起，停止使用公章并上缴销毁。公章送缴要有手续，销毁旧公章要登记造册，经上司批准，并有两人监督。

（二）信件管理

【操作流程】

收取信件→发送信件

【操作步骤】

步骤1：收取信件

（1）信件领取。

有的单位没有设置专门的收发室，只设有专用信箱，秘书必须每天定期开启信箱取信，并尽可能在信件送达后及时收取，以保证信件得到及时处理。取到信件后应直接送回办公室进行处理，不宜携带信件去办理其他事情，以免造成信件丢失。

（2）初步分拣。

人数较少的公司或部门可按收件人的姓名进行分拣，人数较多的可按私人信件和商业信件或普通信件和重要信件、个人信件和部门信件来进行分拣。

（3）信件拆封。

为提高信件的处理效率，上司经常会授权秘书拆阅某些权限内的信件，协助做好信件处理工作。一般来说三类信件秘书不能拆阅：一是标明"保密""机要"等字样的文件；二是标明"亲启"等字样的私人信件；三是没有标明"打印""印刷"，且信封颜色不是常见的白色或黄色公务信封、用手写的信封。

（4）信件登记。

信件拆封之后，秘书还要将收到的各类信件逐一登记在专用的登记本上，一般普通的广告、推销信等可不做登记。登记时要写明寄件单位、时间、份数、信件的编号、等级、缓急程度、收阅人、处理情况等。

（5）信件分发与处理。

对于没有权限拆封的信件，秘书应在登记之后，将信件及时送交上司或有关人员处理。在送交信件时，应根据信件的紧急和重要程度按顺序进行分发处理。

步骤2：发送信件

（1）信件核对。

秘书在寄送信件前要仔细核对信件内容打印得是否清晰、格式是否规范、地址是否正确、需上司签名寄发的信件是否已签署、信封是否根据需要标有"机密""加急""亲启""抄送"等标记。

（2）信件封装。

信件在检查无误后，就可以封装了，封装要做到完整、规范。封装信件时，应考虑既要便于收件人拆阅，又要美观，可根据信封的大小，将信纸采用二折法、三折法、四折法进行折叠；多页信纸应按顺序折成一叠；重要的文件或纸张较多的资料可以不折叠，直接装入大信封；信件封装需距离拆封口几厘米，方便收信人开启信件。其他非纸张类信件应根据信件大小和具体情况用捆绑、套盒等方式封存。

（3）信件分类。

寄出的信件较多时，秘书可根据信件的紧急程度、邮寄地区来进行分类。

（4）信件登记。

信件寄发前，应对重要、紧急的信件进行登记，写明发件的日期、部门、性质、份数、经手人等信息，以便于信件的交接和查询。

（5）信件发送。

秘书应根据信件的重要性和时效性选择邮寄的方式。急件应以传真、电报、特快专递、电子信件等形式发送；重要信件应以挂号信、保价信、特快专递等形式发送；一般信件应以平信形式发送。除平信外，其他信件邮局或邮递公司均会开具邮寄收据，以备将来核查使用。

技能训练

＊案例＊

小王是某商务公司的办公室秘书，也是公章的管理人，某日，小张因急着去办购房贷款申请，需单位出具一份收入证明，因赶时间，所以在未经负责人签字批准的情况下找到了小王，希望其通融下先盖了章，回头再找领导补签字。小王严肃地拒绝了，小张很是恼火，两人在办公室大吵了一架。

1. 思考题：如果你是小王，你该如何处理？

2. 训练：印信管理训练。

（1）训练内容。

①结合印信管理的相关学习内容，起草《印章管理使用办法》。

②使用信封和废弃纸张进行信件的封装，将封装的信件互相交换后进行拆分处理。

（2）训练要求。

印章管理办法内容全面，可操作性强。由学生全体参与，使用信封和废弃纸张进行信件的封装，将封装的信件互相交换后进行拆分处理。

学习评价

表 2-20　学习评价内容

学习目标	自我评价			组内评价			教师评价			备注
	好	较好	一般	好	较好	一般	好	较好	一般	
1. 掌握印章管理的办法和要求										
2. 掌握信件管理的办法和要求										
3. 能够建立印章管理制度										
4. 能够规范封装和拆封信件										

第六节　借款及报销

学习目标

◆ 掌握借款的程序。

◆ 掌握报销的程序。

任务描述

办公室秘书在办公用品采购、接待、领导活动管理等事务工作中，经常需要预支一些经费用于工作开展，并在费用使用完毕后进行相应的报销工作。

任务分析

掌握和了解费用报销标准、借款程序、费用报销程序，能够帮助秘书协助领导加强费用的有效控制，进一步降低费用支出，减少资金占用，提高资金利用效果。

【任务实施步骤】

（一）借款

【操作流程】

熟悉财务法规和制度→做好经费预算→填写借款单→部门审核→领取借款

【操作步骤】

步骤1：熟悉财务法规和制度

在借款前，秘书首先应该了解国家相关的财务法规和本单位的经费管理制度，熟悉各项工作经费支出的标准，如出差经费管理标准、办公用品采购费用标准、接待餐费标准等。

步骤2：做好经费预算

秘书在借款前应严格按照相关经费标准，根据工作所需支出项目做好所需开支的经费预算。在进行经费预算时，可适当放宽借款金额，以避免计划费用不够的情况。

步骤3：填写借款单

秘书应根据财务制度的规定认真填写借款单，写明借款日期、部门、用途、金额等事项，并签署自己的名字。借款单的填写一律不允许涂改，尤其是费用金额，并要保证费用金额的大、小写一致，否则无效。

表 2-21　借款单样表

借款部门		预计还款期	
借款用途			
借款金额	人民币（大写）		¥
备注			

部门主管　　　　审核　　　　出纳　　　　领款人

步骤4：部门审核

各部门所借经费一般都有一定额度限制，如果超出限额标准，除填写借款单外，还需要附上单独的经费开支请示或者经费使用预算方案报上一级部门主管审核确定。

步骤5：领取借款

秘书凭借审核签字后的借款单到出纳处领取现金，其中超过 1000 元的金额一般以现金支票的形式领取，在日后使用时直接凭现金支票到开户行兑换现金。

（二）报销

【操作流程】

编制费用支出明细→填写报销单→粘贴票据→部门负责人审核→费用报销

【操作步骤】

步骤1：编制费用支出明细

在经费使用完毕后，需要根据实际经费支出情况编制费用支出明细，支出明细需反映出经费支出事由、项目、金额、日期等具体内容。

步骤2：填写报销单

秘书要到财务部门领取报销单，然后根据财务制度的要求和报销凭证认真填写报销单，写明费用的类别、金额、支出事由以及支出所取得的原始凭证的单据数等，并签署自己的名字。报销单的填写一律不允许涂改，尤其是费用金额，并要保证费用金额的大、小写必须一致，否则无效。

步骤3：粘贴票据

秘书在财务部门领取报销单的同时，还需要领取原始凭证粘贴单，将报销凭证按照费用的性质（如交通费、住宿费、餐饮费、会议培训费等）分类粘贴，以便于归类计算和整理。

表 2-22　费用报销单样表

费　用　报　销　单

部门：　　　　　　　　　　　　　　　　　　　　　　报销日期：　　年　月　日

费　用　项　目	类　别	金　额	单据数

报 销 金 额 合 计 人 民 币 (大写)：

会计主管：　　　　　　部门主管：　　　　　　　报销人：

　　票据整理后，将胶水涂抹在票据左侧背面，沿着粘贴单左起约 3 厘米处依次均匀排开横向粘贴，应避免将票据贴出粘贴单外。不要将票据集中在粘贴纸中间粘贴，以免造成中间厚、四周薄，使凭证装订起来不整齐，达不到档案保存要求；当票据张数较多时，票据按票面金额、纸张的大小依次从右向左粘贴在粘贴单上；当票据较少时，票据按票面金额、纸张大小依次从左向右粘贴在粘贴单上；每张票据均保证贴在粘贴单上，不得以票贴票，不得集中在中间粘贴，不得将票据贴到粘贴单外；如票据大小不一样，可以在同

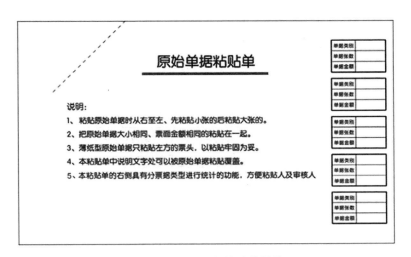

图 2-5　原始单据粘贴单样单

一张粘贴单上按照先大后小的顺序粘贴；票据比较多时可使用多张粘贴单；对于比粘贴单大的票据或其他附件，也应按上述办法，超出部分可以按照粘贴纸大小折叠在粘贴范围之内。

步骤4：部门负责人审核

秘书在报销费用之前，还需将填写好的费用报销单和整理粘贴好的报销凭证送交部门负责人审核、签字。

步骤5：费用报销

最后，秘书将部门主管签过字的费用报销单、整理粘贴好的报销凭证送交财务部门出纳处报销，冲转费用借支款项，完成费用报销工作。

技能训练

＊案例＊

2015年1月20日，市场部的总经理秘书小张因为部门需要接待来考察的某单位的李经理一行4人向财务借款6000元用于接待工作，在接待完成后，经费实际使用情况如下：住宿费2000元，餐饮费1000元，交通费500元，礼品费500元。

训练：借款与报销。

（1）训练内容：根据接待情况填写借款单和报销单。

（2）训练要求：由学生全体参与独立完成，规范填写表单。

学习评价

表2-23　学习评价内容

学习目标	自我评价			组内评价			教师评价			备注
	好	较好	一般	好	较好	一般	好	较好	一般	
1. 掌握借款的要求和程序										
2. 掌握报销的要求和程序										
3. 能够完成借款单填写										
4. 能够完成报销单填写										

第三章
接待工作

第一节　接待来访者

学习目标

◆ 明确接待工作的基本任务。

◆ 掌握接待工作的一般程序。

◆ 按照接待工作的具体要求，准确高效地完成接待任务。

◆ 培养主动服务、周到细致的工作态度。

任务描述

在大多数的机构中，来访者在受到主管人员接待前都要在接待处逗留一段时间。接待来访者是办公室人员工作的重要内容，能够得体地接待来访者，使他们感到愉快，有助于促进双方的交流与合作，给对方留下深刻、美好的印象。

任务分析

秘书人员根据来访的目的及性质，在领会领导意图的情况下，掌握并运用不同情况下的接待工作技巧和礼仪规范，分流、筛选和接待来访者，提高组织的工作效率。

【任务实施步骤】

（一）接待来访者的程序和方法

【操作流程】

迎接准备→亲切迎接→根据对方是否预约进行接待处理→礼貌引领来访者→进入会客室→请客人就座→适时告退

【操作步骤】

步骤1：迎接准备

秘书人员在客人来访前，要做好足够的环境准备、物资准备和心理准备。

环境和物资准备：接待环境中物品要齐全，摆放要整齐、美观，物品要经常清洁，接待环境要光线充足、空气清新、保持安静；整体做到整洁舒适、布局合理。秘书人员每天下班前要整理好所有的办公物品，上班提前到达，清洁、整理、检查接待环境，做到有备不乱。

心理准备：秘书人员要有强烈的角色意识和服务意识，不论来访者是有预约的还是无预约的，是易于沟通的还是难以沟通的，性格是内向的还是外向的，脾气是平和的还是急躁的，都要让来访者感到自己是受欢迎和受重视的。

步骤2：亲切迎接

不管对方是否预约，都应向客人问好，然后听取客人的自我介绍。问候语言可以是："您好，欢迎您的来访！""您好，希望我能帮助您。""您好，我能为您做什么？"如果对方不是初次来访，秘书人员认识对方，要准确称呼对方，或判断性地推测对方姓名："您是某某单位的张先生吧？"这样来访者一开始就从心理上感到亲切，能被热情所感染。

步骤3：根据对方是否预约进行接待处理

（1）对方有预约。

①领导已在等待对方。对有预约的客人，秘书人员可以用"某某先生

您好，我们总经理正在等您，请随我来"或者"我带您去会客室"等话语进行引导。如果领导需要亲自迎接，可先为其安排会客室稍候。

②对方按时达到，我方因为前一个会谈还未结束，或参加临时会议未散会，则可电话通知上司或用纸条请示，根据上司的指示安排时间会见，这时切记要向对方表示歉意，热情有礼貌地将对方带到已预备好的会客室，敬奉茶水，如原定人员因故未能约见，要向对方致歉，联系其他领导看能否出面商谈。

③临时取消约见。秘书应真诚致歉并说明原因，看能否改由其他人员约见，或替上司与客人协商另约时间，或约定时间由领导亲自登门拜访。

（2）对方未预约。

对于突然来访的客人，不管是要求拜访上司的客人，还是办理其他事务的客人，秘书都应以欢迎的态度热情友好地进行接待，并注意随机应变、灵活处理。必须牢记"礼多人不怪"的古训，即使客人带着不满情绪而来，在被热情礼貌接待后也会自我控制化解矛盾，反之，如果有半点不周，也会给客人带来不舒服的感觉。

①了解来宾的身份及到访目的。

上司的日常工作往往是按计划进行的，不速之客的到访可能会打乱上司既定的工作计划，因此，为保证上司工作的顺利进行，不可能对不速之客"每个必见"，也不可能"一个不见"。因此，对于不速之客的来访，秘书必须通过委婉、谨慎的方式了解对方的身份及到访目的和访问的部门及人员，以便做出恰当的接待安排。

②及时对来宾做恰当的分流。

如果来宾提出马上就要见面的，则要设法联系有关部门或人员，看被访者能否与来访者见面。如果可以，则可以按照预约来宾的工作程序进行；如果不可以，则向来访者说明情况，主动请对方留言或留下联系方式，保证尽快将留言转交被访者，或是尽可能快地安排会见时间并通知对方。

如果来宾要见上司，而上司不愿见，秘书应当随机应变，婉言谢绝来访者，或者请示上司能否指定他人代替。如果可以由他人代替接见，则礼貌地请来访者与指定人员会谈。如果来访者坚持要见上司，而领导不想见的，要使用"善意的谎言"为领导挡驾，另外，让对方留下电话，表示将及时禀告上司。

对于需要拒绝的客人，一般有如下几种说法。

"对不起，××经理刚刚出去，今天不会回来。您是否愿意见×副经理？他也负责这个事情。"

"对不起，××经理出差了。您能告诉我您有什么事情吗？或许我能帮您另约一个时间。"

"对不起，××先生正在参加一个会议，不在公司。您可以留下姓名、电话，我负责转告他。"

非常忌讳的说法是："××正在接待一个重要客户，现在没有时间。"因为有的敏感的客人马上会有被小看的感觉，产生激动情绪，尤其是对因有问题而前来寻求解决之道的客人，就更要委婉。另外，还有的客人听了这样的答复，就会产生"等一等就会有时间接待"的误解，会固执地等下去，使秘书和上司都陷于被动的地步。

③礼貌相送。

即使来宾是不速之客，秘书同样也应以礼相送，即使来宾仍不服甚至余怒未消，也应如此，因为这样既可以平息他们的情绪，也显示了自己的风度，对组织良好形象的树立也有极大的作用。

步骤4：礼貌引领来访者

迎接到来访者后，秘书应将来访者礼貌地引领到来访者要去的地方。

（1）引领客人时，要明确告诉客人将去什么地方、会见何人，例如："王经理正在等您，我带您去会客厅，在四楼，我们先乘电梯。"

（2）引领客人时，引领者要走在客人左前侧1米左右，与客人步伐一致。在出门、转弯、上下楼梯时，都要用手掌指示或言语提醒，例如："请您小心，楼梯有点儿陡。"引领客人上楼梯时，引领人员应走在客人后面。下楼梯时，引领人员应走在前面，含义与上楼梯时一样。

如果是乘电梯到达目的地，引领人员要掌握乘坐电梯的礼仪。电梯门打开，引领者和来访者谁先进出电梯，这要分电梯是有人值守还是无人值守两种不同的情况。

如果有专职电梯司机掌控电梯升降，这时引领者应五指并拢、掌心向上做出"请进"的手势请来访者先进入电梯，引领者后进先出电梯；如果是无人值守的电梯，引领者应先进入电梯，站在电梯开关的后面，一边控制着电梯门，以防电梯门夹伤来访者，一边请来访者进入。到达目的地时引领者应先出电梯，守护着来访者安全步出电梯。应该边走边侧身回头和客人聊几句，以消除客人的陌生感和紧张，如："今天外边天气还好吧？""我们公司还好找吧？"等。侧身转向来宾不仅是礼貌，还可观察来客意愿，及时提供满意服务。

步骤5：进入会客室

引领人员引领客人进入会客室前应先敲门，确认无人后再领客人进入。引领人员应事先安排好会客室，不要让客人站在门外等候。

会客室的门有外开的也有内开的，不同开向的门进出的先后顺序也不同。如会客室的门是向外开，则秘书要拉开门，请客人先进；如门是向里开的，则秘书要推开门先进，用手扶住门，再请客人进。这叫作"内开门己先入，外开门客先入"。

步骤6：请客人就座

进门后要请客人坐上座，明确示意："请坐在这里。"并告诉客人："××经理马上就来，请稍候。"在会客厅或办公室接待客人，离门远、面对门的位置为上座，中间正位右高左低。若会客桌与门相对，则从门口看去右侧为上。

步骤7：适时告退

客人入座后，秘书要为客人沏茶，茶水七分为满。注意茶水不要放在烟灰缸旁边。如等候时间较长，还应续水。这期间可向客人提供公司的宣传材料、报纸等。

在上司与客人谈话时，秘书端茶进门时要轻敲门。上茶时要先给客人上，后给主人上，从职位最高者上起。秘书退出会客室时，要面对客人（或自己一方上司）先后退几步，然后再转过身走出会客室（不可马上就转过身给人一个后背），然后轻轻地把门带上。

＊相关知识链接＊

以静制怒、以柔克刚，巧妙接待投诉者

面对气势汹汹的来访者，秘书应始终面含微笑，首先热情地倒茶、让座，然后关心而急切地询问情况。秘书要站在来访者的立场看问题、处理问题，为其利益考虑，勇于承担责任。只有这样，才能化干戈为玉帛，妥善解决问题，维护组织形象。

（二）恭送来访者的步骤和方法

【操作流程】

礼貌送客→送客途中的协助服务→会客室的整理→不与同事议论客人短长

【操作步骤】

步骤1：礼貌送客

会谈结束后，主动为来访者取衣帽等物，并扫视一下桌面，看是否有东西遗忘。如果将客人送到电梯前或楼梯口，要帮助客人按电梯的按钮，等客人上电梯后，微笑着向客人挥手告别，等电梯门关上后再离开。如果送到楼梯口，要等客人转过楼梯看不见了再回身。重要的客人要送到大门口，如果客人自己没有车，要为客人叫出租车。帮助客人打开车门，要请身份最高的客人坐在车的后排靠右的位置。关门后，仍要恭敬站好，向客人挥手告别。要等客人的车开出视野之后，再转身回来。如果刚关上门就转身离开，客人看到会觉得不舒服，以为自己不受欢迎。

步骤2：送客途中的协助服务

在与上司一起送客时，无论是行走还是站立，都要比上司稍后一两步。在需要开门或按电梯按钮时再赶到前面去。

步骤3：会客室的整理

送完客人之后，要马上整理好会客室，为迎接下一位客人做准备。

步骤4：不与同事议论客人短长

在客人走后，不要和同事一起议论客人的短长。因为有时客人发觉落下东西后会马上返回来取，可能正好听到被人议论，这对双方都是极为尴尬的事，也许合作之事因此作罢，此前所有的努力都会付诸东流。

* **相关知识链接** *

接待中与来访者言谈的礼节。言谈是人际传播的重要手段，若要使之在人际交往中发挥更大的作用，除了做到言简意赅外，还应力求以语言的"才艺"吸引他人，以语言的"美"说服他人。下文着重介绍的是言谈礼节。

（1）谈吐的仪态。

不论是言者还是听者，交谈时双方必须保持精神的饱满；表情自然大方、和颜悦色；目光温和、正视对方，以示尊重；两人之间的距离可视双方关系的亲疏而定。

（2）话题的选择。

话题的选择反映言谈者品位的高低。选择一个好的话题，使言谈双方有了共同语言，往往就预示着言谈成功了一大半。

首先，要选择交谈者喜闻乐见的话题，如天气状况、风土人情、体育比赛、电影电视、烹饪小吃等；其次，要回避众人忌讳的话题，如个人的私生活、令人不快的事件，以及生活习惯、宗教信仰、政治主张等。当然，不宜谈论自己不甚熟悉的话题。

（3）言者的表现。

谈话者要顾及听者的情绪与心理的变化，不可滔滔不绝地说个没完，或大搞"酒逢知己千杯少，话不投机半句多"而冷落了某些人，更不能选用只有在场少数几个人听得懂的外语或方言与个别人交谈而置多数人于不顾。言谈间，适当运用各种手势能起到锦上添花的作用，但手势过多、动作幅度过大却会使人有轻浮、欠稳重之感，会产生画蛇添足的效果。

（4）听者的反应。

听者在交谈中处于相对被动的地位，全神贯注、认真聆听是其首要任务。在聆听时要适时做出积极的反应，以表明你聆听的诚意，如点头、微笑或简单重复对方的谈话要点等。同时，恰如其分的赞美不可缺少，它能使交谈气氛变得更加轻松、友好。轻易打断对方的讲话或随意插话，是听者的忌讳，因为这对言者有不敬、失礼之嫌，故应尽量避免。当然，在交谈中做"永远"的听众，一言不发也是会令众人扫兴的。

技能训练

＊案例＊

刘畅是刚上岗不久的秘书，负责接待来访的客人和转接电话。她的同事张红和她一起工作。每天上班后 1~2 个小时之内是她们最忙的时候，电话不断，客人络绎不绝。一天，有一位与人力资源部何部长预约好的客人提前二十分钟到达。刘畅马上通知人力资源部，部长说正在接待一位重要客人，请对方稍等。刘畅转告客人说："何部长正在接待一位重要客人，请您稍等。您先请坐！"正说着电话铃又响了，刘畅匆匆用手指了一下椅子，赶快接电话。客人面有不悦。张红刚好处理完一个电话，见状赶快为客人送上一杯水，与客人闲聊了几句，以缓解客人的情绪。

1. 思考题：请分析评价刘畅和张红的接待方法。

2. 训练：能够得体地进行一般的接待。

（1）训练内容：利用 2 学时，将学生分小组，学生分别扮演秘书、来访者和上司，演练接待和送别来访者的全部过程。

（2）训练要求：在实训前布置学生复习接待工作的有关规范及要求，明确接待工作思路。并安排小组长合理分配任务，在小组长的带领下，布置好接待场所。要求学生热情诚恳，面带微笑，姿态端庄；角色互换，每个人都扮演一次接待人员。

表 3-1　学习评价内容

学习目标	自我评价			组内评价			教师评价			备注
	好	较好	一般	好	较好	一般	好	较好	一般	
1. 接待工作的基本程序是否正确										
2. 接待工作中恭送客人的方法是否得当										
3. 接待来访者时面带微笑,口齿清楚,符合规范										
4. 接待来访者的过程中能正确按照工作程序完成接待任务										
5. 接待来访者的过程中能做到随机应变,能恰如其分地运用得体的语言解决工作中出现的问题										
6. 主动细致、服务周到、自我形象良好										

第二节　接打电话

学习目标

◆ 明确接打电话的基本任务。

◆ 掌握接打电话的一般技巧。

◆ 按照接打电话工作的具体要求,准确高效地完成接打电话工作。

◆ 培养严谨认真负责的工作态度。

任务描述

随着时代的发展,电话已成为我们日常生活的重要部分,人们越来越离不开电话这一通信工具了。接打电话主要是用口头语言进行交流,是不见面的交谈，而作为日常办公的重要形式，它不是简单的交流手段，而是职业技能的需要。

任务分析

接打电话是秘书的一项日常工作，可以说，如果没有电话，秘书们就会寸步难行。由于高频率地使用电话，所以办公室秘书在使用电话时要按规矩办事。在电话接待过程中，秘书应将电话进行分类，哪些是领导必须接听的，哪些是干扰电话，哪些电话要转到其他部门，不管谁打来的电话或打到哪里的电话，都要遵循接、打电话的基本礼仪和方法。

任务实施步骤

（一）接听电话的程序和方法

【操作流程】

接听电话→主动报自己单位名称、姓名、职务→询问对方单位名称、姓名、职务→详细记录电话内容→复述电话内容，让对方确认→整理记录提出办理建议→呈送领导批阅或转告相关人员

【操作步骤】

步骤1：接听电话

准备笔和纸，因为当对方需要留言时，就不得不要求对方稍等一下，让对方等待，这是很不礼貌的。所以，在接听电话前，要准备好纸和笔。

步骤2：主动报自己单位名称、姓名、职务

以问候语加上单位部门的名称以及个人姓名，是最为正式的问候方式。接听电话时，要时刻记住接电话时应有"代表单位形象"的意识。同时声音清晰、悦耳、吐字清脆，给对方留下好印象。一般分为以下三种情况。

（1）如果接听接听者本人的电话或单位的直线电话，只报自己的姓名和职务即可。

（2）如果接听单位总机的电话，报出单位的名称而不需要报出自己的姓名和职务。

（3）如果接听一个部门的电话——

①经过单位总机转的，只需报部门名称和自己的姓名，不需报单位名称。

②直接打进来的，应报单位名称、部门名称和自己的姓名。比如，"您好，这里是××公司××部（室），我是××，有什么能帮到您的？"

步骤3：询问对方单位名称、姓名、职务

在询问对方的具体情况时，应礼貌用语，比如说："请问贵单位是××，请问您是××？"除此之外，应做好准备，将对方的信息进行简单记录。

步骤4：详细记录电话内容

很多问题并非在电话中就可以解决的，可能要稍后才能解决，如果接听者并非过目不忘的人，就要将通话内容记录下来。电话内容要记录得准确全面，一般采用5W1H，Why、When、Where、Which、What+ How to，即原因、时间、地点、哪一个、事项+怎么做。同时还需关注留言内容。

步骤5：复述电话内容，让对方确认

一定要将谈话的重点内容复述一遍，以确保无误。尤其要注意重复对方的电话号码、双方约定的时间和地点，双方谈妥的产品数量、种类，双方确定的解决方案，双方认同的地方，以及仍存在分歧的地方、其他重要的事项。

复述电话内容是接听电话环节中必不可少的一项，它的优点是：

①能让对方产生放心感和信任感，同时从细节处体现本单位做事严谨的态度。

②不至于因为信息传递的不一致，导致双方误解。

③避免因为口误或者听错而造成不必要损失。

④便于接听电话者整理电话记录。

电话结束要礼貌用语，当确保对方电话已挂断，方可挂断电话。

步骤6：整理记录提出办理建议

可按照表3-2记录此次接听电话内容。

表 3-2 ××单位电话记录表

年　　月　　日

来电单位(个人)电话号码		发话人	
来电时间	点　　分	受话人	
主要内容及注意事项			
内容是否复述并经对方确认		是否需回复	
电话内容报审		办理及回复情况如何	
备注(建议)			

将记录的内容进行整理归类，针对不同的情况及时处理，提高办事效率。

步骤7：呈送领导批阅或转告相关人员

对一些重要电话，要把电话记录呈送领导批阅。通常，被指定接电话的人不在时，原因很多，如因病休息、出差在外、上厕所等。据自己的了解，可告诉对方相关人员回单位的时间，并询问对方："要我转达什么吗?"

＊相关知识链接＊

秘书怎样在交流中过滤电话

每个领导每天都要接听无数个电话，如果这些电话都要领导亲自接听，他们就没有足够的时间和精力去处理单位的战略或核心问题。为了解决这个问题，大部分单位都让秘书先过滤电话，把一部分不想接或没必要接的电话先行代为处理，只有重要事情非得由领导亲自处理的才转接，这样既能使时间得到合理的管理，又能提高工作效率。

过滤电话信息是秘书的一项非常重要的日常工作。一个优秀的秘书应该对自己的领导比较熟悉；如果秘书了解领导的人际交往范围、思维方式、工作方法和价值观念的话，在一般情况下都能判断自己是不是应该过滤。

首先，要了解来电者的具体情况。秘书接听打给领导的电话，一定要问明对方的身份和目的，包括来电者的姓名、职位、来电原因等。详细了解这些内容后，秘书应自觉并正确地判断此电话应不应该转接给领导处理，如果没有必要即可自行过滤电话信息，避免干扰领导的正常工作。

其次，要学会判别过滤电话信息，一个单位，每天都有很多电话，这些来电有的是有要事，有的则无足轻重，所以秘书就要起过滤器的作用，筛选判别电话信息。对于秘书职权范围内能自己处理的，或者领导不想亲自解决而授权给秘书处理的，或领导不想接或在特殊情况下不便接听的，或者不重要的事，在这些情况下，秘书要发挥"挡驾"的作用过滤电话信息，而且过滤后还要向领导进行有效传达。

（二）拨打电话的步骤和方法

【操作流程】

提前想好谈话要点、列出提纲→拨打电话→询问对方单位、姓名、职务→说明自己单位、姓名、职务→主动询问是否需要再说一遍→在通话记录上注明接听人和时间→整理记录，提出办理建议→呈报领导或转达相关人员

【操作步骤】

步骤1：提前想好谈话要点、列出提纲

先理清思路，提前列好要谈话的内容提纲，为了更好节省谈话时间、提高通话效率，秘书最好将要谈的内容事先记录在纸上，以免说话理不清头绪，对方听了很久也没听出重点。比如说来电内容、重点细节、注意事项等。

步骤2：拨打电话

①要选好时间，打电话时，如非重要事情，尽量避开受话人休息、用餐的时间，而且最好别在节假日打扰对方。

②要掌握好通话时间，针对新人，在拨打电话前，最好将自己的内容复述一遍，掌握时间，不要现想现说、"煲电话粥"，通常一次通话时间不应长于3分钟，即3分钟原则。

步骤3：询问对方单位、姓名、职务

询问对方单位、姓名、职务时应礼貌用语、态度友好，不要大喊大叫、震耳欲聋。

步骤4：说明自己单位、姓名、职务

拨打电话时应先做自我介绍，不要让对方"猜一猜"，要用语规范。

步骤5：主动询问是否需要再说一遍

主动询问能体现本单位或本人的诚意及细心，同时方便对方工作。

步骤6：在通话记录上注明接听人和时间

这时的记录只需简单记录接听人和时间，利于自己整理。

步骤7：整理记录，提出办理建议

可参照以下表格（见表3-3）。

表3-3 ××单位电话记录表

年　　　月　　　日

拨打单位(个人)电话号码			发话人	
拨打时间	点　　分		受话人	
主要内容及注意事项				
内容是否并经对方确认				
备注(建议)				

领导签字：

步骤8：呈报领导或转达相关人员

＊ *相关知识链接* ＊

接听电话与拨打电话的礼仪及注意事项

一、无论是接听电话还是拨打电话都需要做到：

（1）停止一切不必要的动作：不要让对方感觉到你在处理一些与电话无关的事情，对方会感到你在分心，这是不礼貌的表现。

（2）使用正确的姿势：如果你姿势不正确，不小心电话从你手中滑下来，或掉在地上，发出刺耳的声音，会令对方感到极其不满意。

（3）注意说话的语调及语速，注意谈吐文雅，语调要轻柔；使用普通话；保持愉快的声音，语速不宜太快。能让对方在你的声音中听出你是在微笑。

（4）注意使用礼貌用语。敬语："您好""请""再见""谢谢""对不起"。谦语："太客气了""为您效劳""不好意思""请原谅"。

（5）注意电话接打的环境。

（6）不可随意打断对方的说话，表述的时候要简单明了，把握重点。

（7）当电话线路发生故障时，必须向对方确认原因。

（8）当听到对方的谈话很长时，必须有所反应，如使用"是的""好的"等来表示你在听。

二、接听电话时如何应对特殊事件。

（1）听不清对方的话语。

当对方讲话听不清楚时，进行反问并不失礼，但必须方法得当。如果惊奇地反问："咦？"或怀疑地回答"哦？"对方定会觉得无端地遭人怀疑、不被信任，从而非常愤怒，连带对单位的印象不佳。但如果客客气气地反问："对不起，刚才没有听清楚，请再说一遍好吗？"对方肯定会耐心地重复一遍，丝毫不会责怪。

（2）接到打错了的电话。

不能冷冰冰地说："打错了。"应这样告诉对方："这里是××单位，你找哪？"如果自己知道对方所要找单位的地址或电话号码，不妨告诉他，也许对方正是本公司潜在的客户。即使不是，你热情友好地处理打错的电话，也可使对方对公司抱有初步好感，说不定对方就会成为本公司的客户，甚至成为本公司忠实的支持者。

（3）强行推销、骚扰电话。

当接到销售电话或是骚扰电话时，应回复客户："您好，此电话为我公司客户服务热线，请您自行挂机，不要占用此热线，谢谢！"如果对方没有自行挂机，则回复"您好，很抱歉，我将挂机。再见"，注意不要直接挂机。

（4）无声电话。

当客户来电时没有声音，回复"您好，这里是××公司，请问有什么可以帮助您？"稍停五秒，还是无声，再问："您好，请问有什么可以帮助您?"稍停五秒，对方还是毫无反应，则说："对不起，您的电话没有声音，请您换一部电话再打来，好吗？再见！"再稍停五秒，挂机，不可直接挂机或只是"喂喂"。

（5）方言

当客户使用方言时，回复："您好，请您讲普通话，好吗？"若客户依然使用方言，可回复："您好，我无法听懂您讲话的内容，请您找身边其他会讲普通话的人来接听好吗？谢谢！"

当客户来电使用方言时，如若能够听懂客户讲话，要依然使用普通话与客户对话，不可以换成方言与客户通话，一定注意不可以直接挂机。

（6）同一时间两部或两部以上的电话响起

现代工作人员业务繁忙，桌上往往会有两三部电话。所以秘书在接听电话时，应迅速准确地拿起话筒，最好在三声之内接听，若临时有事，铃响超过三声才拿起电话，应该先向对方道歉，让对方感受到你的诚意。若是在同一时间有两部或是两部以上的电话打来，这时，秘书要灵活恰当处理，可以请正在通话的一方稍等，接听第二个通话内容迅速了解其内容，根据轻重缓急程度决定电话处理的优先顺序，在处理过程中，可委婉让事情不是特别紧急的一方稍等一下或是挂断电话，等处理完比较紧急的事情时，立刻给对方回过去并送上真挚的道歉。

（7）出于某些原因，领导不想接的电话

对于领导不愿接听的电话，要委婉礼貌地拒绝，秘书在婉拒来电者的时候要正确使用电话礼仪，既不给领导丢面子，又让来电者觉得合情合理。比如"领导有事情出去办了，您有什么事情，我会帮您转告他的。"通话的语气不可生硬、毫无生机，要礼貌热情，给对方留下良好的印象。

（8）领导正在开会，接到需要转达的电话

在日常的工作当中，这类事情必然是常见的，若是不紧急的事情，留下对方的姓名、联系方式，待领导开完会再适时处理。若是非常紧急的事情，可以用纸条，比如写上"××先生电话找您，不接（ ），接（ ），请画勾"，悄悄走进会议室，将纸条递给领导，使领导一目了然。

🔲 **技能训练** 🔲

* **案例** *

小陈是某机关办公室的秘书。有一次他正在办公室办公，突然电话铃响了，此时陈秘书正在整理文件，停了一会才拿起话筒问道："请问您找谁？"对方回答说找老刘，陈秘书随即将话筒递给邻桌的刘秘书说："刘秘书，你的电话。"没想到，刘秘书接到电话没讲几句，就和对方吵起来了，最后刘秘书大声说道："你今后要账时先找对人再发火，这是办公室，没你要找的那个刘天亮！"说完就挂断电话。

原来，这个电话是打给宣传科刘天亮的，结果打到办公室，而对方只是含糊说找老刘，小陈误以为是找刘秘书，结果造成了这场误会。

思考题：请分析陈秘书受理电话错在哪里？（讨论法）

训练：能够得体完成一般接打电话的过程。

（1）训练内容：利用 2 学时，将学生分小组，学生分别扮演发话人、受话人、领导，演练接打电话的全部过程。

（2）训练要求：在实训前布置学生复习接打电话工作的准备和礼仪规范，明确接打电话的思路。并安排小组长合理分配任务，在小组长的带领下，适时安排角色。

🔲 **学习评价** 🔲

表 3-4　学习评价内容

学习目标	自我评价			组内评价			教师评价			备注
	好	较好	一般	好	较好	一般	好	较好	一般	
1. 接打电话的基本程序是否正确										
2. 接打电话的方法是否得当										
3. 接打电话前的准备情况										
4. 接打电话的礼仪（语速、礼貌用语、表达是否清楚）										
5. 接打电话的过程中能做到随机应变，能恰如其分地运用得体的语言解决工作中出现的特殊情况										

第三节　团体接待

◆ 掌握团体接待的程序和方法。

◆ 能够制定团体接待工作的方案。

◆ 掌握团体接待的相关礼仪知识。

◆ 按照团体接待的工作方案，准确高效地完成团体接待工作。

◆ 培养认真细致的工作态度和处理突发事件的应急能力。

任务描述

接待来访团体是商务活动中的一项重要工作。因此秘书必须提前做好接待前的准备工作，要求了解来访人员的具体情况，制定接待方案；安排好来访团体的住宿、交通、行程及参观娱乐活动。

任务分析

接待来访团体，与日常接待相比较，时间长、涉及人员多、工作内容多，来访客人要求相应也多，因此秘书必须提前做好接待前的准备工作，要求了解来访人员的具体情况，制定接待方案；安排好来访团体的住宿、交通、行程及参观娱乐活动。

任务实施步骤

团体接待的程序和方法如下。

【操作流程】

接待前进行准备→团体到达后做好相关服务工作→团体离开后做好收尾工作

【操作步骤】

步骤1：接待前进行准备

（1）了解来访者信息。

根据对方提供的信息，了解对方来访的目的、来访单位信息、来访团成员的个人基本情况以及其他背景材料。获取信息越多、越真实，据此做出的接待方案才越具有针对性，接待工作才能取得成功，才能高效地完成团体接待工作。

①来宾基本情况。

主要包括单位、人数、姓名、性别、年龄、身份职务、宗教信仰、生活习俗、健康状况等。

②来访目的。

了解来访目的，接待才更具有针对性。应根据所获得信息，全面分析、判断来访者的真实目的。可以根据收集到的信息，分析判断其来访目的；也可以根据上级及有关部门的接待通知，了解来访目的；亦可根据与来访者的联系交流，分析判断其来访目的（注意：有些来访名义上是参观学习，实质是游玩或窃取情报和技术）。

根据上述内容可制定以下表格（见表3-5）。

表 3-5　来宾信息表

来访者基本信息	来宾单位情况		单位全称,业务范围,发展势态							
	来访者信息	人数：	姓名	性别	身份	民族/国籍	性格特长	宗教信仰	生活习俗	健康状况
		抵达时间：								
		天数：								
		交通工具：								
来访目的	来访目的									
	真实意图分析									

（2）向领导汇报，听取领导对接待的指导意见。

将收集到的来访团的基本信息加以分析，明确来访者目的及来访成员情况，听取领导对接待工作的指导意见。

（3）制定接待方案并报请领导审定。

重要的接待一般应事先制定接待方案（计划），避免接待工作中出现漏洞，减少失误和不必要的疏忽，使接待工作顺利进行。接待方案主要内容包括：接待方针、确定接待规格、日程安排、经费预算、工作人员。

①接待方针。

接待方针即接待工作的指导思想，应根据来访者的目的、对我方的态度和双方关系来制定。对于寻求合作、来访目的友善、双方关系友好者，接待方针应热情友好；对别有用心、来访目的不纯、双方关系微妙者，接待方应遵循礼貌原则，做到不卑不亢。

②确定接待规格。

根据来访者中的最高职位者，明确本公司由哪位高层管理者主陪、其他陪同者、住宿、用车、餐饮的标准等。若客人的要求是超标的，秘书须向领导汇报，由领导做出决定。一般从主陪人的角度，将接待规格分为高规格接待、对等接待、低规格接待三种。其中高规格接待是指主陪人职位高于来访者，对等接待是指主陪人职位相当于来访者，低规格接待是指主陪人职位低于来访者。

在对待涉外人员时，尤其应掌握好相关的礼仪。熟悉涉外迎送的程序，然后才能按照要求和礼仪安排好涉外工作。

如住宿方面的策划可参考以下表格（见表3-6）。

表 3-6　住宿安排表

安排住宿		
选择宾馆考虑的因素	交通是否便利 档次是否合适 环境是否安静优雅 熟悉的服务较好的宾馆	
安排房间考虑的因素	为主宾安排套间，朝向、楼层好 为一般人员安排标准间	
备注		

③日程安排。

根据来访者的时间长短、来访的目的，安排好每日的活动。日程安排要周到、具体。包括日期、时间、活动内容、地点、陪同人员等内容。日程安排要紧凑、合理。一般以表格的形式列出（见表3-7）。

表3-7　××公司来访团接待日程（××月××日——××月××日）

时间安排			内容安排	地点	陪同人员	备注
××点××分			接站	火车站/机场	××	
××月××日	上午	8:30~9:30				
		10:00~11:30				
	中午	12:00	用餐	餐厅		
		12:30~14:30	休息	房间		
	下午	14:40~15:30				
		16:00~17:30				
	晚上					
...						

④经费列支。

根据团体来访目的，确定接待费由本单位自行承担还是双方共同担负。经费开支一般包括：工作经费（打印资料、租借会议室费用等）；劳务费（加班、演讲费等）；宣传、公关费用；餐饮费；交通费；参观、游览、娱乐费用；纪念品费用；其他费用等。

上述方案内容安排好后，及时向领导层汇报，如有不妥，及时修订补充。

（4）协调有关部门落实接待计划。

重要团体来访时，秘书一个人无法完成所有接待前的准备工作，必须根据接待规格和活动内容组织一定数量的工作人员负责来访前的准备工作、接待期间的联络沟通和协调服务工作等。为保证接待工作顺利进行，可制定相应的表格，印发各有关人员，通知相关人员提前做好准备，相互协作，共同完成接待工作。

表 3-8　工作部门/人员安排表

时　间	地　点	事　项	主要陪同部门/人员	主要工作部门/人员

步骤2：团体到达后做好相关服务工作

（1）接站。

提前联系好对方团体到达的时间，秘书应联系好车队，安排小车及面包车前往接站。应提前掌握前往车站的路线、所需时间，以保证准时到达车站接人。

（2）安排住宿及宴请。

根据提前预订的宾馆及房间，安排好住宿；如有不合适，及时调换。请来宾稍事休息，以解路途劳乏。同时请接待来访团体用餐，此时一般选择在住宿宾馆，或离宾馆较近的用餐地点。

（3）将日常活动安排告诉团体人员。

将接待活动日程安排表印发给团体人员，同时也可听取来宾意见，及时将结果呈送领导，根据领导意见，调整接待活动日程安排，并将变动通知相关部门和人员。

（4）按日程表安排各项活动。

各项活动逐项进行时，也可随时征求客人意见，在许可范围内，及时调整活动安排，尽可能满足客人要求。

注意：每项活动实施前秘书应提前通知相关人员，做好准备，保证每项活动顺利实施。

步骤3：团体离开后做好收尾工作

（1）根据此次来访人员及来访目的选择购票。

客人到达时，根据事情了解情况，提前确定是否订购返程的车、船、机票，办理相关的手续。

（2）话别。

一般情况下，主人应在客人离去前到客人下榻的宾馆话别（如客人上午较早离开，可在前一天晚上），时间控制在半小时内，给客人准备的礼物，应在此时送上。

（3）根据事前安排结算住宿费等。

（4）安排车辆送站。

提前安排好所用车辆，安全及时送客人到达车站、码头、机场。

（5）将接待工作中的有关文字材料整理归档。

将接待工作的相关材料加以总结，按顺序排放，整理归档，以便今后工作中查阅。

＊相关知识链接＊

无论是一般的团体接待还是涉外团体接待，都应提前做好准备，掌握相关的礼仪知识。

（1）一般在机场或车站迎接来访团体时，本着尊者优先了解对方情况的原则，主人一方应该先自我介绍，由主人方的秘书或主陪人来为客人介绍自己方面的人，从我方身份最高者开始依次介绍；然后客人一方的秘书或主宾把自己一方的人介绍给主人。见到客人后，主人一方应该主动伸手握手，向客人表示欢迎。主人一方的司机或秘书应该马上接过客人的行李放在车上，手包除外。

（2）当接待的团体为两个及其以上，要考虑礼宾次序的排列。在具体的商务交往中，礼宾次序一般有以下几种：即按国家或地区名称的拉丁字母的先后顺序来排列；按照来宾的具体身份与职务高低来排列；按来宾抵达现场的具体时间早晚来排列；按来宾告知东道主自己决定到访时间先后来排列。此外，在确定礼宾次序时，应按照如下步骤进行：确定礼宾次序方案；提前通知有关各方；按礼宾次序排列座次、名次、出场次序。

（3）着装要求：参加迎送仪式的所有人员，着装要郑重其事，正装出席。

（4）细节礼仪：比如说眼神，在接待工作中，秘书人员注视对方的时间是十分重要的，如若对方表示友好，则注视对方的时间应占全部相处时间的约 1/3 左右；若对方表示关注，比如聆听对方说话时，则注视对方的时间应占全部相处时间的约 2/3 左右，切忌时间不能超过 2/3，这样往往导致对方感觉不自在。再比如笑容，一般来说合乎礼仪的笑容包括：含笑、微笑、轻笑、大笑。其中含笑是一种程度最浅的笑，面含笑意，意在表示接受对方、待人友善，其适用范围较为广泛；微笑在程度上较含笑深一点，它的特点是面部已有明显变化，它是一种典型的自得其乐、充实满足、知心会意、表示友好的笑，是人际交往过程中范围最广的；轻笑在笑的程度上较微笑深，它表示欣喜、愉快，多用于会见亲友、向熟人打招呼，或遇上喜庆之事的时候；大笑在程度上较轻笑深，多见于开心时刻，尽情欢乐或是万分高兴。

技能训练

案例

新隆集团万佳公司经理秘书贺辉协助上司于 2006 年 6 月 5～9 日，接待了来杭州进行合作项目洽谈的宏达商贸公司一行 10 人。6 月 5 日，来宾到达，经理嘱咐秘书贺辉一定要提前 10 分钟到火车站迎接。贺辉为做到万无一失，安排车辆比平时提前 20 分钟出发到火车站，一路上，车行很慢，时有堵塞。原来 6 月 4 日至 7 日，是杭州和平会展中心要召开旅交会，结果贺辉等接站人员晚到了 10 分钟……

初次来杭州的客人对人间天堂的杭州景点非常有兴趣，西湖自然是必游之地，于是秘书贺辉陪同客人一同前往三潭印月。游玩中，客人提到听说租自行车游西湖比较方便，贺辉连忙跑去租车，但找寻了半天，也没找到自行车。骑车不成，客人提出去九溪十八涧。来宾看到茶树和采茶的工人，饶有兴致，边走边聊起了做茶的一些专业问题，当问到秘书贺辉时，贺辉平时对茶没太留心，只好说自己也不是特别懂。客人显得有些失望。

思考题：

（1）秘书贺辉接待来访团体的安排有何不妥之处？

（2）有人认为游览观光不是来访团的目的，因此不必特别用心安排，你怎么看待？

训练：能够得体进行团体接待工作。

（1）训练内容：将学生分小组完成团体接待项目策划，最后学生在课堂上总结并发表见解。

（2）训练要求：在实训前布置学生复习接待工作的有关规范及要求，明确团体接待工作思路。对相关的礼仪知识掌握到位，把握团体接待工作中的细节。

学习评价

表 3-9　学习评价内容

学习目标	自我评价			组内评价			教师评价			备注
	好	较好	一般	好	较好	一般	好	较好	一般	
1. 团体接待的基本流程										
2. 团体接待礼仪知识的掌握										
3. 团体接待前方案的制定										
4. 团体接待中相关服务及礼仪的运用										
5. 团体接待中处理突发状况										

第四节　宴请活动

学习目标

◆ 明确宴请活动策划书的工作内容。

◆ 掌握宴请现场活动中的一般流程。

◆ 按照接待工作具体礼仪要求，完成宴请活动。

◆ 培养认真细致的工作态度和处理突发事件的应急能力。

任务描述

宴请作为经常性的商务活动，通常是由秘书按照上司要求来安排落实的，无论是普通的便饭，还是隆重的宴会，宴请都体现着单位的公关理念，也反映出秘书的礼仪水准以及组织能力。

任务分析

秘书人员根据宴请活动的目的及形式，在对领导想法理解的基础上，能够撰写宴请活动策划书，掌握宴请现场的工作范畴和礼仪规范，灵活处理宴请现场的突发状况，使宴请活动达到预期效果。

任务实施步骤

（一）宴请活动策划的程序和方法

【操作流程】

确定宴请的目的、名义、范围、规模及形式→确定宴请时间、地点→制作并下发请柬→安排宴会桌次和座次→制定菜单→现场布置及服务→餐具的摆放→宴请的实施

【操作步骤】

步骤1：确定宴请的目的、名义、范围、规模及形式

（1）目的：宴请的目的是多种多样的，可以是为某一个人也可以是为某一件事。同时目的也可以是欢迎、欢送、交流、庆贺等。

（2）名义：确定邀请名义和对象的主要依据是主客身份应该对等。我国大型正式活动一般以个人名义发出邀请。

（3）范围：要明确主办单位名称和出席宴会人员的姓名、职务、称呼等。三个注意事项：要注意人员尽量全面；注意气氛的和谐，尽量避免邀请与主宾有矛盾的人；重视配偶问题，一般来说，举办正式宴会的时候，应邀请客人携带配偶参加。

（4）形式：宴请形式在很大程度上取决于当地的风俗习惯和客人的要求，一般来说，规模高、人数少的以宴会为宜，人数多则以招待酒会或冷餐会更为适合。同时要考虑本单位招待的经费情况。

宴请形式：

①宴会。

A. 国宴（State Banquet）是国家元首或政府首脑为国家的庆典，或为外国元首、政府首脑来访而举行的正式宴会，因而规格最高。宴会厅内悬挂国旗，安排乐队演奏国歌及席间乐。席间致辞或祝酒。

B. 正式宴会（Banquet，Dinner）除不挂国旗、不奏国歌以及出席规格不同外，其余安排大体与国宴相同。

C. 便宴即非正式宴会，常见的有午宴（Luncheon）、晚宴（Supper），有时亦有早上举行的早餐（Breakfast）。这类宴会形式简便，可以不排席位，不作正式讲话，菜肴道数亦可酌减。

D. 家宴即在家中设便宴招待客人。西方人喜欢采用这种形式，以示亲切友好。家宴往往由主妇亲自下厨烹调，家人共同招待。

②招待会。

招待会是指各种不备正餐、较为灵活的宴请形式，备有食品、酒水饮料，通常都不排席位，可以自由活动。常见的有：

A. 冷餐会（自助餐）（Buffet，Buffet-dinner）。这种宴请形式的特点，是不排席位，菜肴以冷食为主，也可用热菜，连同餐具陈设在菜桌上，供客人自取。

B. 酒会，又称鸡尾酒会（Cocktail）。这种招待会形式较活泼，便于广泛接触交谈。招待品以酒水为主，略备小吃。不设座椅，仅置小桌（或茶几），以便客人随意走动。酒会举行的时间亦较灵活，中午、下午、晚上均可，请柬上往往注明整个活动延续的时间，客人可在其间任何时候到达和退席，来去自由，不受约束。

③茶会。

茶会是一种简便的招待形式。举行的时间一般在下午四时左右（亦有上午十时举行）。茶会通常设在客厅，不用餐厅。厅内设茶几、座椅。不排席位，但如是为某贵宾举行的活动，入座时，有意识地将主宾同主人安排坐到一起，其他人随意就座。

④工作进餐。

按用餐时间分为工作早餐、工作午餐、工作晚餐（Working Breakfast，Working Lunch，Working Dinner），是现代国际交往中经常采用的一种非正式宴请形式（有的时候由参加者各自付费），利用进餐时间，边吃边谈问题。

步骤2：确定宴请时间、地点

（1）时间：宴请的时间应对主客方都合适。注意不要选择对方的重大节假日、有重要活动或有禁忌的日子和时间。小型宴请应首先征求主客意见，按照主客的意见确定时间，然后再约请其他宾客。欢迎宴会一般安排在来宾抵达的当日或次日举行。告别（践行）宴会通常安排在来宾离开前一天或当天举行。相比其他宴请，晚宴更为正式隆重。

（2）地点：一般选择来宾下榻的宾馆或定点饭店。选定的场所要能容纳全体人员，同时要考虑宴请规格、餐饮特色、环境情调及服务水准。在可能的条件下，宴会厅外另设休息厅（又称等候厅），供宴会前简短交谈用，待主宾到达后一起进宴会入席。

＊相关知识链接＊

邀请外宾的时间禁忌

（1）基督教徒的时间禁忌：信仰基督教的西方国家忌讳"13"，特别是恰逢13日的星期五。

（2）伊斯兰教的时间禁忌：伊斯兰教的斋月（伊斯兰历第九个月）有白天不进食的习俗，所以，在斋月里宴请他们只能安排在日落以后。

步骤3：制作并下发请柬

（1）大型宴会活动，一般均发请柬。这既是礼貌，也对客人起提醒、备忘之用。请柬一般提前一周至两周发出，以便被邀请人及早安排。必要时可附上回执。宴请国宾或其他重要外宾时，应以主持宴会的领导个人名义署名发请柬。

（2）请柬内容包括活动形式、举行时间、地点、主人姓名和职务。请柬行文一般不加标点符号（括号除外），所提到的人员、单位、节目名称，都应用全称。请柬发出后，应落实能否出席，并及时调整席位。宴请时发出的请柬通常在左下角标明"需回函"，并印有回函的姓名和电话号码，或者印好回函卡并搭配信封，与请柬一起装入信封邮寄。西方宴会有时在请柬上说明："本请柬仅供阁下本人使用"、"提供接送服务"（喝醉酒的客人由在场的工作人员开车送回）、"打黑领带"（要求客人穿晚礼服）等。

步骤4：安排宴会桌次和座次

桌次是指桌位的高低次序，表明各桌就座人员的身份。两桌和两桌以上的宴会一般应排定桌次，桌数多时应摆上桌次牌。主人和主宾应当在主桌就座，其他每一桌都应当安排主方人员陪同。在安排桌次时，一般把主桌排在离宴会厅门口最远的地方，或者是宴会厅的中心位置，其余的桌次高低以离主桌的远近而定，右高左低，近高远低。

座次安排一般是主人坐最高的席位（主陪位置），其他座位的高低以离主陪或副主陪的远近而定，近高远低，涉外宴请右高左低，国内宴请左高右低。座次排好后，应在餐桌相应的位置上摆上各位宾客的名签，以方便宾客就座。

（1）在安排座次时应注意以下两个方面。

①夫人的座次安排：如果主人和主宾的夫人均出席，通常把女方排在一起，即主宾坐在主人的右方，主宾夫人坐在主人夫人的右方；如果主宾携夫人出席，而主人夫人因故不能出席，通常请其他身份相当的女士出席，也可把主宾夫妇安排在主人的左右两侧。

②若是邀请涉外人员，译员一般安排在主宾的右侧。

（2）便宴、酒会等一般宴请可不排席位，由宾客自由入座。

正式宴会都要事先依据礼宾次序排定桌次和座次，以示对来宾的尊重。同一桌上座次的安排以离主人和副主人（或女主人）的座位远近而定。主人与副主人相对而坐，主宾与副主宾分别坐在主人与副主人的右侧，主客穿插而坐（见图3-1）。

桌次安排应以主桌为基准，主桌安排主宾，其余桌次高低以离主桌位置远近而定，也要遵循"近高远低，右高左低"的原则，排定之后须摆上桌次牌。常见的桌次安排如图3-2、图3-3所示。

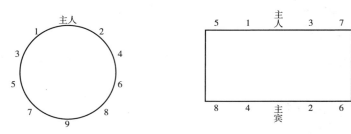

图 3-1　宴会座位安排

图 3-2　宴会桌次安排 a

图 3-3　宴会桌次安排 b

步骤5：制定菜单

（1）宴请的酒菜根据活动形式和规模，在规定的预算标准内安排；

（2）需结合酒店的实际能力，选菜要考虑客人特别是主宾的喜好与禁忌，要尊重客人的宗教和风俗习惯；

（3）大型宴会要照顾到各个方面，如个别人有特殊需要，也可以单独为其上菜；

（4）选菜时应尽量选取时令材料，保证鲜活、丰美可口，同时注意做好安全警卫和食品安全工作，确保安全卫生方面万无一失；

（5）要突出地方特色，多选用地方特色的菜肴、酒水、水果；

（6）菜肴道数和分量要适宜，避免浪费；

（7）应请领导确认后打印菜单，放在宴会上以示郑重其事；

（8）在选菜时，要注重宗教习俗与禁忌。如佛教用素斋，伊斯兰教忌吃猪肉，印度教忌牛肉，天主教星期五不吃肉类等。

步骤6：现场布置及服务

中餐宴会的现场包括宴会大厅和休息厅两部分。布置的时候，要从整体上做到简洁、大方，可适当点缀些鲜花。针对大型宴会要悬挂会标，并准备话筒等音响设备，话筒一般采用立式，设在主桌背后。一般来说，宴会可用圆桌，也可用长桌或方桌，一桌以上的宴会，桌子之间的距离要适当，各个座位之间也要距离相等。冷餐会的菜台用长方桌；酒会一般摆设小圆桌或茶几。宴会休息厅通常放小茶几或小圆桌。此外要有专门的工作人员负责宴会的迎宾、接待和引导工作。

步骤7：餐具的摆放

根据宴请的人数和酒、菜的数量应准备足够的餐具。餐桌上的一切用品都应清洁卫生，桌布、餐巾都应浆洗洁白、熨平。玻璃杯、酒杯、筷子、刀叉、碗碟等在宴会之前应洗净擦亮。

（1）中餐具的摆放。中餐用筷子、盘、碗、匙、小碟等。小杯放在菜盘上方。右上方放酒杯，酒杯数与所上酒的品种相同。餐巾叠成花，插入水杯中，或平放于菜盘上。我国宴请外国宾客，除筷子外，还应摆上刀叉。酱油、醋、辣油等佐料，通常一桌数份。公筷、公勺应备有筷、勺座，其中一套放于主人面前。餐桌上应备有烟灰缸、牙签。

（2）西餐具的摆放。西餐具有刀、叉、匙、盘、杯等。刀分主菜刀、鱼刀、肉刀、奶油刀、水果刀，叉分主菜叉、鱼叉、龙虾叉，匙有汤匙、茶匙等，杯有茶杯、咖啡杯、水杯、酒杯等。宴会上有几道酒，就配有几种酒杯。公用刀叉尺寸一般大于食用刀叉。西餐具的摆法是：正面放食盘（汤盘），左手放叉右手放刀，右上方放酒杯，餐巾插在水杯内或摆在食盘上，面包奶油盘放在左上方。

步骤8：宴请的实施

国际惯例的宴请有以下程序：迎接、小憩、开宴、致辞、宴会、宴毕、休息、告辞。秘书经常要协助领导举办各类宴会。正式宴请应该完全符合社交礼仪规则。准备宴会需要精心、细心和耐心，秘书对参加宴会的每一个人都应彬彬有礼、温和体贴，不让任何人受到冷落。应准备一份备忘录，自始至终留意细节问题，并列出需要解决落实的事项。

（二）宴请现场

【操作流程】

提前准备→宴会程序→宴会结束工作→资料归档

【操作步骤】

步骤1：提前准备

在宴请准备工作做好之后，秘书人员需提前到场检查落实，对没有做到位的工作及时给予指导。避免在正式宴会开始时出现差错。

步骤2：宴会程序

（1）迎客。

宴会开始前，主方人员一般需要到宴会厅门口或酒店门口迎接客人，迎接时依身份高低依次排列，身份最高者排在最前面。若是普通客人到达，由工作人员引领进入休息室或宴会厅，但不入座。休息厅应安排招待员照顾客人，或由其他接待人员陪同聊天，待主宾到达后，由领导陪同与其他客人见面打招呼。

（2）致辞。

宴会开始应有仪式，通常由主办方代表作为主持人当众宣布宴会开始，并介绍主办方的主要领导或主人，介绍主宾。关于领导致辞，通常双方领导事先交换讲话稿，欢迎宴会由主方先致辞，答谢宴会则由客方先致辞。当客情发生变化时，秘书人员应及时将变化情况报告致辞的领导，以便及时调整致辞内容。

（3）安排好工作餐。

接待人员应安排好其他陪同人员、秘书、司机的工作餐。事先估算工作餐人数，并通知宾馆做好准备。宴会开始后，秘书人员应主动退出宴会厅，并和其他工作人员一起用工作餐，不要随便到主桌敬酒。

步骤3：宴会结束工作

在宴会结束前（吃完水果、主人与主宾起立，宴会即告结束），接待人员事先安排送客车辆停放到位，并在宴会厅门口做好送行准备。关于内部清场及其他收尾工作，事先安排他人去落实。对主客需特别关照，有始有终。但在送别客人时要避免出现十分明显的厚此薄彼现象。

步骤4：资料归档

宴会结束后，秘书人员应根据任务等级及重要程度，及时了解与会者的态度和意见，了解宴请活动达到的效果，做好资料收集整理、核实归档工作，便于以后工作中查阅。

相关知识链接

出席宴请活动应注意的礼节

1. 接到正式宴会请柬后，对能否出席，一般要尽早答复主人，以便安排席位。隆重、正式宴会，被邀请人不能出席时，一般不可派代表出席，除非主人另提出邀请。

2. 出席宴请活动抵达时间迟早、逗留时间长短，在一定程度上反映对主人的尊重和对活动的重视。应根据活动的性质和当地习惯掌握好到场和告辞时间。迟到、早退、逗留时间过短被视为失礼或有意冷落。出席宴会应正点或提前两三分钟抵达。出席酒会可在规定开始时间后到达，身份高的略晚。通常情况下，出席宴请活动，一般客人在主宾到达前抵达，主宾退席后陆续告辞。确实有事需提前退席，应向主人道歉后悄悄离去。

3. 出席外国人举行的宴请应客随主便，听从主人安排。对宴会主人、宴会时间、地点要了解清楚，防止出错。进入宴会厅前应了解好自己的桌次和席位，不要随意乱坐。

4. 无论是主人、陪客还是宾客，都应普遍与同桌周围的人交谈，特别是自己左右邻座。不要只同自己人或只同一、二人谈话。邻座如不相识，可先自我介绍。切忌中方人士相互高谈阔论而不给外宾说话机会，更忌中间坐外宾而两侧中方人士相互聊天，如需交换意见，也宜在外宾身后小声简短进行。

5. 隆重宴会，在主人或主宾致辞、敬酒时，暂停进餐，停止交谈，注意倾听。奏国歌时应肃立。

6. 参加家庭宴会，应注意对方的风俗习惯，如习惯送花，可酌情购买少量鲜花赠给女主人。但不要送菊花和杜鹃花。

7. 喝酒不要过量，可以敬酒，但不要劝酒。

技能训练

＊案例＊

天地集团有限公司是内地一家知名机械制造企业，近年来由于产品质量过硬，售后服务体系完善，市场需求旺盛，产品常常供不应求，年销售收入一直保持在 30 亿元以上，建立起了覆盖全国各地的销售网络。2005 年底，为在 2006 年进一步巩固现有市场，不断开拓潜在市场，扩大产品市场占有率，公司决定召开一次商务大会，邀请各地经销商参加，共谋发展大计。会后，公司安排了晚宴，全体经销商代表在凤凰宾馆共进晚餐。按照公司的相关商务招待制度和领导的要求，办公室秘书钟苗认真筹划了这次宴会。本以为自己安排得挺好，不料，第二天上班，她听到总经理对办公室主任大发脾气："怎么搞的嘛？这么正式的场合，连个座位名签都要搞错！你看，让人家多难堪！"原来，钟秘书在安排晚宴时，为便于来宾对号入座，特意制作了座位名签，但其中有一个名字打错了，将"柳"字打成了"刘"字，弄得那个柳姓经销商找不着自己的座位，而当时又没有人察觉，以致出现了十分尴尬的场面。无独有偶，在发请柬时，钟秘书还由于粗心大意，漏掉了广西地区的一名经销商，此事直到两天后才发现，对公司造成了很不好的影响。事后，办公室李主任找到钟苗，对她在工作上的疏忽进行了批评指正，同时也肯定了她做得较好的地方，特别是桌次和座位排定方面，充分体现出了对客人的尊重。

思考题：如果你是钟秘书，你将如何安排这次宴请活动？假设参加商务大会的经销商代表有 60 人，需设宴 6 桌，请你排定客人的桌次和座次。

训练：能够进行宴请活动的策划并处理现场工作的突发事情。如：身份高于主人的来宾到来需要重新调整席位，宴会上领导或客人醉酒等。

（1）训练内容：将学生分组，要求学生围绕某个宴请活动，写出详细的策划书。

（2）训练要求：在实训前布置学生复习宴请活动的程序，根据步骤安排宴请桌次、座次。

学习评价

表 3-10　学习评价内容

学习目标	自我评价			组内评价			教师评价			备注
	好	较好	一般	好	较好	一般	好	较好	一般	
1. 宴请策划书是否完整										
2. 宴请中的礼仪知识掌握是否正确										
3. 宴请活动中礼仪运用是否得当										
4. 宴请的现场工作做得是否顺利										
5. 宴请活动过程中能否做到随机应变，机智地处理突发事件										

第四章
信息管理

第一节　信息收集

◆ 提高对操作系统基础知识的掌握水平。

◆ 通过学习使用 Windows 系统管理工具，熟悉 Windows 系统的内容，由此进一步熟悉 Windows 操作系统的应用环境，能够利用系统的日志收集有价值的信息。

◆ 掌握利用办公软件进行信息收集的技能。

◆ 提高学生实际动手能力，为其今后能够很好地胜任各项工作打下良好的基础。

任务描述

信息管理是指针对特定的分析目标，通过定性、定量的分析方法（或分析工具），基于现有信息资源中得出结论、做出预测并辅助决策的活动。操作系统有两大职能，其一是对计算机的软硬件资源进行管理，其二是提供一个方便的人机接口。我们的任务是整理记录操作系统"管家"所管理的各种信息。

在 Windows 操作系统"控制面板"的"管理工具"选项中集成了许多系统管理工具（见图 4-1），用户和管理员可以很容易地对它们进行操作和使用，方便地实现各种系统维护和管理功能。默认情况下，只有一些常用工具——如"服务"、"计算机管理"、"事件查看器"、"数据源（ODBC）"、"性能"和"组件服务"等。

图 4-1　控制面板选项

我们利用"Windows 管理工具""计算机管理""事件查看器""性能监视""服务""数据源（ODBC）"收集操作系统对计算机的管理信息，并加以记录。

任务分析

操作系统（OS）是控制计算机中所有活动的核心系统软件，如果没有操作系统，计算机就不能正常工作。因此，操作系统是各种计算机的关键软件。更重要的是，从用户观点来看，操作系统为计算机所运行的所有应用软件设置了标准。我们的任务是：

需要准备一台运行 Windows 操作系统的计算机。

认真记录查询到的信息。

【任务实施步骤】

（1）Windows管理工具的程序与方法。

【操作流程】

利用Windows管理工具管理信息的流程如下：

收集信息→记录整理信息→传递、储存信息→使用信息，这里我们使用了"Windows管理工具""计算机管理""事件查看器""性能监视""服务""数据源"等工具。

【操作步骤】

登录"Windows"管理界面→调动管理工具。

步骤1：登录进入Windows XP Professional。

步骤2：在Windows的"开始"→"设置"菜单中单击"控制面板"命令，双击"管理工具"图标。

在本地计算机"管理工具"组中，有哪些系统管理工具，基本功能是什么：

① _____

② _____

③ _____

④ _____

⑤ _____

⑥ _____

⑦ _____

⑧ _____

⑨ _____

⑩ _____

（2）计算机管理的程序与方法。

【操作流程】

确定计算机管理的目的→寻找目录树→使用相应节点（系统工具、存储工具、服务和应用工具）

【操作步骤】

步骤1：使用"计算机管理"可通过一个合并的桌面工具来管理本地或远程计算机，它将几个 Windows 管理实用程序合并到一个控制台目录树中，使管理员可以轻松地访问特定计算机的管理属性和工具。

步骤2：在"管理工具"窗口中，双击"计算机管理"图标。

步骤3："计算机管理"使用的窗口与"Windows 资源管理器"相似。在用于导航和工具选择的控制台目录树中有"系统工具"、"存储"及"服务和应用程序"等节点。窗口右侧"名称"窗格中显示了工具的名称、类型或可用的子工具等。它们是：

①系统工具，填入表4-1中。

②存储，填入表4-2中。

表4-1　系统工具实验记录

名称	类型	描述

表4-2　存储实验记录

名称	类型	描述

③服务和应用程序，填入表4-3中。

表 4-3　服务和应用程序实验记录

名称	类型	描述

（3）事件查看器的程序与方法。

【操作流程】

确定事件查看器的目的→打开事件查看器→查看应用程序日志→筛选事件

【操作步骤】

步骤 1：事件查看器不但可以记录各种应用程序错误、损坏的文件、丢失的数据以及其他问题，而且可以把系统和网络的问题作为事件记录下来。管理员通过查看在事件查看器中显示的系统信息，可以迅速诊断和纠正可能发生的错误和问题。

步骤 2：在"管理工具"窗口中，双击"事件查看器"图标。

在 Windows 事件查看器中，管理员可以查看到三种类型的本地事件日志，请填入表 4-4 中。

步骤 3：在事件查看器中观察"应用程序日志"。

本地计算机中，共有_____个应用程序日志事件。

表 4-4　事件查看器实验记录

名称	类型	描述	当前大小

步骤 4：单击"查看"菜单中的"筛选"命令，系统日志包括的事件类型有：

① _____

② _____

③ _____

④ _____

⑤ _____

（4）性能监视的程序与方法。

【操作流程】

确定性能监视的目的→管理使用"性能"窗口

【操作步骤】

步骤 1：性能监视工具通过图表、日志和报告，使管理员可以看到特定的组件和应用进程的资源使用情况。利用性能监视器，可以测量计算机的性能，识别以及诊断计算机可能发生的错误，并且可以为某应用程序或者附加硬件制作计划。另外，当资源使用达到某一限定值时，也可以使用警报来通知管理员。

步骤 2：在"管理工具"窗口中，双击"性能"图标。

"性能"窗口的控制台目录树中包括的节点有：

① _____

② _____，将其中的子节点填入表 4-5 中。

表 4-5　性能监视实验记录

名称	描述

（5）服务管理的程序与方法。

【操作流程】

管理"服务"图标→观察、描述服务项目。

【操作步骤】

步骤1：在"管理工具"窗口中，双击"服务"图标。

步骤2：在你的本地计算机中，管理着＿＿＿＿＿＿＿＿个系统服务项目。

通过观察，重点描述你所感兴趣的5个系统服务项目：

① _____

_____

② _____

_____

③ _____

_____

④ _____

_____

⑤ _____

_____

（6）数据源（ODBC）管理的程序与方法。

【操作流程】

确定数据源管理的目的→增加驱动程序→启用驱动程序分析

【操作步骤】

步骤1：ODBC，即开放数据库连接。通过 ODBC 可以访问来自多种数据库管理系统的数据。例如，ODBC 数据源会允许一个访问 SQL 数据库中数据的程序，同时访问 Visual FoxPro 数据库中的数据。因此，必须为系统添加称为"驱动程序"的软件组件。

步骤2：在"管理工具"窗口中，双击"数据源（ODBC）"图标，打开"ODBC 数据源管理器"对话框，请描述其中各选项卡的功能，填入表4-6中。

表 4-6 数据源管理实验记录

选项卡	功能描述
用户 DSN	
系统 DSN	
文件 DSN	
驱动程序	
跟踪	
连接池	

步骤 3：单击"驱动程序"选项卡，试分析，系统为哪些数据源缺省安装了 ODBC 驱动程序：

① _____

② _____

③ _____

④ _____

⑤ _____

⑥ _____

⑦ _____

⑧ _____

＊ 相关知识链接 ＊

1. 信息高速公路计划

● 国家信息基础设施计划——NII 计划。

● 全球信息基础设施计划——GII 计划。

2. 我国以"三金工程"为龙头的信息基础设施

● 金桥工程：国家公用经济信息通信网络工程。

● 金关工程：海关、外贸、外汇、税务管理企业和部门业务系统网络工程。

●金卡工程：电子货币工程。

3. 数据和信息的概念

数据是记录下来的、可以鉴别的符号。这些符号包括数字、字符、文字、图形等。信息是经过加工后的数据，它对接收者有用，对决策或行为有现实或潜在的价值。

4. 数据、信息、知识之间的关系

数据是信息的一种表现形式，是信息的载体；

信息是对数据的解释；

数据是原料，信息是产品；

数据（data）是原始事实，数据是用符号记录下来的可以区别的信息；

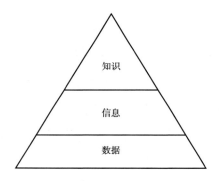

图4-2　数据、信息、知识的关系

信息（information）是处理过的并以有意义的形式给出的数据；

数据是构成信息的构件，信息＝数据+数据处理；

知识是指用于生产的信息（有价值的信息）；

从形式上看，它们是原料和制品递进的关系；

从载体上看，是客观物质存在和大脑精神存在的关系，信息是客观存在的，而知识存在于人们的大脑中，属于认识的范畴。

技能训练

谈一谈你所知道的搜索引擎 Baidu 有哪些搜索技巧？

比较搜索引擎。搜索产品及比较价格可利用多种搜索引擎，请尝试利用不同搜索引擎来搜索同一商品信息，比较这几种搜索引擎（建议选择 3 种）哪个对你而言更有效。

你选用的搜索引擎是：

① _____

② _____

③ _____

你搜索比较的商品（关键字）是：

_____

三个搜索引擎的搜索比较：

① _____

_____

_____

_____

② _____

_____

_____

_____

比较网站运营质量。进入网上书城（如当当、京东等），订购一本《网络营销学》，比较各自商品数量、价格（折扣）、配送和支付手段等环节的优劣。

请简述你的分析结论：

_____

_____

_____

_____

专业网站对比。请对中国钢铁联合网（custeel. com）和上海宝山钢材交易市场（Sinometal. com）进行比较，试分析两者服务的共同点和不同点以及成功之处，如必须在两者之间选择一个，请问，你将选择哪一个？请说明理由。

_____

_____

_____

_____

免费开店。请利用搜索引擎了解关于免费开店的信息，从中选择两家有此项功能的网站，它们是：

①网站名称：_____

网址：_____

网站特色：_____

_____

②网站名称：_____

网址：_____

网站特色：_____

_____

请介绍：在有免费开店功能的网站上开设网上商店及管理商店的过程。

_____

_____

_____

请记录：上述操作能够顺利完成吗？如果不能，请分析原因。

学习评价

表 4-7　学习评价内容

学习目标	自我评价			组内评价			教师评价			备注
	好	较好	一般	好	较好	一般	好	较好	一般	
操作系统基础知识										
Windows 操作系统的应用环境										
Windows 操作系统的管理工具										
Windows 管理工具										
计算机管理										
事件查看器										
性能监视										
服务										
数据源（ODBC）										

第二节　信息整理

学习目标

我们结合用 Word 软件制作宣传单的案例，在具体的设计中介绍图片、艺术字和文本框的插入与编辑。

◆ 掌握字符格式的设置和格式刷的应用、页面背景的设置、自定义项目符号的添加等基本的办公软件的操作技能。

◆ 掌握在办公软件中进行图片、艺术字和文本框的插入与编辑技能。

◆ 能够使用办公软件对信息进行初步整理。

◆ 逐步培养学生信息整理的能力，为其系统地掌握办公自动化软件的基本操作方法和技巧打下基础。

任务描述

这里我们以一位大学毕业生踏上工作岗位后的一个工作任务为例来阐明

信息的整理工作。小李是文秘专业的毕业生，今天7月毕业后刚刚到一家茶饮料公司的企划部工作，经理交给他的第一个任务就是为公司制作一份精美漂亮的宣传单，即企业生产的茶饮料的宣传海报。

宣传单是广告宣传中最大众化的媒介形式，是企业在宣传产品或服务时经常用到的一种印刷品。不少企业在计划印刷宣传单时要花费比较多的资金，并要请专业的制作机构来设计和印刷。如果掌握了一定的设计知识和制作技巧，使用常用的办公软件 Word 也可以设计出比较简洁且具有吸引力的宣传单。小李初来乍到，面对这一任务首要的工作就是寻找合适的素材、收集信息，然后对信息进行整理，具体方法就是选择合适的软件在电脑上进行开发设计，完成宣传单制作的工作。

任务分析

本任务的目标是让学生学会使用办公软件对信息进行整理，具体方法就是选择合适的软件在电脑上进行开发设计，完成宣传单制作的工作。本任务结合宣传单的制作，介绍了图片、艺术字和文本框的插入与编辑。其中，艺术字和文本框的使用是学习的重点。要完成此任务首先应该了解该茶饮料公司的企业文化，进一步调研企业的组织结构、主要产品的生产流程，以及目标客户对于公司产品的需求以及偏好，这样才能设计出出彩的海报，打动消费者。

本任务的学习可以让学生掌握字符格式的设置和格式刷的应用、页面背景的设置、图形的插入、艺术字的插入和编辑、文本框的插入和编辑、自定义项目符号的添加等基本的办公软件操作。通过该任务，使学生具有初步利用办公软件进行信息整理的能力、办公软件使用技能得到提升，为其系统地掌握办公自动化软件的基本操作方法和技巧打下基础，提高其实际动手能力，为其今后能够很好地胜任各项工作打下良好的基础。

任务实施步骤

【操作流程】

背景设置→图文排版→整体润色

【操作步骤】

步骤1：确定页面布局风格，设置页面背景

我们可以选择浅绿色底板、用白色圆点的图片平铺做该宣传海报的背景。

图4-3　选择图片做背景

＊*相关知识链接* ＊

使用背景颜色或者图片是烘托整个宣传海报氛围的一个重要方法，同时也是区别于其他广告、从媒体中突出自身的有力手段。

一、背景颜色或图片的应用

——使用背景颜色旨在使广告在页面中突出：利用浅色背景与深色背景对比。

——使用背景颜色用来体现产品风格：通过淡褐色色调来体现产品的尊贵特性，同时突出文案和产品图片，通过灰白渐变，体现产品的时尚感。

——使用背景颜色增强活动氛围：如通过红色的背景来体现一种喜庆的气氛。

二、背景颜色和背景图片的设计方法

——纯色表现。

纯色：画面比较简洁、干净的广告，内容相对丰富，可以使用纯色。

——渐变色表现。

是一种主导的设计方式，能够为画面带来更多变化的效果，包括丰富画面、产生空间感、让画面真实细腻。

——背景图片衬托气氛。

背景图片的作用主要是强调产品特点，强化对产品的认识，或者体现活动的氛围。

步骤2：选择图形，插入宣传画

此案例中我们选择剪贴画，剪贴画是用各种图片和素材剪贴合成的图片，所以我们称它为"剪贴画"，通常用于 Office 办公软件当中，在制作一些电子报或者海报时都会派上很大的用处。这些剪贴画图片素材我们该在哪里获得呢？Word 中默认的剪贴画并不是很多，而且很多都不是很有价值，这时我们就应该去微软官方看看了。其实微软官方一直在给用户提供大量的剪贴画、模板等服务，基本是免费的。这里我们秉承简洁明了的设计理念，采用盖碗茶的 JPG 图片和月牙形的图形来做宣传画的装饰。注意简单线条的应用，一般可以用弧线和直线，如图 4-4 所示。

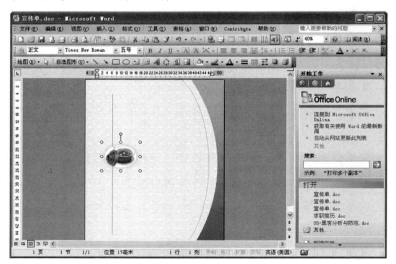

图 4-4　插入图形和图片

步骤3：编辑和设计艺术字

不是所有的海报都适用艺术字，这与设计的内容有关，比如海报的内容是关于儿童的则可以用一些可爱的卡通艺术字，女性化的用品可以用比较舒展、看上去比较舒服的艺术字。比较正式的一些项目宣传用大宋体、黑体之类的字，总之还是需要根据素材灵活应用。艺术字的使用可以起到两个作用。第一，可以增强海报的装饰效果并使整个构图更吸引人。第二，使别人的注意力能够去到文字上。使用装饰性的艺术字必须尽可能节制，一般只运用于只有一两个字的情况，而在由很多文字组成的说明文字中则不宜使用。使用简洁的字体与装饰性的艺术字则能够有很好的协调效果，并且使文字更具有层次感。在我们的海报宣传单设计中，我们根据底板的颜色选用了三种不同的艺术字体，可以横排和竖排、自由调整位置。

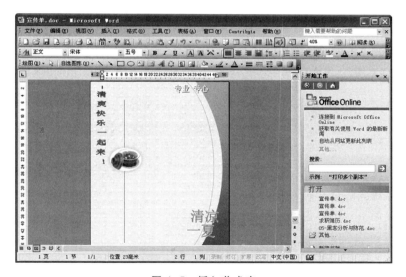

图 4-5　插入艺术字

步骤4：文本框的编排

在 Word 中，文本框是指一种可移动、可调大小的文字或图形容器。使用文本框，可以在一页上放置数个文字块，或使文字按与文档中其他文字不同的方向排列。我们可以使用不同的文本框，并对文本框的线条、背景颜色和阴影以及三维效果都进行设置。

图 4-6　插入文本框

步骤5：文字的编排和设计

为文本框中的重点文字设置格式，加项目符号以起到美化作用。

图 4-7　使用项目符号

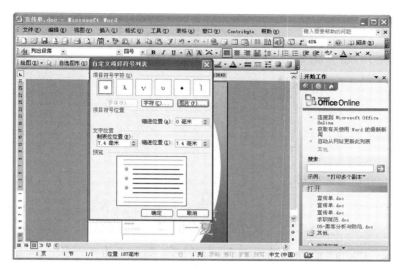

图 4-8　选择自定义项目符号

＊相关知识链接＊

在如今的信息时代，信息满天飞，我们通常利用搜索引擎对信息进行搜索。Web 浏览器主要是为因特网用户提供服务的软件，可以访问很多类型的服务器。通过使用它，可以完成显示网页、在计算机间传输文件、访问商业信息服务、发送电子邮件，以及与其他因特网用户进行交互等操作。因此，学习利用搜索引擎对信息进行整理是非常重要的。

一、万维网

万维网 1990 年出现于欧洲粒子物理研究所（CERN），一开始也没有引起一般人的关注。然而，数年后，新闻媒体对万维网开始感兴趣，大众也开始对它好奇。因特网是组成通信网络的大量电缆和网络互联设备，而万维网是存储和提供信息的因特网服务。

对万维网的正式描述是："一个可以提供全球接入的巨大的超媒体独立信息检索空间。"组成万维网的文档被称为网页，网页包含与特定主题相关的信息。一个网页可能还包含了指向其他网页的一个或多个链接。链接可以使你很容易就找到一系列相关的信息，即使它们存储在不同国家的计算机里。

万维网的出现加速了因特网的扩展。由于它简单、易用，而且信息可以是图形化的，所以人们都喜欢采用浏览网页的方式来寻找和交流信息。可以使用 Web 浏览器来请求某个 Web 服务器的网页，为此，输入一个 URL 地址或单击网页链接，服务器将网页的数据从因特网上传送到你的计算机上。这些数据包括两部分：想浏览的网页信息和告诉浏览器怎样显示这些信息的说明。这些说明包括背景色、文本字体大小以及图像的位置等。

万维网的内容始终在变化着，比如新的网站上线或旧的网站被关闭等。所以，链接并不总是有效的。有时单击某个链接后可能什么都没有出现，或者得到了错误的信息，这可能是因为 Web 服务器断线进行维修或网络异常繁忙等。一般来说，如果某个网页在 15 ~ 20 秒后还没有出现，你就可以停止其显示，过一段时间再尝试访问该网页。

"主页"指的是 Web 站点的主要页面，可以单击浏览器的 Home 按钮来返回主页。大多数浏览器都允许用户选择某个网页作为自己的主页（例如自己最喜欢的搜索引擎等）。当沿着链接查询信息时，菜单和工具栏可以帮助用户导航万维网，并返回前面的链接。在每次会话过程中，浏览器都会保存所访问网页的历史记录。

二、Web 门户网站

Web 门户网站是提供一组流行 Web 服务的站点，比如搜索引擎、查看电子邮件、聊天室，以及有关商店、新闻、天气和体育消息的链接等。

门户网站中的"门户"，是指在因特网下，把各种应用系统、数据资源和因特网资源统一集成到通用门户之下，根据每个用户使用特点和角色的不同，形成个性化的应用界面，并通过对事件和消息的处理，把用户有机地联系在一起，用户通过它开始自己的搜索、漫游和其他活动。当用户启动浏览器时，所选择的门户网站就会自动载入，使熟悉的内容每次都出现在页面的同一位置上。言下之意，门户网站是用户通向因特网世界的大门、迈向网络社会获取信息资源及服务的第一步。门户网站通过集合众多内容，以及提供多样服务，成为网络用户的首选网站。同时，门户网站引导因特网用户前往其他目标网站，及时跟踪用户的使用兴趣、爱好和行为，满足用户的需求。

政府门户网站是电子化公共服务的一个重要窗口，它通过高速接入因特网实现资源共享，为公众、企业或下属单位提供信息和服务，并使他们以最简便的操作方式，快速地找到自己所需要的服务和信息。在各种政府网站中，最重要也最具代表性的就是政府门户网站。

三、搜索引擎

搜索引擎（search engines）是对互联网上的信息资源进行搜集整理，然后供用户查询的系统，它包括信息搜集、信息整理和用户查询三部分。

搜索引擎其实也是一个网站，只不过该网站专门为用户提供信息"检索"服务，它使用特有的程序把因特网上的所有信息加以归类，以帮助人们在浩如烟海的信息海洋中搜寻到自己所需要的信息。

搜索引擎按其工作的方式分为两类：一类是分类目录型的检索，把因特网中的资源收集起来，按类型不同而归入不同的目录，再一层层地进行分类，人们可按它们的分类一层层进入，就能最后找到自己想要的信息；另一类是基于关键词的检索，这种方式下用户可以用逻辑组合方式输入各种关键词（keyword），搜索引擎根据这些关键词寻找用户所需资源的地址，然后根据一定的规则反馈给用户包含此关键词的所有网址和指向这些网址的链接。随着因特网信息呈几何式增长，这些搜索引擎利用其内部的一个叫 SPIDE（蜘蛛）的程序，自动搜索网站每一页的开始，并把每一页上代表超级链接的所有词放入一个数据库，供用户来查询。

然而，随着因特网的快速发展，搜索引擎搜索的结果让人越来越不满意。例如，搜索"电脑"这个词，就可能有数百万页的结果。这是因为搜索引擎通过对网站的相关性来优化搜索结果，这种相关性又是由关键字在网站的位置、网站的名称、标签等来决定的。这就是搜索结果多而杂的原因。而搜索引擎中的数据库因为因特网的发展变化也必然包含了死链接。

搜索引擎精确地为人们提供相关的信息应该是它以后发展的方向，而不是只求综合的服务。

技能训练

1. 创设情境实践

小刘是一个刚毕业的大学生，正准备找工作，他要制作一份求职简历。请你根据小刘自身的情况，对求职简历的制作给出建议。

2. 案例设计

请根据自己的实际学习或实践情况，设计一个如图 4-9 所示的课程表或者活动安排时间表。

时间\星期		一	二	三	四	五	六	日
上午	1	高等数学	大学语文	大学英语	C语言	网络		
	2							
	3	大学英语	计算机	C语言	网络	网络上机		
	4							
下午	5	体育	高等数学	C语言上机		大学英语听力		
	6							
	7	思想品德	计算机上机					
	8							
晚上	9	法律基础		日语		插花艺术		
	10							

图 4-9　课程表

3. 案例分析

人工智能之父——图灵

阿兰·麦席森·图灵（Alan Mathison Turing，1912~1954），生于英国伦敦，英国数学家、逻辑学家，被称为人工智能之父。1931 年，图灵进入剑桥大学国王学院，毕业后到美国普林斯顿大学攻读博士学位，二战爆发后回到剑桥，后曾协助军方破解德国的著名密码系统 Enigma，帮助盟军取得了二战的胜利。

图灵是计算机逻辑的奠基者，许多人工智能的重要方法也源自这位伟大的科学家。他对计算机的重要贡献在于他提出的有限状态自动机，也就是图灵机的概念，对于人工智能，他提出了重要的衡量标准"图灵测试"，如果有机器能够通过图灵测试，那它就是一个完全意义上的智能机。杰出的贡献使他成为计算机界的第一人，现在，人们为了纪念这位伟大的科学家，将计算机界的最高奖命名为"图灵奖"。

上中学时，图灵在科学方面的才能就已经显示出来，这种才能仅仅体现在非文科的学科上，他的导师希望这位聪明的孩子也能够在历史和文学上有所成就，但是他在这方面都没有太大的建树。少年图灵感兴趣的是数学等学科。在加拿大他开始了职业数学生涯，在大学期间这位学生似乎对前人现成的理论并不感兴趣，什么东西都要自己来一次。大学毕业后，他前往美国普林斯顿大学，也正是在那里，他制造出了以后被称为图灵机的机器。图灵机被公认为现代计算机的原型，这台机器可以读入一系列的 0 和 1，这些数字代表了解决某一问题所需要的步骤，按这个步骤走下去，就可以解决某一特定的问题。这种观念在当时是具有革命性意义的，因为即使在 20 世纪 50 年代的时候，大部分的计算机还只能解决某一特定问题，不是通用的，而图灵机在理论上却是通用机。在图灵看来，这台机器只需保留一些最简单的指令，只用把一个复杂的工作分解为这几个最简单的操作就可以完成了，在当时能够具有这样的思想确实是很了不起的。他相信有一个算法可以解决大部分问题，而困难的部分则是如何确定最简单的指令集，怎么样的指令集才是最少的，而且又能顶用，还有一个难点是如何将复杂问题分解为这些指令。

1936 年，图灵向伦敦权威的数学杂志投了一篇论文，题为"论数字计算在决断难题中的应用"。在这篇开创性的论文中，图灵给"可计算性"下了一个严格的数学定义，并提出著名的"图灵机"（Turing Machine）设想。"图灵机"不是一种具体的机器，而是一种思想模型，可制造一种十分简单但运算能力极强的计算装置，用来计算所有能想象得到的可计算函数。"图灵机"与"冯·诺伊曼机"齐名，被永远载入计算机的发展史中。1950 年 10 月，图灵发表了另一篇题为"机器能思考吗"的论文，这成为划时代之作。也正是这篇文章，为图灵赢得了"人工智能之父"的桂冠。1951 年，图灵以他杰出的贡献当选为英国皇家学会会员。

就在图灵事业步入辉煌之际，灾难降临了。1952 年，由于同性恋倾向，

图 4-10　苹果公司 Logo

图灵离开了当时属于高度保密的英国国家物理实验室（NPL）。1954 年 6 月 8 日，在英国曼彻斯特，图灵 42 岁，正逢他生命中最辉煌的创造顶峰。这天早晨，女管家走进他的卧室，发现台灯还亮着，床头有个苹果，只咬了一小半，图灵沉睡在床上，一切都和往常一样。但这一次，图灵永远地睡着了，不会再醒来……经过解剖，法医断定是剧毒氰化物致死，那个苹果是在氰化物溶液中浸泡过的。图灵的母亲则说他是在做化学实验时，不小心沾上的，她的"艾伦"从小就有咬指甲的习惯。但外界的说法是服毒自杀，一代天才就这样走完了人生。

今天，苹果（Apple）电脑公司以被咬了一口的苹果作为其商标图案（见图 4-10），就是为了纪念这位伟大的人工智能领域的先驱者——图灵。

资料来源：百度百科（http：//baike. baidu. com/）。

请分析：

（1）阅读以上文章，请回答：图灵的伟大成就主要体现在哪些方面？

_____

_____

_____

（2）请简述：什么是图灵机？

_____

_____

_____

表 4-8　学习评价内容

学习目标	自我评价			组内评价			教师评价			备注
	好	较好	一般	好	较好	一般	好	较好	一般	
背景设计										
图片和图形设计										
艺术字设计										
文本框设计										
项目符号、行距设计										

第三节　信息传递、储存与使用

学习目标

◆ 掌握常用函数的计算方法（IF、TODAY、YEAR、VLOOKUP）。

◆ 学习数据统计分析常用的操作方法——分类汇总。

◆ 掌握数据透视表和数据透视图的创建技能。

◆ 学习使用 Excel 软件，学会信息存储及应用的基本技能。

◆ 提高学生利用 IT 技术进行信息传递、存储与使用的能力。

任务描述

秘书专业的学生以后走上工作岗位，或许会面临负责管理公司员工工资的工作，每个月都要计算出员工的基本工资、奖金和个人所得税等。为了能够准确快捷地计算工资，我们设定的任务是使用 Excel 对公司员工的工资进行管理、统计。这里设计的任务是做出所有员工工资表、打印出个人工资单。具体来说，通过学习使学生的办公软件使用技能得到提升，为其系统地掌握办公自动化软件的基本操作方法和技巧打下基础，提高其实际动手能力，为其今后能够很好地胜任各项相关工作打下良好的基础。

本例中员工的"基本工资"和"奖金"数据都可以通过查找函数 VLOOKUP 获得，个人所得税可以使用条件判断函数 IF 获得。

任务分析

完成本案例需要解决以下问题。

①使用 TODAY 函数和 YEAR 函数计算员工的工龄。

②使用嵌套的 VLOOKUP 函数和 IF 函数计算"工资明细"工作表中的各项数值。

③使用嵌套的 VLOOKUP 函数和 IF 函数计算"工资汇总"工作表中的"应发工资"。

④使用嵌套的 IF 函数计算个人所得税。

【任务实施步骤】

【操作流程】

"员工信息表"基础数据填充→计算"工资明细表"→计算"工资汇总表"→打印输出

【操作步骤】

步骤1：使用 YEAR 函数和 TODAY 函数计算"员工信息表"中的员工"工龄"

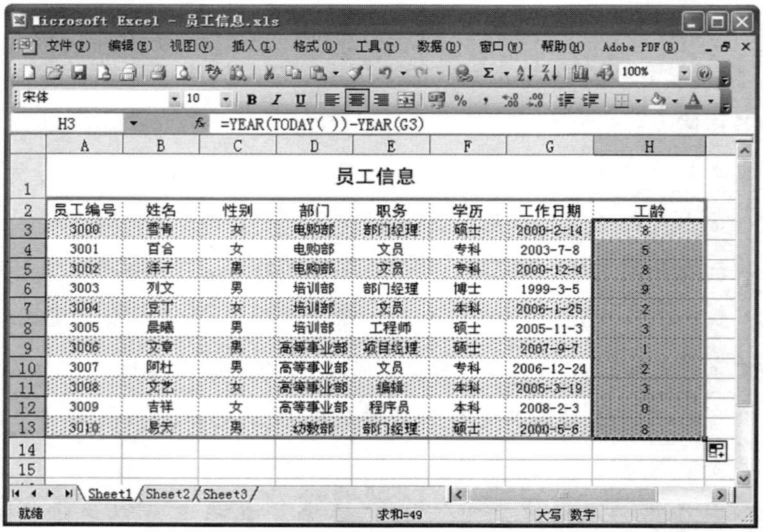

图 4-11 使用函数计算工龄

步骤2：计算“工资明细表”中的各项内容

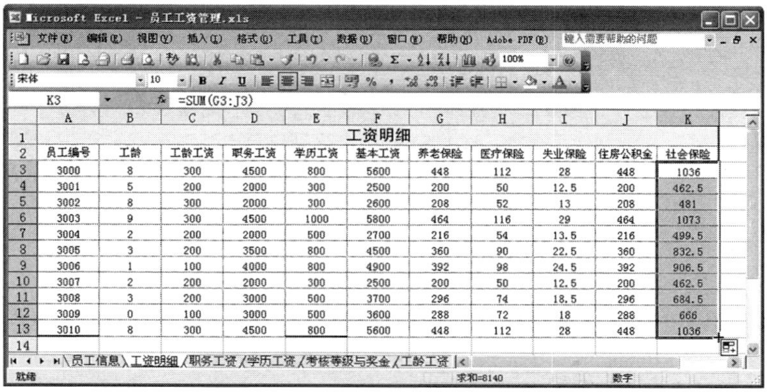

工资明细										
员工编号	工龄	工龄工资	职务工资	学历工资	基本工资	养老保险	医疗保险	失业保险	住房公积金	社会保险
3000	8	300	4500	800	5600	448	112	28	448	1036
3001	5	200	2000	300	2500	200	50	12.5	200	462.5
3002	8	300	2000	300	2600	208	52	13	208	481
3003	9	300	4500	1000	5800	464	116	29	464	1073
3004	2	200	2000	500	2700	216	54	13.5	216	499.5
3005	3	200	3500	800	4500	360	90	22.5	360	832.5
3006	1	100	4000	800	4900	392	98	24.5	392	906.5
3007	2	200	2000	300	2500	200	50	12.5	200	462.5
3008	3	200	3000	500	3700	296	74	18.5	296	684.5
3009	0	100	3000	500	3600	288	72	18	288	666
3010	8	300	4500	800	5600	448	112	28	448	1036

图 4-12　使用函数计算工资明细

步骤3：计算“工资汇总表”中的“应发工资”

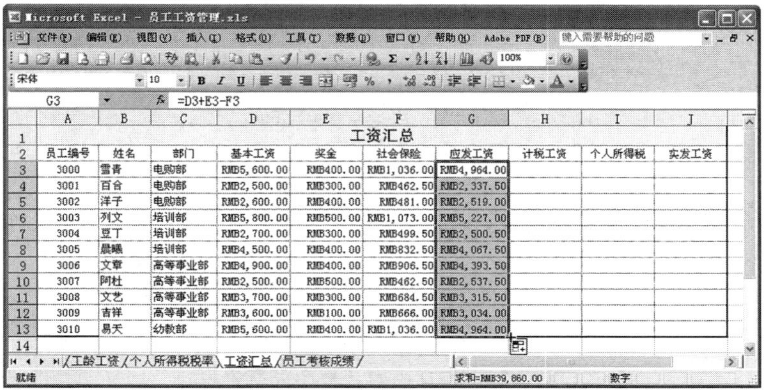

工资汇总									
员工编号	姓名	部门	基本工资	奖金	社会保险	应发工资	计税工资	个人所得税	实发工资
3000	雪青	电购部	RMB5,600.00	RMB400.00	RMB1,036.00	RMB4,964.00			
3001	百合	电购部	RMB2,500.00	RMB300.00	RMB462.50	RMB2,337.50			
3002	洋子	电购部	RMB2,600.00	RMB400.00	RMB481.00	RMB2,519.00			
3003	列文	培训部	RMB5,800.00	RMB500.00	RMB1,073.00	RMB5,227.00			
3004	豆丁	培训部	RMB2,700.00	RMB300.00	RMB499.50	RMB2,500.50			
3005	晨曦	培训部	RMB4,500.00	RMB400.00	RMB832.50	RMB4,067.50			
3006	文章	高等事业部	RMB4,900.00	RMB400.00	RMB906.50	RMB4,393.50			
3007	阿杜	高等事业部	RMB2,500.00	RMB500.00	RMB462.50	RMB2,537.50			
3008	文艺	高等事业部	RMB3,700.00	RMB300.00	RMB684.50	RMB3,315.50			
3009	吉祥	高等事业部	RMB3,600.00	RMB100.00	RMB666.00	RMB3,034.00			
3010	易天	幼教部	RMB5,600.00	RMB400.00	RMB1,036.00	RMB4,964.00			

图 4-13　使用函数计算应发工资

步骤4：使用 IF 函数计算“个人所得税”

“个人所得税”的算法：

（1）“计税工资”。本例中的“计税工资”也就是“应纳税工资额”，计税工资=应发工资-3000 元。

（2）“个人所得税”。“个人所得税”的征税方法分为 9 个等级。

(3) 使用“速算扣除数”计算“个人所得税”，计算公式如下：

个人所得税=计税工资×税率-速算扣除数

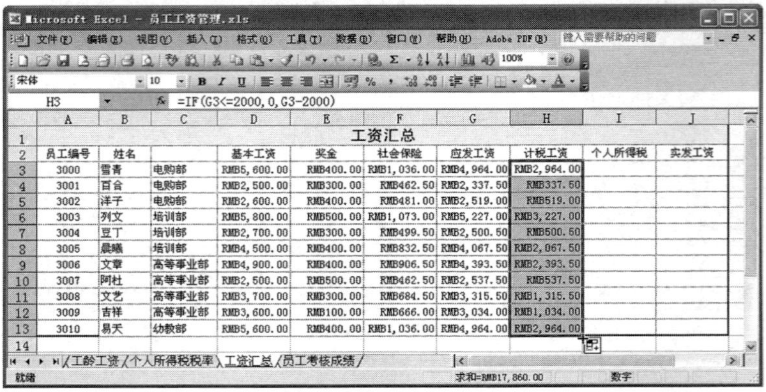

H3 =IF(G3<=2000,0,G3-2000)

	员工编号	姓名		基本工资	奖金	社会保险	应发工资	计税工资	个人所得税	实发工资
3	3000	雪青	电购部	RMB5,600.00	RMB400.00	RMB1,036.00	RMB4,964.00	RMB2,964.00		
4	3001	百合	电购部	RMB2,500.00	RMB300.00	RMB462.50	RMB2,337.50	RMB337.50		
5	3002	洋子	电购部	RMB2,600.00	RMB400.00	RMB481.00	RMB2,519.00	RMB519.00		
6	3003	列文	培训部	RMB5,800.00	RMB500.00	RMB1,073.00	RMB5,227.00	RMB3,227.00		
7	3004	豆丁	培训部	RMB2,700.00	RMB300.00	RMB499.50	RMB2,500.50	RMB500.50		
8	3005	晨曦	培训部	RMB4,500.00	RMB400.00	RMB832.50	RMB4,067.50	RMB2,067.50		
9	3006	文章	高等事业部	RMB4,900.00	RMB400.00	RMB906.50	RMB4,393.50	RMB2,393.50		
10	3007	阿杜	高等事业部	RMB2,500.00	RMB500.00	RMB462.50	RMB2,537.50	RMB537.50		
11	3008	文艺	高等事业部	RMB3,700.00	RMB300.00	RMB684.50	RMB3,315.50	RMB1,315.50		
12	3009	吉祥	高等事业部	RMB3,600.00	RMB100.00	RMB666.00	RMB3,034.00	RMB1,034.00		
13	3010	易天	幼教部	RMB5,600.00	RMB400.00	RMB1,036.00	RMB4,964.00	RMB2,964.00		

图 4-14　使用函数计算计税工资

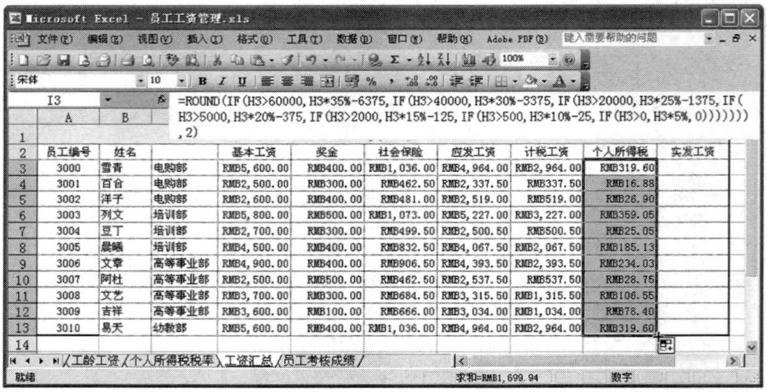

I3 =ROUND(IF(H3>60000,H3*35%-6375,IF(H3>40000,H3*30%-3375,IF(H3>20000,H3*25%-1375,IF(H3>5000,H3*20%-375,IF(H3>2000,H3*15%-125,IF(H3>500,H3*10%-25,IF(H3>0,H3*5%,0))))))),2)

	员工编号	姓名		基本工资	奖金	社会保险	应发工资	计税工资	个人所得税	实发工资
3	3000	雪青	电购部	RMB5,600.00	RMB400.00	RMB1,036.00	RMB4,964.00	RMB2,964.00	RMB319.60	
4	3001	百合	电购部	RMB2,500.00	RMB300.00	RMB462.50	RMB2,337.50	RMB337.50	RMB16.88	
5	3002	洋子	电购部	RMB2,600.00	RMB400.00	RMB481.00	RMB2,519.00	RMB519.00	RMB26.90	
6	3003	列文	培训部	RMB5,800.00	RMB500.00	RMB1,073.00	RMB5,227.00	RMB3,227.00	RMB359.05	
7	3004	豆丁	培训部	RMB2,700.00	RMB300.00	RMB499.50	RMB2,500.50	RMB500.50	RMB25.05	
8	3005	晨曦	培训部	RMB4,500.00	RMB400.00	RMB832.50	RMB4,067.50	RMB2,067.50	RMB185.13	
9	3006	文章	高等事业部	RMB4,900.00	RMB400.00	RMB906.50	RMB4,393.50	RMB2,393.50	RMB234.03	
10	3007	阿杜	高等事业部	RMB2,500.00	RMB500.00	RMB462.50	RMB2,537.50	RMB537.50	RMB28.75	
11	3008	文艺	高等事业部	RMB3,700.00	RMB300.00	RMB684.50	RMB3,315.50	RMB1,315.50	RMB106.55	
12	3009	吉祥	高等事业部	RMB3,600.00	RMB100.00	RMB666.00	RMB3,034.00	RMB1,034.00	RMB78.40	
13	3010	易天	幼教部	RMB5,600.00	RMB400.00	RMB1,036.00	RMB4,964.00	RMB2,964.00	RMB319.60	

图 4-15　使用函数计算个人所得税

步骤5：计算“工资汇总表”中的“实发工资”

步骤6：打印输出工资总表、部门工资表，还有各人工资明细表

＊相关知识链接＊

现今社会，信息的存储和使用尤为重要，办公软件中的电子表格 Excel 得到了普及。以往大小事情都要“编数据库程序”的做法，已经为灵活方便且功能强大的 Excel 应用所替代。在这里，我们采用 Excel 电子表格进行

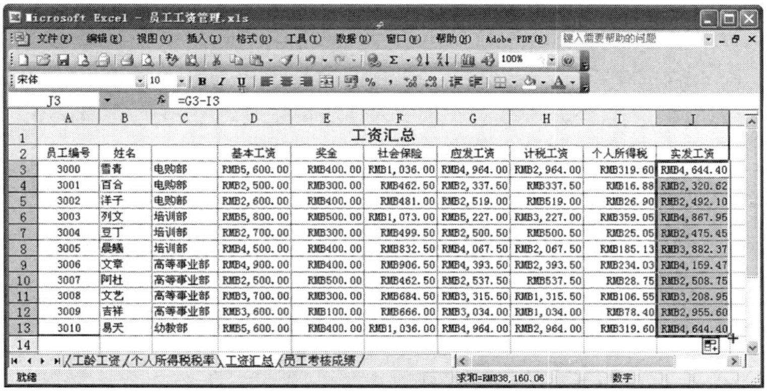

员工编号	姓名		基本工资	奖金	社会保险	应发工资	计税工资	个人所得税	实发工资
3000	雪青	电购部	RMB5,600.00	RMB400.00	RMB1,036.00	RMB4,964.00	RMB2,964.00	RMB319.60	RMB4,644.40
3001	百合	电购部	RMB2,500.00	RMB300.00	RMB462.50	RMB2,337.50	RMB337.50	RMB16.88	RMB2,320.62
3002	洋子	电购部	RMB2,600.00	RMB400.00	RMB481.00	RMB2,519.00	RMB519.00	RMB26.90	RMB2,492.10
3003	列文	培训部	RMB5,800.00	RMB500.00	RMB1,073.00	RMB5,227.00	RMB3,227.00	RMB359.05	RMB4,867.95
3004	豆丁	培训部	RMB2,700.00	RMB300.00	RMB499.50	RMB2,500.50	RMB500.50	RMB25.05	RMB2,475.45
3005	晨曦	培训部	RMB4,500.00	RMB400.00	RMB832.50	RMB4,067.50	RMB2,067.50	RMB185.13	RMB3,882.37
3006	文章	高等事业部	RMB4,900.00	RMB400.00	RMB906.50	RMB4,393.50	RMB2,393.50	RMB234.03	RMB4,159.47
3007	阿杜	高等事业部	RMB2,500.00	RMB500.00	RMB462.50	RMB2,537.50	RMB537.50	RMB28.75	RMB2,508.75
3008	文艺	高等事业部	RMB3,700.00	RMB300.00	RMB684.50	RMB3,315.50	RMB1,315.50	RMB106.55	RMB3,208.95
3009	吉祥	高等事业部	RMB3,600.00	RMB100.00	RMB666.00	RMB3,034.00	RMB1,034.00	RMB78.40	RMB2,955.60
3010	易天	幼教部	RMB5,600.00	RMB400.00	RMB1,036.00	RMB4,964.00	RMB2,964.00	RMB319.60	RMB4,644.40

图 4-16 计算实发工资

信息的传递、存储与使用。

Excel 的函数其实是一些预定义的公式计算程序，它们使用一些称为参数的特定数值，按特定的顺序或结构进行计算。用户可以直接用它们对某个区域内的数值进行一系列运算，如分析和处理日期值和时间值、确定贷款的支付额、确定单元格中的数据类型、计算平均值、排序显示和运算文本数据等。例如 SUM 函数对单元格或单元格区域进行加法运算。

单击编辑栏中的“编辑公式”（fx）按钮，或是单击“常用”工具栏中的“粘贴函数”按钮之后，会在编辑栏下方出现“插入函数”对话框。可在对话框或编辑栏中创建或编辑公式，还可提供有关函数及其参数的信息。

Excel 函数一共有 11 类，分别是数据库函数、日期与时间函数、工程函数、财务函数、信息函数、逻辑函数、查找与引用函数、数学和三角函数、统计函数、文本函数以及用户自定义函数。

1. 数据库函数

当需要分析数据清单中的数值是否符合特定条件时，可以使用数据库函数。例如，在一个包含销售信息的数据清单中，可以计算出所有销售数值大于 1000 且小于 2500 的行或记录的总数。Excel 共有 12 个工作表函数用于对存储在数据清单或数据库中的数据进行分析，这些函数的统一名称为

图 4-17　插入与编辑函数

Dfunctions，也称为 D 函数，每个函数均有三个相同的参数：database、field 和 criteria。这些参数指向数据库函数所使用的工作表区域。其中参数 database 为工作表上包含数据清单的区域，参数 field 为需要汇总的列的标志，参数 criteria 为工作表上包含指定条件的区域。

2. 日期与时间函数

通过日期与时间函数，可以在公式中分析和处理日期值和时间值。

3. 工程函数

工程函数用于工程分析。这类函数中的大多数可分为三种类型：对复数进行处理的函数，在不同的数制系统（如十进制系统、十六进制系统、八进制系统和二进制系统）间进行数值转换的函数，在不同的度量系统中进行数值转换的函数。

4. 财务函数

使用财务函数可以进行一般的财务计算，如确定贷款的支付额、投资的未来值或净现值，以及债券或息票的价值。财务函数中常见的参数有：

未来值（fv）：在所有付款发生后的投资或贷款的价值。

期间数（nper）：投资的总支付期间数。

付款（pmt）：对于一项投资或贷款的定期支付数额。

现值（pv）：在投资期初的投资或贷款的价值。例如，贷款的现值为所借入的本金数额。

利率（rate）：投资或贷款的利率或贴现率。

类型（type）：付款期间进行支付的间隔，如在月初或月末。

5. 信息函数

可以使用信息函数确定存储在单元格中的数据的类型。信息函数包含一组称为 IS 的工作表函数，在单元格满足条件时返回 TRUE。例如，如果单元格包含一个偶数值，ISEVEN 函数返回 TRUE。如果需要确定某个单元格区域中是否存在空白单元格，可以使用 COUNTBLANK 函数对单元格区域中的空白单元格进行计数，或者使用 ISBLANK 函数确定区域中的某个单元格是否为空。

6. 逻辑函数

使用逻辑函数可以进行真假值判断，或者进行复合检验。例如，可以使用 IF 函数确定条件为真还是假，并由此返回不同的数值。

7. 查找与引用函数

当需要在数据清单或表格中查找特定数值，或者需要查找对某一单元格的引用时，可以使用查找和引用函数。例如，如果需要在表格中查找与第一列中的值相匹配的数值，可以使用 VLOOKUP 函数。如果需要确定数据清单中数值的位置，可以使用 MATCH 函数。

8. 数学和三角函数

通过数学和三角函数，可以处理简单或者复杂的计算，例如对数字取整、计算单元格区域中的数值总和等。

9. 统计函数

统计函数用于对数据区域进行统计分析。例如，统计函数可以提供由一组给定值绘制出的直线的相关信息，如直线的斜率和 y 轴截距，或构成直线的实际点数值。

10. 文本函数

通过文本函数，可以在公式中处理文字串。例如，可以改变大小写或确定文字串的长度。可以将日期插入文字串或连接在文字串上。例如可以使用函数 TODAY 和函数 TEXT 来创建一条信息，该信息包含当前日期并将日期以"dd-mm-yy"的格式表示。

11. 用户自定义函数

如果要在公式或计算中使用特别复杂的计算，而工作表函数又无法满足需要，则需要创建用户自定义函数。这些用户自定义函数，可以通过使用 Visual Basic for Applications 来创建。

技能训练

使用 Excel，创建"联欢晚会意见调查表"。

请尝试按以上步骤完成下列"联欢晚会调查"任务。

（1）建立实验文件"联欢晚会调查 .xls"，为调查表加上标题及剪贴画。

（2）为 C5：C14 单元格区域建立选单，让使用者可直接由选单中选择"Yes"或"No"，并设置提示信息。提示信息的标题为"选取 Yes 者请注意"，信息内容为"请务必填写晚会形式及餐点形式两项意见"。

（3）再为 E5：E14 的单元格区域建立选单，内容为"餐会、歌唱比赛、演唱会"。

（4）接着，为 F5：F14 单元格区域建立选单。内容为"西式套餐、西式自助餐、中式合菜、茶点"，并设置错误提醒：标题为"此选项不在选单内"，信息内容为"若有其他意见可单击'是'按钮，向行政部反映"。

（5）为工作表中的剪贴画插入超链接，链接至自己的电子邮件信箱，主题为"反映联欢会意见"。

（6）将完成设置的调查表"Ch3-02 晚会调查 .xls"保存到自己的电脑中，并将工作簿以自己的学号作为保护密码，再将文件开放为共享工作簿。

图 4-18 实验文件：联欢晚会调查

（7）将各项统计结果利用 COUNTIF 函数计算出来。

（8）最后，将完成统计的结果以 E-mail 方式传送给自己，并在电子邮件中将它打开。

请记录：上述各项操作能够顺利完成吗？如果不能，请说明为什么。

学习评价

表 4-9 学习评价内容

学习目标	自我评价			组内评价			教师评价			备注
	好	较好	一般	好	较好	一般	好	较好	一般	
YEAR 函数和 TODAY 函数的使用										
VLOOKUP 函数的使用										
IF 函数的使用										
工资表格式的设置										
分类打印工资表										
数据的精度控制										
简洁美观性										

第五章
文书处理工作

第一节 收文处理

学习目标

◆ 明确收文处理工作的基本顺序。

◆ 掌握收文处理包括电子公文收文工作的程序。

◆ 按照收文工作的具体要求，准确高效地完成收文处理任务。

◆ 培养周到、耐心、认真、细致的工作态度。

任务描述

办公室每天都需处理外单位的来文，文秘人员需要按照收文处理工作基本顺序，以正确规范方式接收并登记文件，并依次进行办理。

任务分析

按照收到来文的类型与内容，在严格遵循办文制度的前提下，运用收文处理工作规范，对不同来源、不同级别、不同问题的来文进行登记与分办，通过一系列的办文流程确保文件得到妥善处置，确保本机关对外工作顺利进行。

任务实施步骤

（一）收文处理的程序与方法

【操作流程】

签收→拆封→登记→审核→分办→拟办→批办→承办→注办→催办

【操作步骤】

步骤1：签收

签收是本单位办公室工作人员收到外来文件材料之后，在对方的传递文书单或送文登记簿（见表5-1）中签字，以示文书交接手续办妥。

（1）签收工作准备。

①签收范围的准备。

需严格履行签收手续的主要有以下一些收文：机要交通送来的机要文件、邮局送来的挂号函件和电报、外机关和部门直接送来的文件材料、本单位领导和工作人员出差带回的文件材料等。

②签收登记簿的准备。

签收登记簿为表单式簿册，可先行设计好以便在签收工作时投入使用。

表 5-1　送文登记簿

第　页

序号	发文时间	封套号	发文机关	文别	签收人	签收时间	备注

注："文别"一栏填写"密件""急件""挂号件"等。

（2）签收工作的具体操作步骤。

①清点：清点即检查、核对所收公文的件数是否与传递文书单或送文登记簿登记的件数相符。如发现不符，可暂不签收，等查明原因，使文件数量相符后再行签字。

②检查：检查即核对所收公文封套上注明的收文机关、收件人是否确与本机关相符，核对封套编号是否与传递文书单或送文登记簿的登记相符，检查公文包装是否有破损、开封等问题。如有错漏，要及时退回；如有包装破损、开封等情况则应及时查明原因。

③签字：签字即经过清点、检查无误后，在对方的送文登记簿或发文通知单或传递文书单上签署收件人姓名和收到日期。具体细节如下：

- 普通件注明收到的月、日即可；
- 急件还应该注明几时几分收到，以备事后查考；
- 签字务必清晰、工整易认；
- 有时也可盖专门的签收章。

步骤2：拆封

拆封是指办公室工作人员对写明由本机关或本部门收启的封件进行启封，而对于写明由某位领导人"亲启""亲收"的文件盒信函，其他人员无权随意拆启。

拆封时应注意以下几个细节：

（1）纸封的文件信函，启封时应使用剪刀，沿信封的一边慢慢剪开，不要用手去撕拆，以免损坏里面的文件或毁坏邮戳等标记。

（2）急件、密件应当先启封，以确保其得到优先处理。

（3）拆封后，从封套或文件袋内取出文件时，首先要认真检查里面的文件是否取净，注意不要遗漏文件，并要检查收到的文件是否完整、齐全，有否缺页少份，是否发错了单位，等等。其次，应将封套内零散的小物件如汇票、发票、单据、现金、照片等一一妥善保管好，可以放在专用纸袋内，或随同文件一起办理，或送财务部门处理。

（4）经检查核对，确认无任何差错，即应在"发文通知单"上签字并盖上签收章，寄回原发文机关。

（5）拆封后的信封和包装封袋一般可以不留存。如系初次发生工作联系的单位，因信封或封皮上印有发文单位的详细地址、电话号码、电报挂号、邮政编码等，办公室工作人员可将其保留，以备日后查用。

步骤3：登记

收文登记是将收到的文件拆封后，在收文登记簿上对来文自身有关特征及收文处理相关项目加以记录的过程。

（1）登记的要求。

凡是收到的重要文件都应进行登记，主要包括：

①上级机关的指导性、参阅性和需要办理的文件；

②下级机关的请示性、报告性文件；

③带有密级的重要资料；

④机关内部使用的文件、会议文件和音像文件等。

而经过仔细确认不必登记的文件则主要包括如下几种：

①公开的和内部不保密的出版物；

②一般性的简报；

③事务性的通知、便函、介绍信、请柬等；

④领导人的亲启件（但领导人阅读后交办的，则应再行登记）。

（2）登记的形式。

目前常用的登记形式有以下几种。

①簿册式登记。采用事先装订成册的登记簿进行登记。这种登记法易于保管，应用比较普遍，但较为死板，一旦出现错漏便不易修改，若按照大流水号编排顺序号，则不便于分类检索。

表 5-2　收文登记簿格式

顺序号	收文日期		来文机关	文件字号	文件标题	份数	附件	密级	承办单位				处理结果
	月	日							单位	签收人	复文号	归卷号	备注

②卡片式登记。卡片式登记是使用未装订成册的单页卡片登记表。使用卡片进行登记，每张卡片登记一份文件，必要时可以登记一组文件。这种登记方法可以灵活地进行分类排列，方便文件检索，但容易丢失。

表 5-3　收文登记表格式

(正面)

收文号		来文机关		文件标题				
		收到日期	来文号	份		密		归

处理情况

分送				领导批示	转办	传阅		
姓名	份数	日期	经手人			送阅时间	姓名	退回时间

承办结果

(背面)

分发份数		发出时间		封套号	
单位	份数	签收人	单位	份数	签发人	记事

③联单式登记。采用一次复写多联的方式进行登记。这种登记法可以减少重复登记手续,提高效率,但容易磨损,不利于长期保存且容易丢失。

④计算机登记。使用文档管理软件对文件的内容特征和形式特征进行著录,使登记、著录、检索一体化,既简化手续,又方便利用,提高了工作效率。

(3)登记的方法。

收文登记主要有流水式登记法和分类式登记法两种主要方法。

①流水式登记法。流水式登记法就是将收到的文件按照时间顺序不分种类依次登记,同时将文件办理过程和转送手续都记载在同一个登记簿上。这种登记法的优点是手续简便、环节少,缺点是不便查找。

②分类式登记法。分类式登记法就是按照文件的来源分门别类,可分上级来文登记、下级来文登记、平行机关来文登记等。分类式登记法的优点是查找使用方便,是一种科学的公文管理方法。

图 5-1　文件发放、接收登记簿

步骤4：审核

审核即在收到下级机关上报的需要办理的公文时，由文书部门对公文的
内容、行文规则、文种的使用等进行审查核对，看其是否规范。

办公室文秘人员应该重点审核以下几个方面。

（1）审核来文是否应由本机关办理。

有些下级机关，在没有完全了解某级机关的职能的情况下就发来文件，要求帮助解决本级机关职权范围之外的问题，类似这样的来文不应由本机关办理，文书部门审核后，可以将来文退回发文的下级单位。

（2）审核来文是否符合行文规则。

审核发来的文件是不是按照组织级别拟写发送的，采取的行文方式是否符合要求，是否是必要的行文，是否正确运用了主送和抄送方式等。如果是不符合行文规则的文件，就可以退回原发文机关。

（3）审核内容是否符合国家法律、法规及其他有关规定。

为了建设法制化社会，必须依法行政，而这一点首先要体现在公文中。如果在审核中发现下级来文的内容不符合国家法律和法规，收文的上级机关就有权向下级机关提出修正的要求。

（4）审核来文是否符合程序。

如果来文涉及其他部门或地区职权，那么要审核发文单位是否与相关单位进行了协商，是否经过了会签。否则，就会引起矛盾，影响工作的正常进行。

（5）审核文种使用和公文格式是否规范。

每一种公文都有其使用范围，进行哪一项工作，应该使用哪一类文种，文书处理办法都有明确规定。例如：向上级反映情况用报告而不能用请示，请示与报告不能合用，否则就会影响文件的回复，从而耽误工作的正常开展。

步骤5：分办

分办是指办公室工作人员在文件拆封登记之后，按照文件的内容、性质和办理要求，及时、准确地将收文分送至有关领导、有关部门和承办人员阅办。

分送给上述人员或部门阅批或办理的文件，应先填写"文件处理单"。并列于需办理的文件前随文运转。

"文件处理单"内的各项目在收文处理过程中应随时填写。

表 5-4　文件处理单

密级：

收文日期：　　年　　月　　日　　　　　　　　　　收文号：

来文单位		来文日期		来文字号	
内容摘要：					
附件：				主办部门：	
拟办意见：					
批示意见：					
处理结果：					
归卷日期			归入卷号		

（1）分办要求。

①来文单位答复本机关询问的文件，如收到批复、复函或情况报告、报表等，要按照本单位原发文的承办部门或主管人分送；

②已明确业务分工的文件，应根据本单位的主管工作范围分送给有关的领导人和主管部门；

③分送文件要建立并执行登记交接制度，无论是分送给本机关领导人和各部的文件，还是转发给外单位的文件，都要履行签收手续；

④送单位领导批办的文件，应附上文件处理单，以便负责人签署具体意见；

⑤退回归档的文件，要在文件上注明"阅后请退回归档"字样，以便及时收回，防止散失。

（2）分办时文件的去向。

①事关全局、内容重要的文件，应先送秘书部门负责人，经确定"拟办"后再根据拟办意见分发与处理；

②事务性文件及承办对象和承办要求明确的文件，可直接将文件分送到有关业务部门；

③难以确定承办单位的或特别重要的文件，应先送领导批办并附上"文件处理单"，然后按领导的批办意见，将文件送至有关人员和部门；

④阅读范围明确的参阅性文件，可直接组织传阅。

步骤6：拟办

拟办是办公室文秘人员对收文应如何办理所提出的初步意见，以供领导批办时参考。

（1）拟办的范围。

只有那些除了阅知外还需要具体办理的文件，才需要写明拟办意见。主要范围包括：

①上级机关主送给本机关需要贯彻落实的文件；

②机关直属各部门主送本机关的请示性或建议性文件，重要计划、方案、财务预决算等；

③下级机关主送给本机关的请求性文件；

④平级机关和不相隶属机关主送本机关的商洽性文件，以及涉及重要答复和共同研究协作等问题的文件；

⑤其他需要贯彻和承办的文件。

（2）拟办的内容。

①拟办意见。拟办意见的写法有简单和详细两种，具体根据对收文的承办要求而定。

如属于阅知类，只写明某位领导同志阅知，不提出任何具体意见。

如属于阅示类，只要求某位领导同志给以批示，不提具体参考意见。

如属于建议类，不但要写明文件的送阅对象，即由哪个部门承办，还要提出相关意见及承办要求和时限。如"请×××阅后交×××办理"，或"请×××阅示，建议此件应××××办理为宜"，或"此件请××××传阅，并建议提交××××做专题研究"等。

如需传达的文件，可提出传达范围、传达时间、传达形式和由谁传达等。

如属于评议类，不但要写出评论性意见，还要提出相应建议。如"此件第 * 点提法欠妥，望再做调查研究后上报。请×××阅示"，或"此件较好，请批转，请×××阅定"。

②签署。在拟办意见下完整签上拟办人姓名和拟办时间。

相关知识链接

办公室文书人员提出拟办意见时要抓住中心，有针对性，应考虑全面，切实可行，文字表述要简明精炼。

办公室文书人员在拟办时还应注意一些要求：

（1）对急件要明确承办时限，密件要限定承办部门，涉及两个以上部门的问题要确定好主办部门；

（2）拟办意见要写在"文件处理单"上的"拟办意见"栏内，文字要明确简洁，并签署上拟办人的姓名和日期，不可在文件上涂写乱画；

（3）拟办意见应抓住关键，力求明确，如应说明可能涉及的工作或问题，过去办理的简要情况，提出由哪个部门办理、如何办理、办理时限、由谁归档等信息；

涉及重大问题的拟办，应附上有关材料和政策依据；必要时还应进行调查，并把调查材料一并提供给领导人作批办时参考。

步骤7：批办

批办是领导人对文件如何办理提出最终的批示意见和要求。批办通常由单位主要负责人对来文作出批示，是收文办理中最重要的程序，是决策性的办文环节。

在操作批办工作期间，有一些事项需要注意。

（1）批办人既要重视拟办意见，又要认真阅读和思考，不轻易签署"同意"或"阅"。

（2）批办意见要明确具体。尤其是对下级来文，要表态明朗，词义明确。需要办理落实的公文，应批明承办部门或承办人员及承办期限和要求；如需要两个以上部门会办的，则应批明主办单位；如需要本单位贯彻执行的，应提出具体的贯彻措施和步骤。

（3）涉及面较广的，应实行会批，会批意见不一致的，应呈送主要领导人批示。

（4）对参阅性的公文，只要批明传达或传阅的范围、方法、时间即可；

（5）批办的语言应明确、恰当，对必须办理和答复的来文，批办时语气应肯定，如用"请××办理""请××批示"等；对非必答的来文，批办时一般不用肯定性语气，可使用"请××审阅""请××研究"等语句。

（6）批办内容同样要记录在"文件处理单"的"批办意见"一栏内，并注明批办人的职务、姓名及批办日期。

（7）批办者要写出全名并注明职务，不要简单写成"张局长""王经理""李书记"等称谓，这种写法无法确认批办人的具体身份，为今后查档留下麻烦。

（8）批办日期要将年、月、日写完整，因为它可以作为以后人们执行领导意见或决策的时间依据，也可据此检查办文的进度。

（9）批办过程中，办公室文书人员要注意与批办人保持联系，以随时了解文件的去向，掌握文件处理情况。文件批办完之后，办公室文书人员应根据批办意见，及时将文件分发给承办部门或承办人员办理，避免"公文旅行"。

步骤8：承办

承办是承办部门或承办人，根据领导的拟办或批办意见，按照来文的内容和要求对文件予以办理的过程。

（1）承办种类。

①传阅。

传阅是指两个以上人员或部门轮流看一份文件，能使一份文件在短时间内满足各方阅读需要，发挥文件效用，已成为领导处理事务、互通信息的一种有效方式。办公室文秘人员在来文传阅期间，应做好以下几个方面的工作。

第一，传阅的文件是经主要领导批办后需要其他副职领导或有关人员传阅的，以掌握文件精神和主要领导的批示意见。

第二，来文属于抄送件，不需要特别办理，只要求有关单位、部门和人员了解的，收文之后，办公室工作人员在"分办"时将文件直接送至有关部门和人员传阅。

第三，传阅文件不要"横传"，传阅文件应以办公室文秘人员为中心，组织传阅路线，不应该抛开办公室文秘人员在应阅人员之间自行横传，以免传阅的文件失去控制，造成文件的积压、丢失与下落不明等状况发生。

第四，传阅文件需有规范的手续和制度作为保障。每份传阅文件，都要由文书部门在文件首页附上"文件传阅单"。涉及的传阅人员应在此单上签署姓名和日期等相关信息。

表 5-5　文件传阅单

来文单位：				来文标题：		
来文字号		来文日期		收文日期		收文号
传阅范围：						
阅件人签名	阅件日期	备注	阅件人签名	阅件日期	备注	

有条件的大中型机关，也可设立由专人负责管理的"阅文室"，这是加快文件传阅速度，防止积压、丢失和失密的好办法。凡属传阅的文件，由办公室文书人员送达阅文室后，再通知相关阅文人员看文件。阅毕后，阅文人员在"文件阅读登记单"上签署姓名和日期。

表 5-6　文件阅读登记单

阅读顺序号	文件标题	来文字号	阅读时间	阅文人签名	备注

②传达。

需要一定范围内知晓的来文，传达就是承办。此时，收文部门必须组织好对收文的传达贯彻。传达时要注意：

第一，承办部门要按照领导的拟办或批办意见，根据文件要求，确定文件传达范围；

第二，根据领导拟办或批办意见，确定文件传达时间和地点。如传达的是带有密级的文件，更要注意时间、地点的掌握，时间既不能提前也不能拖后，范围既不能扩大也不能缩小。

③办理。

需要执行或办理的来文，办理就是承办。收文多数要求贯彻执行，承办单位必须认真学习文件，领会文件精神，按照文件的要求具体办理。

④拟稿。

需要回复或批转的来文，拟稿就是承办。收文机关收到的请示、问函、报告、意见等文件，需要回复或批转的，承办部门需要根据领导的批示意见起草文件，即从承办开始就进入了发文处理程序。

（2）承办期间注意事项。

①区分复文与不复文，力求务实。凡是可以口头、电话、派人联系等方式解决问题的，就不必复文，力求精简公文数量，但必须做好回复记录。

②如来文涉及其他有关文件和材料，应调阅有关文件材料，报送领导审批。

③凡属联合承办的文件，主办部门要主动会同有关部门协商处理。

④协办部门要积极予以配合，绝对不能互相推诿。

⑤承办任务多的时候，要分清轻重缓急，保证紧要文件优先处理。已处理完毕的文件应及时清理，并注明有关情况，办完的与待办的文件应分别存放。

＊相关知识链接＊

承办工作是文件处理的核心和关键环节，文件只有具体承办，才能发挥其效能、体现其价值。

承办内容主要可以表现为：

（1）从业务部门的工作来说，针对来文所提出的问题去具体执行或解决办理；

（2）从文书工作来说，对应办复的文件要根据领导批办意见办理复文。

步骤9：注办

注办是对文件的承办情况和处理结果予以简要注明的过程。文件的处理不同，注办的内容也不一样。具体如下：

（1）对已办复的文件，要写上"已复文"字样，并注明复文日期与发文号；

（2）对已传阅的文件，要写上"已传阅"字样，并注明阅件人的姓名、传阅时间；如有批示意见，要在批示栏中写上；

（3）对已在一定范围内传达的文件，要写上"已传达"字样，并注明传达人的姓名，传达的时间、地点及传达的有关情况，还要注明注办人姓名、注办时间等；

（4）对用其他方式办理的文件，要写上"已办理"字样，并注明承办单位、经办人的姓名、经办时间、办理结果等。

注办工作结束，整个收文处理程序即告完结。办公室文书人员应将有关文件及时归卷，以利于日常查考和整理归档。由文件承办人在《文件处理单》的"处理结果"一栏内填写处理结果，使他人了解文件的始末。同时，办公室文书人员还要在《收文登记簿》的"办理情况"一栏内，将有关情况加以说明，这样既便于事后考查责任，也有利于文件的整理、归档。

步骤10：催办

催办即办公室文书人员或有关部门对需要承办的文书进行检查督促的工作。

（1）催办的范围。

①需要办理的收文、等待答复的发文、本机关与其他机关会办的文稿、送领导审批的文件等；

②对急件、要件的拟稿、签发等环节进行催办；

③要加强对出差、请假人员办文的催办。

（2）催办的形式。

①电话催办。电话催办是最便捷的催办方式，对内催办检查多用电话，有时对外催办也用此方法。采用电话催办比较方便灵活，可以节省时间，催办速度也快，但只能靠接话人汇报，不能发现文件处理中的复杂问题。

②信函催办。对于外埠和比较复杂的催办工作，往往用信函的方式进行。其优点是采用信函方式催办，不受通话时间的限制，可以讲清情况，有利于承办人及其领导传阅。缺点是往来信函不论是写作还是传递，都要耗费

大量时间，速度比较慢。

③催办卡（单）催办。有时催办人可以利用催办卡（单）进行催办，即在事先印好的催办卡（单）上填写有关项目，催促有关机关、单位尽快办文。它比催办信函写起来省时省力，但邮寄起来同信函一样慢。

④登门催办。登门催办即催办人走出办公室，亲自到承办部门、机关、单位进行催办。这种催办的好处是，催办人深入基层、深入实际，在同承办人的交谈中，可以发现不少问题，便于帮助承办人解决一些具体困难和实际问题，催办的实际效果较好。但如果催办的任务多、催办人员少，往往不容易做到。

⑤会议催办。会议催办即通过汇报会的方式进行催办。在催办人员少、催办任务重的情况下，可以采用这种方式。采用会议催办的方式，催办人把承办人甚至把承办单位的主管负责人请来，让他们汇报办文情况，这样可以及时发现问题，彼此交流情况，总结推广承办经验，是一种较好的催办方式。但确有必要时才能采用这种催办方式，不然就会给承办人增加负担。

⑥简报催办。一些大机关不定期发简报，用于沟通情况、交流信息。催办人员也可以利用机关简报，定期或不定期地公布各部门、各单位的办文情

图 5-2　电子公文处理流程

况，对久拖不办的部门、单位进行适当批评，对办文速度快、质量高的部门、单位加以表扬，或者总结推广其办文经验，这些做法都可以起到催办的作用。

（二）电子公文收文处理

【操作流程】

签收→登记入库→拟办→批办→承办→传阅→催办→注办

【操作步骤】

电子公文流程按照类别分为收文流程、发文流程和传输流程。公文发送方将由发文流程形成的电子公文，通过传输流程（公文交换系统）实现发文；公文接收方通过收文流程实现收文。具体如图5-3所示。

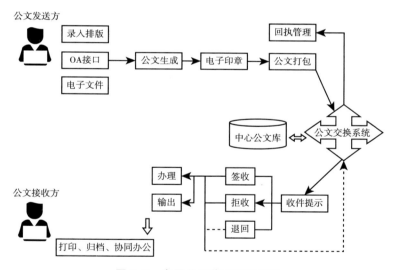

图5-3 电子公文收文处理流程

电子公文的收文流程为：收到公文后，文档管理员首先进行审核、分类、登记，再按紧急程度分类后交办公室；办公室领导提出具体的拟办意见；对仅需传阅的文件发送领导和相关人员传阅，对需要办理的文件提出拟办意见后，发送有关领导批办；领导阅览，签署批示意见，发送承办部门具体办理；承办部门收到交办的文件后按规定时间和领导的批示意见办理；办公室对文件的办理跟踪关注，进行催办；文件传阅办理完毕后，由办公室进行归档。

步骤1：签收

文档管理员应使电子公文系统保持随时接收文件状态，新文件到达后，系统有提醒管理员接收的功能。工作人员在清点、检查后，履行签字手续。

步骤2：登记入库

按照收文处理单确定登记项目后系统自动登记。将文件按流水号归入文件库，并自动生成收文列表，同时形成文件总目录。来文登记后，系统自动给来文单位一个回执，通知对方来文已经收到。

步骤3：拟办

需要承办的收文，由办公室主任或承办部门负责人提出拟办意见，填写在收文处理单的拟办意见栏内。拟办时需填写拟办意见的权限，并有相应的数字签名。

步骤4：批办

拟办结束后，由主管领导、主要领导在自己的权限内，根据拟办意见提出批办意见，填写在收文处理单的批办意见栏内，并进行数字签名。

步骤5：承办

文档管理员根据领导的批办意见决定承办部门，承办部门对文件进行办理，并在办理后将办理意见填写在收文处理单的办理结果栏中。如机关需要收文处理单，可根据后台形成的文件处理单打印输出。根据领导的不同需求，把承办件的办复情况，以月或季度为单位打印出文件列表，方便领导审查。

步骤6：传阅

对不需要具体办理只需要领导传阅的文件，由文书部门决定文件传阅人，并给予传阅人提示，传阅人阅毕在收文处理单的传阅栏填写意见，进行数字签名，系统自动记录并填写传阅人签字时间。如机关需要文件传阅单，可根据后台形成的文件传阅单打印输出。

步骤7：催办

基于文件办理时限，系统对在规定时间内没有办理完毕的文件，自动填写催办单或通过短信、邮件发送给办理单位进行催办，由承办部门在收文处理单的催办栏内填写催办回执。催办单分为一次催办、二次催办、三次催办，每次催办都有催办意见、催办实践、回执等。如机关需要文件催办单，可根据后台形成的文件催办单打印输出。

步骤8：注办

文书部门对已经办理完毕的文件实行办理完毕确认，并对办理完毕的文件进行全面检查，以确定办理文件的完整性。同时，文书部门在收文流程全部进行完后，将收文处理单保存并与入库的原文件进行关联以备查看。

* 相关知识链接 *

电子公文产生背景与电子公文流程简介

2003年7月22日经国家档案局局务会审议通过，2003年9月1日起施行的《电子公文归档管理暂行办法》中规定：电子公文，是指各地区、各部门通过由国务院办公厅统一配置的电子公文传输系统处理后形成的具有规范格式的公文的电子数据。

概括来说，电子公文是指以电子形式表现并通过网络传送的、用于政府机关相互之间联系事务的具有规范格式的公文。电子公文的处理通常表现为一个公文流转过程，即电子公文流程。

电子公文流程是电子公文从起草到归档，按照标准的、统一的公文交换与共享机制和定义好的规则，在各部门之间逐级审批、传递，从而完成办理目标的流转过程。电子公文的流程是一系列有序操作的集合，电子公文流转的质量和效果直接关系到电子政务系统的运转效率和效能。

技能训练

* 案例 *

飞扬公司总经理安排办公室的刘主任一个任务：查一下前年和去年总经理给市场部的"批复"中规定他们今年增加华南地区产品配额的具体数字

是多少。刘主任随即吩咐文档室查找，结果负责文档工作的小段查遍了前年和去年所有的文件也未能找到所需的数字，仅查到市场部要求增加华南地区产品配额的请示。后经工作人员回忆，当时移交文件时，就有人曾提出未见与之前"请示"相对应的"批复"件，但时间一长也就不了了之。因该份文件最后一直未能找到，有关人员包括刘主任在内，都受到了相应的处分。

1. 思考题：请找出相关涉事人员的工作疏漏，并列出正确的收文处理方法。

2. 训练：能够规范地执行一般的收文处理。

（1）训练内容：将学生分为几个组，可通过每个组一对一的形式，请一名学生扮演新人秘书，另一人扮演业务督导，借助文书管理工作任务中的某一场景进行讨论，鼓励学生将课堂学习内容融入职业扮演活动中，表达自己对解决实际问题的看法与思考。

（2）训练要求：在实训前布置学生复习收文处理工作的有关规范及要求，明确工作思路。并安排小组长合理分配任务，布置好基础工作。要求学生角色互换，并需要教师参与归纳并做出相应的评价。

学习评价

表 5-7 学习评价内容

学习目标	自我评价			组内评价			教师评价			备注
	好	较好	一般	好	较好	一般	好	较好	一般	
1. 收文处理基本程序是否正确										
2. 收文工作涉及业务安排方是否得当										
3. 收文过程的工作准备是否充分										
4. 收文处理各项业务的处置水平是否得体										
5. 收文过程中能否做到具体问题具体分析										
6. 收文过程中能否合理地运用工作规范解决工作中出现的问题										

第二节　发文处理

◆ 明确发文处理的基本顺序。

◆ 掌握发文处理工作的一般程序。

◆ 按照发文处理的具体要求，准确高效地完成发文处理过程中的各项具体任务。

◆ 培养周到、耐心、认真、细致的工作态度。

任务描述

本单位对外联系业务等工作都需借助发文来沟通，办公室为解决某事进行发文，文秘人员必须按照发文处理工作基本顺序，通过正确规范方式发送文件，以便业务得以开展。

任务分析

按照需要办理的业务类型与内容，在严格遵循办文制度的前提下，运用发文处理工作规范，对所需办理的各类行政事务通过发文的方式进行转达，通过一系列的发文流程确保行政事务得到妥善处置，确保本机关与其他机关之间业务交流的顺利进行。

任务实施步骤

（一）发文处理的程序

【操作流程】

草拟→核稿→签发→编号→复核→缮印→校对→用印→登记→分发

【操作步骤】

步骤1：草拟

草拟也称为拟稿，就是文件的起草，是制文阶段的起始环节，也是发文处理工作中的一个关键性环节。

（1）公文拟稿的要求。

①公文拟稿需要有较强的政治性、政策性，应符合国家的法律、法规及其他有关规定。

②公文语言应讲究字斟句酌，语义准确，概念含义明确，不产生歧义，结构严谨，条理清楚，标点准确且篇幅简短。

③公文需具备准确的格式，不任意改变，不标新立异。

④公文制作需要按照程序依次进行，不能违反规定，公文文种应根据行文目的、发文机关的职权和与主送机关的行文关系而确定。

⑤当拟制紧急公文时，应体现紧急的原因，并根据实际需要确定紧急程度。

⑥公文拟稿中的人名、地名、数字、引文应准确。引用公文应当先引标题，后引发文字号。引用外文应当注明其中文含义。日期应当写明具体的年、月、日。

⑦公文拟稿中的结构层次序数应标示为，第一层为"一"、第二层为"（一）"、第三层为"1."、第四层为"（1）"、第五层为"A"、第六层为"a"。

⑧公文拟稿应使用国家法定计量单位。

⑨公文拟稿在使用非规范化简称时，应当先使用全称并注明简称；使用国际组织外文名称或其缩写形式时，应当在第一次出现时注明准确的中文译名；公文拟稿过程中出现的数字，除成文日期、部分层次结构序数和在词、词组、惯用语、缩略词、具有修辞色彩语句中作为词素的数字必须使用汉字之外，应使用阿拉伯数字。

（2）草拟公文的人员。

草拟公文的人员主要包括机关办公部门的秘书人员、业务部门有关人员、临时组成的秘书班子和机关领导人。

步骤2：核稿

核稿也称为审核，就是在公文送机关负责人签发之前，由机关办公部门对公文的内容、体式、文字等进行全面的核对检查。这一环节通常由办公厅（室）负责或由具有工作经验、水平较高的办公室文书人员承担。

（1）核稿的意义。

①为领导简政。

②贯彻集中统一的原则。

③有利于下级机关的贯彻执行。

（2）核稿的内容。

①是否确实需要行文。

②有无矛盾。

③要求、措施是否明确具体和切实可行。

④处理程序是否完备。

⑤文字表达是否通顺、简练、准确以及是否合乎语法逻辑。

⑥文件体式是否适当，标题是否达意，密级、处理时限定得是否妥当，主送机关和抄送机关是否符合规定。

（3）核稿需填表格。

核稿是制文阶段的重要环节，公文质量的高低，在很大程度上取决于审核把关的水平，因此，审议前应由发文机关办公厅（室）进行初核。

经审核不宜发文的公文文稿，应当退回起草单位并说明理由；符合发文条件但内容需做进一步研究和修改的，由起草单位修改后重新报送。

表 5-8　发文稿纸样式

部门名称							
发［　　］号		密级及保密期限			紧急程度		
签发：				会签：			
主送							
抄送							
拟稿单位	拟稿	核稿	复核	打字	校对	印刷	份数

核发	注发	
附件		
文件题名		
正文		

经过核稿人审核待发的文稿，呈送有关领导人审阅签发，同时核稿人需要在发文稿纸或发文审批单的"核稿"一栏内签字。

＊相关知识链接＊

会稿及其意义

会稿是指联合行文时，发文的主办单位与协办单位就文稿该如何草拟、修改等进行协商，以保证文稿内容符合各自的职能，发挥联合行文的作用。

会稿是充分发扬民主的一个过程，会稿各方有权对文稿发表不同的意见，如果意见不能完全统一，就由主办部门将各种意见列明并会签后交由上级部门裁定。会稿只是联合行文时的程序，因此，不是所有的发文过程都必经的程序。

步骤3：签发

签发是单位领导人对发出的文稿经最后审阅后认为准确无误，即批明发文意见并签字。文稿经领导人签发即成定稿，签发人对其所签发的文稿从政治到文字上的准确性负完全责任。签发是发文办理过程中最关键的程序，是领导人行使职权的重要形式。

（1）签发的原则。

①签发是领导人行使职权的一种表现，必须是自己职权范围内的文件才有权签发，不得越权签发。一般情况下，以本机关名义制发的上行文，由主要负责人或者主持工作的负责人签发。

②以本机关名义制发的下行文或平行文，由主要负责人或者由主要负责人授权的其他负责人签发。机关主要领导人因公外出，由其授权或委托的负责人代签。

③重要文件，由机关领导人集体讨论或依次审阅后共同签发或由主要领导人签发。

④以机关内某一部门名义制发的文件，由部门负责人签发。

⑤若因内容涉及的问题比较重要，部门负责人签发后，再送机关有关领导人加签。

⑥联合发文，须经所有联署机关的领导人会签。

（2）签发的种类。

①正签，职权范围内的签发。

②代签，根据授权或委托，代主要领导人签发。代签时要在名字后面注明"代签"。

③核签，又叫加签，部门领导签字后再送给主管领导签发。

④会签，两个以上机关联合发文时，各机关领导人共同签发。

（3）签发的内容。

签发人对签发的文件负有完全的责任，因此，在签发时要对拟签的文件作全面审定，然后在发文稿纸或发文审批单的"签发"一栏内进行签发。签发内容包括三部分。

①签发意见。清晰、明确地呈现文稿是否发出的意见，如"发""同意发出""修改后印发"等。

②签发人姓名。签发人姓名要签全，以示负责。如属代签，应在姓名后注明"代"或"代签"字样。如发文属于上行文，签发人的姓名还要标注于文件首页，发文机关标志下空两行，右空一字位置，以便于上级机关与发文机关联系沟通。

③签发日期。签署完整的时间，如 2009 年 2 月 16 日。该日期为文件的成文日期，需按照文件格式要求，标注在正式文件相应的位置上。

表 5-9   （机关名称）发文稿纸

密级:(   )   紧急程度:(   )

签发(会签):	主办单位拟稿人:
	主办单位核稿人:
事由:	附件:

主送机关:(受文对象)
抄送机关:(党、政、军、群、团、人大、政协、公、法、检、各民主党派等)

主题词:	打字: 校对: 共印 份
发文字号:机关代字[ ]号	成文日期: 年 月 日

（正文）

步骤4：编号

编号即编写发文字号，同时也包括编文件的份数序号。发文字号即文件的编号，同一份文件只有一个发文字号，它是今后引用、检索文件的重要依据。

在编号过程中，应注意以下事项。

（1）发文字号即文件的编号，其与文件是"一对一"的关系；

（2）《国家行政机关公文格式》（以下简称《公文格式》）规定，发文字号的结构包括发文机关代字、年份、序号，年份、序号用阿拉伯数字标识，年份应标全数，用六角括号"[   ]"括入，序号不编虚位（即1不编为001），也不加"第"字；

（3）公文份数序号是指将同一文稿印制若干份时每份公文的顺序编号，通常称为"份号"，可编虚位，最多可用7位数，如0000001；如果文件只有个位数，不能写成"1"，应用两位数"01"表示；

（4）《办法》第十条规定：联合行文，只标识主办机关发文字号；"绝密""机密"级公文应当标明份数序号。此外，文件印数较多时也要编份号，以便清点文件份数。

步骤5：复核

复核就是指在公文正式印刷之前，文书部门对文件定稿进行再次审核的工作。公文复核是公文正式印制前文秘部门进行的最后一次复审。

公文的复核要注意以下几个方面的要求。

（1）文稿中的人、地名、时间、数字、引文和文字表数、印发（传达）范围、主题词是否准确与恰当，标点符号、数字的用法及文种使用、公文格式是否符合规定等。

（2）文稿是否按规定程序送审签发，审批手续是否完备，即审批意见是否明确、审批人是否签署全名及时间，以及附件材料是否齐全。

（3）对需要标明密级、紧急程度的文件进行准确标注。

（4）编排发文字号。联合行文的文件使用主办单位的发文字号。

（5）确定主送机关和抄送机关范围、印制份数。

（6）经核发的文稿可以送达印刷厂印制发出。但在核发过程中，发现文稿内容出现实质性错误需要修改，应报请原审批领导人复审后印发。

步骤6：缮印

缮印是指对已经审批签发的定稿进行排版、印制文件正本的过程。缮印文件一般通过打印、胶印、铅印或复印的方式进行，必须严格按照《公文格式》的有关规定执行。文件印制应注意一些事项。

（1）严格按规定的公文格式制版。

（2）以签发的定稿为依据，从文字到格式，都不能擅自改动。

（3）要尽量避免末页无正文的现象。

（4）要注意保密，不要让外人随意翻阅定稿和正本。

（5）在规定时间、范围内印制完成。

（6）缮印公文要建立登记制度，登记的内容见表5-10。

表5-10　缮印登记册

文件名称	送文单位	送文时间	印文数量	印完时间	取件人姓名	缮印人姓名	备注

✻ 相关知识链接 ✻

缮印的注意事项

印制过程中，有关规定如下："版面干净无底灰，自己清楚无断划，尺寸标准，版心不斜，误差不超过1mm。"以及"双面印刷；页码套正，两面误差不超过2mm。黑色油墨应当达到色谱所标BL100%，红色油墨应当达到色谱所标Y80%、M80%。印品着墨实、均匀；字面不花、不白、无断划。"《条例》规定："公文印制必须确保质量和时效。涉密公文应当在符合保密要求的场所印制。"

步骤7：校对

校对是指在缮印文件过程中将印制出来的文本清样与定稿从内容到形式进行全面对照检查的一道工作程序。校对工作是一个极其重要的环节，它是确保发文准确无误的最后一道关口。

（1）校对的原则。

①认真负责、严格细致、杜绝差错。

②必须以定稿为依据，忠实于原稿，如果发现有错漏不清等疑问之处，应立即向有关人员提出核对，不得擅自改动。

③对校样中需要改动之处，要使用国家统一规定的校对符号，并用鲜艳的色笔进行改动。

④校对时，可根据具体情况选用不同的校对方法，如对校法、折校法等。

⑤校对一般应经过两三个校次，重要的文件还要增加校次，确实无误方可印制。校对人员在发文稿纸或发文审批单的"校对"一栏内签字。

（2）校对的要求。

应采取"地毯式"检查的校对方法，即逐字逐句、逐个标点进行校对。对数字、地名、人名等关键词语，要反复校核，对公文的发文字号、密级、紧急程度、标题、主送单位、抄送单位、日期、印刷份数、页码等必须逐一校核。

校对工作是一项耐心细致的工作，来不得任何马虎大意。每次校对应该由不同的人员操作，以避免先入为主和一些个人主观因素的影响。如果文稿不长，一校、二校即可；若文稿较长或很重要，校对的次数相对要多一些。重要公文还应将校对后的清样送领导人审阅和修改。此外，为避免混乱，应使用统一规范的校对符号，如图5-4所示。

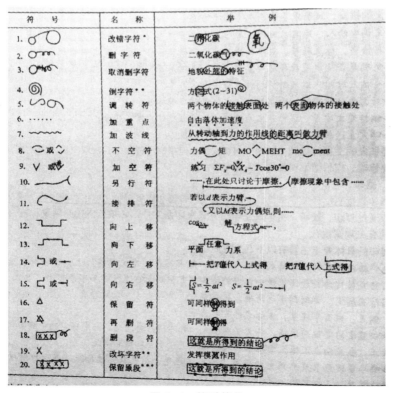

图5-4　校对符号

步骤8：用印

用印是指在缮印好的文件落款处加盖发文机关印章的过程。文件一经用印，即可生效。因此，用印是一件很严肃的事情，机关印章必须有专人保管，并建立一定的用印制度。

（1）印章的分类。

印章是各种图章的总称，目前我国各级各类机关单位所使用的印章大致可以分为三大类：机关单位的公章；财务、税务、合同等专用章；机关负责人名章。这些印章从文字到规格、从使用到制发，都有专门的规定。

（2）用印的方法。

文件上盖印需注意方法，即做到端正不歪斜、清晰不模糊，一般要求是"上大下小、骑年盖月"，并注意不盖无字印。盖印的次数要与发文份数基本一致，不无故盖印，以防冒用印章。

公文用印一般有两种方法。

①如果是普发性文件，文件数量较多，一般是使用专用印模，在公文印制过程中将公章以红色套印在文件落款处。

②如果文件数量不多，一般是由秘书在制作完成的文件上加盖印章。

（3）用印的要求。

①应以领导人在定稿上的签发意见为依据，未经签发或不同意发出的文件不得盖章。

②盖印的位置，应在公文末尾"生效标识域内"的日期上，要求印迹端正清晰。两个以上机关的联合发文，要分别加盖各自机关的印章。各机关部门都要用印，加盖的印章要错落有致，不得重叠。

③用印要核实文件份数，超过份数不能盖印。

④用印要与发文机关、部门或单位相一致。重要文件用印后还要填写"公文用印登记簿"。

⑤印章应由办公室文书人员专人保管，保管人不得擅自委托他人代管。印章放在有保险措施的抽屉或文件柜中，用印时随用随取，用后及时取回锁好。印章如需携带外出，应采取防范措施，确保安全。

⑥印章丢失应立即报公安部门备案，并以登报或信函的方式通知有关单位，声明印章作废。印章因损坏或机构变动而停止使用的，制发机关应及时收回，并做好封存或销毁处理。销毁旧印章，须经领导人批准，二人监督，并作记载，任何机关或个人不得擅自留用旧印章。

表 5-11　公文用印登记簿

时间	用印单位	公文标题	件数	批准人	用印人	经手人	备注

步骤9：登记

登记是将本单位欲发出的文件按照规定的项目进行文字记载的过程。发文登记的作用主要是便于对发文进行统计和检查。

发文登记的形式以簿册式为主，其中又有内收发使用的"发文登记簿"，内收发对外收发使用的"送文登记簿"和外收发使用的"发文登记簿"三种。

一般而言，规模较大的机关多采用"分散"的工作形式，那么，这三种表格都会用上；规模不大的机关，则多采用"集中"的工作形式，那么只需使用"发文登记簿"即可。

常见的普适性"发文登记簿"如表 5-12、表 5-13 所示。

表 5-12　发文登记簿

序号	发文日期	文号	文件标题	附件	份数	密级	承办单位	发往机关	归卷情况	件号	备注

而内收发对外收发使用的"送文登记簿"则如表 5-13 所示。

表 5-13　送文登记簿

序号	登记日期	公文标题	封皮号	密级	附件	份数	发往机关	发送方式	签收时间	签收人	备注

步骤10：分发

分发，又叫作封发，是指对印制完毕、需要发出的文件按分发的范围做分封和发送的过程。

（1）分发的要求。

①封装文件之前要先看发文稿纸注明的发送单位、密级、有无附件，然后根据发送文件份数，要对发出的文件数量作认真清点，确认份数无误。

②文件封面的书写必须清楚、明白、正确，邮编地址、部门名称、姓名称谓都要书写工整（经常需要送文的单位可将上述内容打印成签条或直接印制在封面上备用），不得滥用简称和不规范的字体。

③文件装入封套时要注意短于封口，封口要牢靠、严实，勿用订书钉封口，应用浆糊或胶水封实，有密级的文件要按密封的要求贴上密封条并骑缝加盖密封章。

④文件发送要按照文件自身的情况通过不同的渠道传送，文件发送的渠道主要有电信传送和人工传送。

（2）分发的顺序。

①封装。

封装是将已经盖印的文件，按照要求进行封装的过程。封装的主要任务就是把印制好的文件，通过一定的程序，按照应发户头进行清点，写好封面，装进信封，并进行封口。

　　首先，清点。办公室文书人员根据发文登记簿上登记的各收文单位应收文件份数进行文件分点，并在每份文件上附上一份回签单据。回签单据即收文机关收到文件后，向发文机关回告收到文件的凭证。一般是在发文的同时发出一份回签单据，以便收文机关收到文件后及时回告情况。回签单据有以下几种：

　　——内回执，即送文回执单。其项目包括回执号、发文号、文件标题、文件份数、收文机关、收到时间、收件人、备注等。内回执写好后装入信封或发文袋内，与文件一同发出。

表 5-14　送文回执单

回执号	发文号	文件标题	文件份数	收文机关	收到时间	收件人	备注

　　——发文通知单，其项目主要有发文号、文件题名、发往单位、发出日期、份数、备注等。发文时，将发文通知单填好，装入信封或封套中与文件一同发出。收文机关收到文件后，将收文与通知单进行核对，如果正确，则无需将通知单返回；如有不符，及时向发文机关询问。

表 5-15　发文通知单

发文号	文件题名	发往单位	发出日期	份数	备注

　　——外回执，将回执单贴在信封或封套外面，收件人收到文件后，将其撕下、填好，交送件人带回。其项目主要有信封号、收件者、收到日期等，一般用于本市内的发文。

——签收簿，一种是专用签收簿，项目同内回执；另一种是通用签收簿，相当于外回执。签收簿由发文人填好后，与文件一起送到收文机关签收，签收后由送件人当即带回。

其次，写封。在装寄文件的信封或封套上，工整、清晰地写明收文机关的地址、名称及发文机关的名称，收文机关的名称要写全称或规范化简称。为了节省书写时间和避免差错，对于文件常发往的单位，可以事先印制有收文机关地址、名称、邮编的封皮或标签以备用。

再次，装封。将文件与回执单分别装入收文机关的信封或封套内。

最后，封口。把装好的文件信封或封套封起来，对发出的带有密级的文件，还要进行密封。封口的方法主要有：黏封，用浆糊或胶水封口；缝封，用线缝合；轧封，用装订机轧上；捆扎，用绳子捆扎。密封的方法有：印封，把刻有密级的印章盖在封口上；纸封，把印有密级的纸签贴在封口上；铅封，用铅加封。

凡是带有密级或紧急程度的文件，封口后都要加盖其密级或时限要求的戳记，如"特急""绝密"等。文件装封后，便进入发送环节。

②发送。

发送是将封好的文件，通过一定形式传送给收文机关的过程。相关文件规定："涉密公文应当通过机要交通、邮政机要通信、城市机要文件交换站或者收发件机关机要收发人员进行传递，通过密码电报或符合国家保密规定的计算机信息系统进行传输。"不管采取哪种传递方式，都要求迅速及时、安全保密。文件发送传递过程中，要履行签收手续。

③注发。

注发是对文件制发情况予以简要注明的过程，即由办公室文书人员于文件发出之后，在发文稿纸或发文审批单的"注发"一栏内填写文件发出情况，以便日后查找。注发一般注明承办单位、经手人、发出日期与发文号等。如发文是收文的复文，要在《收文登记簿》和文件处理单的"处理结果"一栏内加以注明。

注发是发文处理程序中不可缺少的环节，注发工作结束，整个发文处理程序即告完结。办公室文书人员应将发出公文的定稿、存本及时归卷，以利于今后查考利用和整理归档。

（二）电子公文发文处理

【操作流程】

草拟→审核→签发→会签→复核→编号→注发→登记入库

【操作步骤】

电子公文的发文主要流程为：职能部门的拟稿人负责拟稿，起草公文；如果需要则发送至相关领导进行审核；需要相关单位会签时，发送至相关单位会签；审核及会签完毕，发呈本机关领导人审批签发；对于已经本单位领导人审批过的文稿，在制发之前可再做校核，经校核如需作涉及内容的实质性修改，须报原审批领导人复审；后编号制发、注发和登记入库。

步骤1：草拟

电子文件的草拟过程是运用文件处理系统在计算机上进行的。首先进入文件制作页面，文件制作页面实际上是一份文件审批单，上面设置了文件必要的背景信息，包括拟稿人、拟稿单位、主办单位、公文标题、主题词、密级、紧急程度、签发人、发文字号、会签单位等选项。

步骤2：审核

文件成稿后，拟稿人在填完"发文单位""标题""主题词"等选项后将文件存入待发文件夹中，然后通过机关内部网络，将文件草稿传给文书部门，文件便进入审核阶段。

审核人签注审核意见，并签注姓名、时间，以示对文件审核工作负责。在文件处理系统中，审核人可以对原文进行圈阅和批注，系统自动记录审批的详细过程，起草人也可以随时查询追踪自己的送审文稿的审核状况。文稿需要反复修改者，系统自动标明并记录一稿、二稿、三稿，文档管理员根据文件的重要程度设置保留稿本功能，重要文件可自动保留各种稿本，并归入文件形成日志。

步骤3：签发

文件审核完毕，交由机关主管领导或主要领导签发，领导人进入签发界面，填写签发意见和签发时间。如领导同意发出，则自动进行数字签名；如不予签发，则附有处理意见。

步骤4：会签

如果文件由两个或两个以上机关联合发出，拟稿完成后应将文稿交给相关机关会签。会签机关可以在发文处理单的会签一栏内提出会签（修改）意见。文稿需要反复修改者，可自动标记并记录一稿、二稿、三稿，重要文件系统自动保留各种稿本，并归入文件形成日志。修改过程直接在文件运转日志中记录，作为文件的背景信息存在，以保证文件的完整性。

步骤5：复核

复核就是文书部门对文件的定稿及生成过程再次进行核查，避免在印制过程中出现问题。在复核前，如果文稿需要修改，必须根据领导的签发意见，对文稿进行修改，修改后还要对文稿进行校对，可以利用校对软件系统进行校对。经过复核与校对，确认文稿从内容到形式没有任何问题后，准备将文件发出。

步骤6：编号

包括编制发文号（计算机可对文件自动编号）、进行版面设计与校对、数字盖章、发出。系统内部预先设计规范格式的文件模板供发文时选择使用，并由发文处理单自动生成正式文件。局域网内本机关各部门之间应一律采用网上文件传递，网外机关的文件采用逻辑（网上）、物理（介质）、传统三种方式传递。文件发出后，在网上或通过其他方式接收回执，作为文件的附件。

步骤7：注发

标明注发范围（主送、抄送机关）、紧急程度、秘密等级。

步骤8：登记入库

文件归库时自动登记发文列表，发文列表基于发文处理单形成，同时自动形成文件总目录。将发文处理单保存并与入库的原文件进行关联以备查看。发文从形成正本起就是只读文件，不允许任何人对正本进行更改。

技能训练

＊案例＊

某区政府主管部门在代该区政府拟写一份给某外资企业的批复文稿时，由于起草人员马虎而将文稿中"需要交纳土地征用＊＊＊费和＊＊＊费"误写为"需要交纳土地征用＊＊＊费或＊＊＊费"，该区政府办公室在核稿与送审过程中均无人发现这个错误。当该外企收到政府批文后，即在规定期限内向有关部门交纳了其中一项数额较少的土地征用＊＊＊费，而并未交纳另一项数额较大的＊＊＊费。直至数月之后，该区有关部门才发现了这一情况，于是向该外企致函问责，对照之后才发现是区政府公文中的一字之差导致的政策性差错。由于该项费用数额较大，且是国家法律规定必须缴纳的款项，区政府与有关部门只好拿着国家相关法律文件多次上门解释，要求该外企尽快补交。但该外企均以区政府已有正式批复为由拒绝再缴纳费用。最后，区政府只好采取强制措施，迫使外企补交。于是，该外企一纸诉状将该区政府告上法庭。法庭经过审理，认为该区政府的批文格式规范，文字、印章、生效时间准确无误，应属有效公文，判决区政府败诉。区政府万般无奈，又以国家法律为依据，发文撤销已发的批复公文，并上诉法院要求判处该外企补交＊＊＊费。

1. 思考题：请分析评价区政府发文程序中存在的疏漏与整改的办法。

2. 训练：能够合理规范地安排发文工作。

（1）训练内容：将学生分为几个组，每个组以一对一的形式，请一名学生扮演新人秘书，另一人扮演业务督导，借助文书管理工作任务中的某一场景进行讨论，鼓励学生将课堂学习内容融入职业扮演活动中，表达自己对解决实际问题的看法与思考。

（2）训练要求：在实训前布置学生复习发文处理工作的有关规范及要求，明确工作思路；并安排小组长合理分配任务，布置好基础工作。要求学生角色互换，并需要教师参与归纳并做出相应的评价。

学习评价

表 5-16　学习评价内容

学习目标	自我评价			组内评价			教师评价			备注
	好	较好	一般	好	较好	一般	好	较好	一般	
1. 发文处理基本程序是否正确										
2. 发文工作涉及业务安排方是否得当										
3. 发文过程的工作准备是否充分										
4. 发文处理各项业务的处置水平是否得体										
5. 发文过程中能否做到具体问题具体分析										
6. 发文过程中能否合理地运用工作规范解决工作中出现的问题										

第三节　文书管理

学习目标

◆ 明确文书立卷工作的基本方法。

◆ 掌握文书归档工作的基本方法。

◆ 按照文书立卷归档工作的具体要求，准确高效地完成此环节的任务。

◆ 培养周到、耐心、认真、细致的工作态度。

任务描述

办公室文秘人员在收发文办理完结之后，应按照文书立卷工作要求和范围，通过准确的方式对有保存价值的文书进行归档，实现文书档案转化的平稳过渡。

任务分析

在严格鉴定立卷归档范围的前提下，不同内容的文书可运用文书立卷工作方法进行一系列整理，通过对有保存价值的文书进行立卷归档而确保它们得到妥善且安全的保管，从而开发和挖掘隐藏在文字中的档案信息资源，提供给社会利用。

任务实施步骤

（一）文书立卷工作

【操作流程】

了解文书立卷工作的概念→了解文书立卷工作的要求→掌握文书立卷的范围→学习文书立卷工作的原则→掌握文书立卷工作的方法→明确文书立卷工作的内容

【操作步骤】

步骤1：了解文书立卷工作的概念

文书立卷是指文书处理部门或人员将办理完毕的、具有保存价值的文件材料，根据其固有的联系及规律组成案卷的过程。对文书立卷的理解具体包括以下几个方面。

（1）必须是办理完毕的文件材料才具有立卷的资格。

（2）必须是具有保存价值的文件材料才能归档保存。

（3）必须按照文件在形成过程中的联系和一定的规律组成案卷。

步骤2：了解文书立卷工作的要求

文书立卷是一个分类、组合、编目的过程，是将单份文件组成案卷的过程。它既是一项整理性工作，也是一项组织性工作。

（1）文书立卷必须根据各种文书自身的特征和联系进行科学的组织处理，保证文件之间的历史联系，全面反映本单位工作和活动的真实历史面貌；

（2）确保归档文书的齐全完整，使本单位各项工作活动中形成的应立卷归档的文件材料均得以收集；

（3）保证立卷质量，按文件的保存价值组卷，确保归档文书对今后工作具有查考利用价值；

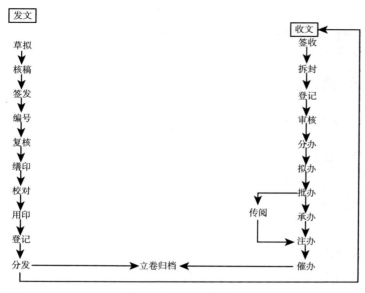

图 5-5 文书运转流程

（4）便于文件的保管、检索和使用，为档案工作的开展奠定基础。

步骤3：掌握文书立卷的范围

国家档案局 1987 年 12 月颁布的《关于机关档案保管期限的规定》《文书档案保管期限表》《机关文件材料归档和不归档的范围》等文件基本上科学地确定了文件的立卷范围，具体如下。

（1）应该立卷归档的文件材料。

①党和国家领导人、人民代表、上级机关领导等视察、检查本地区本机关工作时的重要指示、讲话、题词、照片和有特殊保存价值的录音、录像（以下简称声像材料）等材料；

②上级机关颁发的属于本机关业务并要执行的文件，以及普发的、非本机关主管业务但需要贯彻执行的法规性文件，如决议、决定、指示、命令、条例、规定、计划等；

③上级机关召开的需要贯彻执行的会议的主要文件材料，包括会议的通知、报告、决议、总结、纪要、领导人讲话、典型发言、会议简报、会议记

录、录音带、照片；

④上级机关转发本机关的文件（包括报纸、刊物转载）；

⑤代上级机关草拟并被采用的文件的最后草稿和印本；

⑥本机关党组（党委）、行政领导会议文件材料，本机关召开的工作会议、专业会议材料；

⑦本级人代会、政协、顾委、党、政、工、青、妇领导机关召开代表大会、代表会议、工作会议的全套会议文件，以及各种声像材料（由召开机关收集归档）；

⑧本机关的请示与上级机关的批复文件，下级机关的请示与本机关的批复文件；

⑨本机关颁发的（包括转发及与其他机关联合颁发的）各种正式文件的签发稿、印制重要文件的修改稿；

⑩本机关检查下级机关工作、调查研究形成的重要文件材料；

⑪本机关及其内部职能部门活动形成的工作计划、总结、报告；

⑫反映本机关业务活动和科学技术管理的专业文件材料；

⑬本机关形成的财务报表、凭证、账簿、审计等文件材料；

⑭本机关或本机关汇总的统计报表和统计分析资料（包括计算机盘片等）；

⑮机关领导人公务活动形成的重要信件、电报、电话记录，从外机关带回的与本机关有关的未经文书处理登记的文件材料；

⑯本机关党委、团委、工会和内部组织机构在工作活动中形成的重要文件材料；

⑰内容重要的人民来信、来访材料，领导的指示和本机关处理人民来信、来访形成的记录、摘要单、调查处理报告、统计分析材料等；

⑱本机关成立、合并、撤销、更改名称、启用印信及其组织简则、人员编制等文件材料；

⑲本机关（包括上报和下批）干部主免（包括备案）、调配、培训、专业技术职务评定、聘任，党员、团员、干部、工人名册、报表，纪律检查，

治安保卫以及职工的录用、转正、定级、调资、退职、退休、离休、复员、转业、残疾、抚恤、死亡等工作及干部奖惩等的文件材料；

⑳本机关及本机关批准的有关区域变化，解决山林、地界、水利纠纷，征用土地以及基本建设工程施工、竣工、购置大中型设备的文件材料，本机关直接管理的科研、生产、建设项目的科技文件材料；

㉑本机关（本行业）的历史沿革、大事记、年鉴，反映本机关（本行业）重要活动事件的剪报、声像材料、荣誉奖励证书，有纪念意义和凭证性的实物和展览照片、录音、录像等文件材料；

㉒本机关制定的工作条例、章程、制度等文件材料；

㉓本机关编印的情况反映、简报等刊物定稿和印本，编辑出版物的定稿、样本；

㉔本机关与有关机关单位签订的各种合同、协议书等文件材料；

㉕本机关及本机关办理的干部、工人的转移工资，及行政、党、团、工会组织介绍信和存根；

㉖本机关财产、物资、档案等的交接凭证、清册；

㉗各种普查工作中形成的文件材料；

㉘本机关与外国签订的条约、议定书、协定、合同、换文（正本、副本）和机关外事活动中形成的请示、报告、计划、考察总结、重要简报、会议纪要、记录、声像材料、有参考价值的资料、互赠礼品清单、工作来往文件等；

㉙有关业务机关对本机关工作检查形成的重要文件；

㉚按有关规定应归档的死亡干部档案材料；

㉛同级机关和非隶属机关颁发的非本机关主管业务但需要执行的法规性文件；

㉜同级机关和非隶属机关与本机关联系、协商工作的重要来往文件；

㉝下级机关报送的重要的工作计划、报告、总结、典型材料、统计报表、财务预算、决算等文件；

㉞下级机关报送的法规性备案文件；

㉟直属单位报送的重要的科技文件材料。

（2）无须立卷归档的文件材料。

①上级机关征求意见未定稿的文件；

②上级机关发来供工作参考的抄件；

③上级机关任免、奖惩非机关工作人员的文件，普发供参阅、不办的文件材料；

④本机关的重份文件；

⑤本机关未经会议讨论、未经领导审阅和签发的未生效文件、电报草稿，一般性文件的历次修改稿（重要法规性文件除外）、铅印文件的各次校对稿（主要领导人亲笔修改稿和负责人签字的最后定稿除外）；

⑥本机关无查考利用价值的事务性、临时性文件；

⑦本机关内部互相抄送的文件材料，不应履行公文的行文、介绍信等；

⑧本机关负责人兼任外机关职务形成的与本机关无关的文件材料；

⑨本机关从正式文件、电报上摘录的供工作参阅的非证明材料；

⑩本机关为参考目的从各方面收集的文件材料；

⑪给本机关无特殊保存价值的来信，一般性表态、询问一般性问题、提出一般性建议或意见的人民来信；

⑫非隶属机关抄送的不需要办理的文件材料；

⑬同级机关参加非主管机关召开的会议不需要贯彻执行和无查考价值的文件材料；

⑭越级抄送的一般的、不需要办理的文件材料；

⑮下级机关抄报备案的一般性文件材料；

⑯下级机关送来参阅的简报、情况反映、不应抄报或不必备案的文件材料。

步骤4：学习文书立卷工作的原则

（1）方便保管和利用。

①文书立卷是对文件的分门别类，每一个案卷就是一个小类，案卷中文件的主题内容、案卷标题必须概括出来，管理人员一看标题就知道卷内是何

种文件；

②对案卷内的文件数量也要加以限制。案卷内文件如果太多，将会不便装订和翻阅；案卷内文件如果太少，案卷太薄，设备利用率会随之降低。

（2）文件材料有无保存价值。

①各阶段的指导性文件、重要会议通过的决议、重要的请示报告、需要贯彻执行的文件、有关重大问题的请示或报告等，这些都是很有价值的文书，必须立卷归档保存；

②机关活动中形成的一般性文件，如通知、便函等，保存价值相对要小一些；

③一般会议的通知、洽谈工作的介绍信和内部互相抄送的文件等基本上没有保存价值，无立卷归档的必要。

（3）保持文件之间的历史联系。

文件是记录历史的真实写照，文件的处理过程反映了文件形成和处理过程中的各种关系。因此，立卷时必须考虑这种自然的历史联系。

步骤5：掌握文书立卷工作的方法

文书立卷的方法是由文书立卷的基本原则和要求决定的。各个单位的工作性质和职能不同，形成的文件材料不一致，这就决定了立卷方法的多样性和灵活性。

（1）按问题特征立卷。

问题是指文件内容记述和反映的某方面的工作情况或涉及的人物、事件、事物等。按问题特征立卷是将反映同一个问题的文书组成同一个案卷。

把相同问题的文件集合在一起，能反映出某一方面或某一具体问题的相互联系和对问题的处理情况，揭示活动的全貌，保持文件内容的联系。

利用者可以按文件内容所叙述的问题查找文件，检索利用起来很方便。这是一种最常用的立卷方法，运用非常广泛，灵活性较强。

（2）按作者特征立卷。

文件作者是制发文件的单位、部门或个人。按作者特征立卷是将属于同一作者的文件组合成案卷。这种立卷方法特征明显，易于掌握，方便查找和利用。

按作者特征立卷反映同一作者的工作活动，体现文书的来源、重要程度和行文关系，便于反映本单位的工作以及其他单位与本单位的联系。由于作者的职能和地位不同，按作者立卷，能够自然区分文件的重要程度和保存价值。

（3）按名称特征立卷。

名称是指文件的名称。按名称特征立卷是把同一名称的文件组成一个案卷。

不同的文件名称，反映文件的不同效能、作用和性质，说明文件的重要程度。有些文件名称相近，可以合并组卷，如报告、总结、汇报等。按名称特征立卷，能较好地反映单位的工作活动，适当区分文件的重要程度和保存价值。

（4）按时间特征立卷。

时间是指文件形成时间和文件内容所针对的时间。按时间特征立卷是将属于同一年度、季度或月份的文件分别组成案卷。一些时间针对性较为明显的文件，如年度预算、季度计划、月份统计报表等，一般是按文件内容针对的时间立卷。

按时间特征立卷，可以保持文件时间上的联系，反映一个单位一定时期的工作特点和发展状况，便于按时间查找文件和查考单位在不同阶段的工作情况。按时间特征立卷操作简单，多用于时间特征明显的专业性文件。

（5）按地区特征立卷。

地区是指文件来源的地区、文件内容针对或涉及的地区，一般是指行政地区或自然区域。按地区特征立卷是将内容涉及同一地区（如省、市、县、乡）的文件组成案卷，或者把同属于某一地区的作者的文件组成案卷。

按地区特征立卷可以反映文件之间的横向联系，便于对各地区工作的了解和比较。它适用于领导单位的文书立卷，因为领导单位工作范围广，所辖区域多。采用这种方法立卷时通常与其他特征立卷方法结合运用。

（6）按通讯者特征立卷。

通讯者是指有密切的文件往来关系的双方单位。按通讯者特征立卷是将本单位与某一单位就某些问题进行工作联系或协商而形成的来往文件集中组成案卷。

按通讯者特征立卷，反映单位之间处理有关问题的沟通联系过程，展现本单位的对外交往，体现收发文单位双方或个人之间的联系，适用于单位往来文书的立卷。

文件之间的联系错综复杂，在实际工作中要结合本单位的具体情况，按照文件自身的特点，灵活运用，保证立卷的科学合理和文件的分类组合质量。

步骤6：明确文书立卷工作的内容

（1）整理单位。

对归档文件以"件"为单位进行整理。所谓"件"就是"自然件"，即单份文件，一般以一份文件为一件。为了保证归档文件的齐全完整、方便利用，可以将那些密不可分的文件作为一件，让它成为整理的基本单位。这类情况具体包括：

①文件正本与不同稿本。

同一文件除正本之外，在撰写、印制过程中形成的不同稿本，包括历次修改稿、讨论稿、征求意见稿、定稿等，也可能需要留存。一般来说，文件的正本与定稿为一件，但定稿过厚不易装订的，也可单独作为一件；重要文件（如法律法规等）须保留历次修改稿的，其正本与历次稿（包括定稿）各为一件。

②正文与附件。

一般来说，正文与附件为一件，如附件数量较多或者太厚不易装订时，也可单独为一件。

③正文与文件处理单等。

文件处理单、拟办单、发文稿头纸、领导批示的签批条等真实记录了文件的形成、办理过程，是归档文件不可分割的重要组成部分，应与文件作为一件。

④原件与复制件。

对于制成材料、字迹材料等不利于档案保管的文件，如热敏纸传真件（传真件在保管时有两种处理办法：一是同时有印制件的，存印刷件，不存传真件；二是无印刷件的采取复印办法保存）和铅笔书写的重要文件，以及使用中出现破损的文件，应复制后归档。复制件包括复印机制作的复印件以及手工誊写的抄件等，应与原件作为一件。

⑤转发文与被转发文。

转发文与被转发文是一份文件的不同部分，前者往往包括贯彻意见及执行要求，后者则是具体内容，它们在发挥文件效力方面同等重要，因此也应作为一件。

⑥报表、名册、图册等。

报表、名册、图册等一般每册（本）内容都相对完整，具有独立的检索价值，因此，应按其本来的装订方式，以一册（本）作为一件。

⑦来文与复文。

来文与复文包括请示与批复、报告与批示、函与复函、通知与报告等，根据检索需要的不同，此类文件可以作为一件，也可以分别各作为一件。

（2）装订。

①装订前的修整。

为了保证档案能够长期保存和有效地提供利用，装订前必须对不符合要求的归档文件材料进行必要的修整。

②装订前的排序。

以自然件为整理单位的文件装订前不需要排序，密不可分的文件作为一件整理时，装订前需要对其进行排序。

③文件装订方式和用品的选择。

装订用品必须符合档案保护要求，对归档文件无害，不影响档案的保存寿命，尽量降低成本。装订方式应能较好地维护文件的原始面貌，应简便易行。

④装订要求。

装订前应将"件"内各页按一定方式对齐，便于将来翻阅利用。采用左上角装订的，应使左侧、上侧对齐；采用左侧装订的，应使左侧、下侧对齐。

* 相关知识链接 *

装订小知识

（1）文件修整内容。

①修裱破损文件。修裱是指使用黏合剂和选定的纸张对破损文件进行"修补"或"托裱"，以恢复文件的原有面貌，延长寿命。其中，修补主要针对一些有孔洞、残缺或折叠处已磨损的文件，托裱则是指在文件的一面或两面托上一张纸以加固文件。

②复制字迹模糊或易褪色的文件。对字迹模糊或易褪色的文件，采用复印的方式进行复制。如传真件字迹耐久性差，须复制后才能归档。

③超大纸张折叠。某些特殊形式的文件，如报表、图样等，纸张幅面大于标准规格。为了方便文件装盒，需要对超大纸张加以折叠。折叠时要注意尽量减少折叠次数，折痕处应尽量位于文件、图表字迹之外；文件页数较多时，宜单张折叠，以方便归档后查阅利用。

④去除易锈蚀的金属物。文件整理归档时需去除铁、铝材质的易锈蚀的订书钉、曲别针、大头针等金属物，以避免对档案的危害。

（2）装订排序。

①文件正本与不同稿本为一件时，正本在前，定稿在后，其他历次修改稿按时间顺序依次排在定稿之后。

②正文与附件为一件时，正文在前，附件在后。

③正文与文件处理单等为一件时，文件处理单等放在文件最前面，作为首页加盖归档章，从而更好地保护正本的原始面貌。

④原件与复制件为一件时，原件在前，复制件在后。

⑤转发文与被转发文为一件时，转发文在前，被转发文在后。

⑥来文与复文为一件时，复文在前，来文在后。

⑦不同文字文本为一件时，如无特殊规定，则汉文本在前，少数民族文字文本在后；中文本在前，外文本在后。

（3）装订方式。

①线装。使用缝纫机在文件左上角或左侧轧边，也有在文件左上角或左侧穿针打结。

②粘接式。用浆糊、热封胶等粘接。

③穿孔式。用订书机等装订。

④铆接式。用热压胶管等装订。

⑤别夹式。用钢夹、塑料夹等别夹装订。

可行的装具还有无酸纸封套，即使用 80 克左右无酸纸制成的右上两侧开口的封套，将归档文件以件为单位夹装其中。封套上可以印制归档章，方便整理工作，而且利用时能起到保护档案的作用。但使用无酸纸封套会增加档案的厚度，占用存贮空间，因此一般只适用于永久保存的档案。

（3）分类。

归档文件分类，是指全宗内归档文件的实体分类，即将归档文件按其来源、内容和形式等方面的异同，分成若干层次和类别，构成有机体系。

①分类方法。

首先，年度分类法。就是根据形成和处理文件的年度对归档文件进行分类的方法。运用年度分类法时，正确判定文件的日期并归入相应年度，是决定分类质量的关键。

其次，机构（问题）分类法。就是根据形成和处理文件的承办单位对归档文件进行分类的方法。采用机构分类法时，一般是有一个机构就设置一个类，机构名称就是类名。

再次，问题分类法，就是按照文件主题对归档文件分类。采用问题分类法要注意按照机关单位的基本职能来设置类别，类目体系力求简明、合乎逻辑。文件归类应按其主要内容有规律地进行，并保持连续性，某个内容的归档文件在上年放入哪一类中，当年亦应归入同一类中，不要根据一时的需要随意更改，以免给将来的查找利用带来不便。

最后，保管期限分类法。据划定的不同保管期限对归档文件进行分类的方法。

②复式分类法与分类方案。

复式分类法即将几种分类方法结合运用。常用的复式分类法有以下几种。

第一，年度—机构—保管期限分类法。即先将归档文件按年度分类，每个年度下按机构分类，再在组织机构下面按保管期限分类。其分类方案为：

$$2011\ 年：办公室\begin{cases}永久\\30\ 年\\10\ 年\end{cases} \quad 人事处\begin{cases}永久\\30\ 年\\10\ 年\end{cases} \quad 财务处\begin{cases}永久\\30\ 年\\10\ 年\end{cases}$$

$$2012\ 年：办公室\begin{cases}永久\\30\ 年\\10\ 年\end{cases} \quad 人事处\begin{cases}永久\\30\ 年\\10\ 年\end{cases} \quad 财务处\begin{cases}永久\\30\ 年\\10\ 年\end{cases}$$

2013 年：......

与此类似的有年度—保管期限—机构分类法。

第二，保管期限—年度—机构分类法。即先将归档文件按保管期限分类，每个保管期限下按照年度分类，再在年度下面按机构分类。其分类方案为：

$$永久：2011\ 年\begin{cases}办公室\\人事处\\财务处\end{cases} \quad 2012\ 年\begin{cases}办公室\\人事处\\财务处\end{cases} \quad 2013\ 年\begin{cases}办公室\\人事处\\财务处\end{cases}$$

$$30\ 年：2011\ 年\begin{cases}办公室\\人事处\\财务处\end{cases} \quad 2012\ 年\begin{cases}办公室\\人事处\\财务处\end{cases} \quad 2013\ 年\begin{cases}办公室\\人事处\\财务处\end{cases}$$

$$10\ 年：2011\ 年\begin{cases}办公室\\人事处\\财务处\end{cases} \quad 2012\ 年\begin{cases}办公室\\人事处\\财务处\end{cases} \quad 2013\ 年\begin{cases}办公室\\人事处\\财务处\end{cases}$$

与此类似的有保管期限—机构—年度分类法。

第三，机构—年度—保管期限分类法。即先将归档文件按机构分类，每个机构下按年度分类，再在年度下面按保管期限分类。其分类方案为：

$$
\text{办公室：} 2010\text{年}\begin{cases}\text{永久}\\30\text{年}\\10\text{年}\end{cases} 2011\text{年}\begin{cases}\text{永久}\\30\text{年}\\10\text{年}\end{cases} 2012\text{年}\begin{cases}\text{永久}\\30\text{年}\\10\text{年}\end{cases}
$$

$$
\text{人事处：} 2010\text{年}\begin{cases}\text{永久}\\30\text{年}\\10\text{年}\end{cases} 2011\text{年}\begin{cases}\text{永久}\\30\text{年}\\10\text{年}\end{cases} 2012\text{年}\begin{cases}\text{永久}\\30\text{年}\\10\text{年}\end{cases}
$$

财务处：……

与此类似的有机构—保管期限—年度分类法。

第四，年度—问题—保管期限分类法。即先将归档文件按年度分类，每个年度下按问题分类，再在问题下面按保管期限分类。其分类方案为：

$$
2010\text{年：党群类}\begin{cases}\text{永久}\\30\text{年}\\10\text{年}\end{cases} \text{行政类}\begin{cases}\text{永久}\\30\text{年}\\10\text{年}\end{cases} \text{外事类}\begin{cases}\text{永久}\\30\text{年}\\10\text{年}\end{cases}
$$

$$
2011\text{年：党群类}\begin{cases}\text{永久}\\30\text{年}\\10\text{年}\end{cases} \text{行政类}\begin{cases}\text{永久}\\30\text{年}\\10\text{年}\end{cases} \text{外事类}\begin{cases}\text{永久}\\30\text{年}\\10\text{年}\end{cases}
$$

2012年：……

与此类似的有年度—保管期限—问题分类法。

第五，保管期限—年度—问题分类法。即先将归档文件按保管期限分类，每个保管期限下按年度分类，再在年度下面按问题分类。其分类方案为：

$$
\text{永久：} 2011\,\text{年} \begin{cases} \text{党群类} \\ \text{行政类} \\ \text{外事类} \end{cases} 2012\,\text{年} \begin{cases} \text{党群类} \\ \text{行政类} \\ \text{外事类} \end{cases} 2013\,\text{年} \begin{cases} \text{党群类} \\ \text{行政类} \\ \text{外事类} \end{cases}
$$

$$
30\,\text{年：} 2011\,\text{年} \begin{cases} \text{党群类} \\ \text{行政类} \\ \text{外事类} \end{cases} 2012\,\text{年} \begin{cases} \text{党群类} \\ \text{行政类} \\ \text{外事类} \end{cases} 2013\,\text{年} \begin{cases} \text{党群类} \\ \text{行政类} \\ \text{外事类} \end{cases}
$$

$$
10\,\text{年：} 2011\,\text{年} \begin{cases} \text{党群类} \\ \text{行政类} \\ \text{外事类} \end{cases} 2012\,\text{年} \begin{cases} \text{党群类} \\ \text{行政类} \\ \text{外事类} \end{cases} 2013\,\text{年} \begin{cases} \text{党群类} \\ \text{行政类} \\ \text{外事类} \end{cases}
$$

与此类似的有保管期限—问题—年度分类法。

第六，问题—年度—保管期限分类法。即先将归档文件按问题分类，每个问题下按年度分类，再在年度下按保管期限分类。其分类方案为：

$$
\text{党群类：} 2011\,\text{年} \begin{cases} \text{永久} \\ 30\,\text{年} \\ 10\,\text{年} \end{cases} 2012\,\text{年} \begin{cases} \text{永久} \\ 30\,\text{年} \\ 10\,\text{年} \end{cases} 2013\,\text{年} \begin{cases} \text{永久} \\ 30\,\text{年} \\ 10\,\text{年} \end{cases}
$$

$$
\text{行政类：} 2011\,\text{年} \begin{cases} \text{永久} \\ 30\,\text{年} \\ 10\,\text{年} \end{cases} 2012\,\text{年} \begin{cases} \text{永久} \\ 30\,\text{年} \\ 10\,\text{年} \end{cases} 2013\,\text{年} \begin{cases} \text{永久} \\ 30\,\text{年} \\ 10\,\text{年} \end{cases}
$$

外事类：……

与此类似的有问题—保管期限—年度分类法。

第七，年度—保管期限分类法。即先将归档文件按年度分类，再在年度下面按保管期限分类。其分类方案为：

$$
2011\,\text{年} \begin{cases} \text{永久} \\ 30\,\text{年} \\ 10\,\text{年} \end{cases} 2012\,\text{年} \begin{cases} \text{永久} \\ 30\,\text{年} \\ 10\,\text{年} \end{cases} 2013\,\text{年} \begin{cases} \text{永久} \\ 30\,\text{年} \\ 10\,\text{年} \end{cases}
$$

与此类似的有保管期限—年度分类法。

（4）编号。

归档文件编号是指将归档文件在全宗中的位置标识为符号，并以归档章的形式在归档文件上注明的过程。

①归档文件的排列。

《归档文件整理规则》中规定：归档文件的排列"应在分类方案的最低一级类目内，按事由结合时间、重要程度等排列。会议文件、统计报表等成套性文件可集中排列"。归档文件排列方法有两种：按文件形成时间的先后顺序，日期在前的归档文件排列在前，日期在后的文件排列在后；按文件的重要程度排列，相对重要的文件放在前面，其他文件放在后面。

②编件号。

件号即文件的排列顺序号，是反映归档文件在全宗中的位置和固定归档文件的排列顺序的重要标识。

③盖章。

编号项目确定后，要以归档章的形式逐件标注在每一件归档文件上，以明确归档文件在全宗中的位置。归档章一般加盖在归档文件首页上端的空白位置。

* **相关知识链接** *

归档章的项目及填写要求

归档章的规格为长 45mm、宽 16mm，分为均匀的 6 格。归档章设置的项目主要包括全宗号、年度、保管期限、件号、机构或问题。归档章可以在年终集中整理时加盖，也可以平时每形成一件文件，文书人员即时在文件首页上加盖空白归档章，从而将盖章工作分散到日常工作中去，减少集中整理的工作量。

（5）编目。

编目是指编制归档文件目录。编目以"件"为单位进行，如密不可分的文件作为一件时，在归档文件目录中只对排在前面的文件进行编目。

归档文件目录包括件号、责任者、文号、题名、日期、页数和备注等项目（见表5-17）。

表 5-17 归档文件目录

件号	责任者	文号	题名	日期	页数	备注

（6）装盒。

应将归档文件按件号顺序装入档案盒、填写备考表、编制档案盒封面及盒脊项目等内容。

①装盒要求。

归档文件应严格按照件号的先后顺序装入档案盒，与归档文件目录中相应条目的排列顺序相一致，保证检索到文件条目后能对应地找到文件实体。

②档案盒。

档案盒为外长 310mm、宽 220mm 的长方体，厚度一般设置为 20mm、30mm、40mm，也可根据需要设置其他厚度。

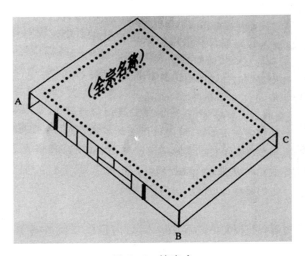

图 5-6 档案盒

档案盒封面应使用全称或规范化简称标明全宗名称，即立档单位名称，下加双横线。一般全宗名称在制作档案盒时即可先行印上。

　　档案盒按照摆放方式的不同，可以分为竖式和横式两种，因此，盒脊、盒底均需设置相关项目，以方便检索。盒脊/底项目包括全宗号、年度、保管期限、机构（问题）、起止件号和盒号等。

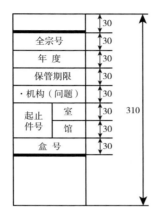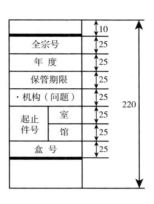

图 5-7　档案盒设置的项目内容

　　③备考表。

　　备考表放在盒内所有归档文件之后，用以对盒内归档文件进行必要的注释说明。备考表的项目具体包括：盒内文件情况说明、整理人、检查人和日期。

　　＊相关知识链接＊

　　　　　　　　装盒具体内容的操作

　　（1）装盒具体要求。

　　①不同形成年度的归档文件不应放入同一档案盒。形成年度并不等于文件落款的年度，分年度装盒并不意味着同一档案盒内的文件都是一个年度写成的。例如，跨年度形成的文件，在某一年度整理归档的，应一起放入归档的年度中。

　　②不同保管期限的归档文件不应放入同一档案盒。

　　③分机构（问题）的情况下，不同机构（问题）形成的归档文件不应放入同一档案盒。

　　④视文件的厚度选择厚度适宜的档案盒，尽量做到文件装盒后与档案盒

形成一个整体。

⑤档案盒只是归档文件的装具，不具备保管单位的作用。因此，并不要求同一事由的归档文件必须装在同一档案盒内，只需按照排列的先后顺序依次装盒；一盒装满后，顺次装入下一盒即可。

（2）档案盒盒脊/底的项目填写方法。

①全宗号：按同级档案馆给定的全宗号填写，暂未给定的可空置；

②年度：填写盒内文件的形成年度；

③保管期限：填写盒内文件所属保管期限，如"永久""30年""10年"；

④机构（问题）：填写分类方案中相应机构（问题）的类目名；

⑤起止件号：填写盒内排列最前和最后的归档文件的件号，其间用"—"号连接，如"18—36"。起止件号分为室编和馆编两栏，归档文件整理阶段需填写的是室编栏，馆编栏在进馆后填写。移交进馆时如经同级档案馆审定可沿用室编起止件号，馆编起止件号栏可空置；

⑥盒号：是指档案盒的排列顺序号，在档案移交进馆时按进馆要求编制。盒号一般按档案盒上架排列后的顺序流水编制，可以每年一断号，也可以4位数为限几年一断号。档案盒盒脊可以根据机关单位的实际需要，与归档章项目相协调，编制其他项目。增减项目的工作应在同级档案行政管理部门的指导下进行。机关档案部门可对栏目位置及尺寸进行一定的调整，以规范、美观为原则。

（3）盒内文件情况说明的写法。

填写盒内归档文件需要说明的情况，包括文件收集的齐全完整程度、文件本身的状况（如字迹模糊、缺损）等；整理工作完毕后归档文件如有修改、补充、移出、销毁等情况，应在备考表中加以说明；进行归档文件整理时，如某份文件需说明的内容较复杂，目录备注项中填写不下，也可在备考表中详细说明，并在目录相关条目的备注项中加"＊"号标示。

①整理人：填写负责整理该盒归档文件的人员姓名，以明确责任。

②检查人：填写负责检查归档文件整理质量的人员姓名。

③日期：填写归档文件整理完毕的日期。可以是全部归档文件整理完毕的日期，也可以是该盒归档文件整理完毕的日期。

（二）文书归档工作

【操作流程】

了解文书归档工作的范围→掌握文书归档工作的时间→了解文书归档工作的要求→掌握文书归档工作的内容

【操作步骤】

步骤1：了解文书归档工作的范围

归档范围是指办理完毕的文件材料应当归档及不应归档的范围。文件材料归档与否，主要取决于文件本身的保存价值。凡是反映本单位工作活动、具有查考价值的文件材料均属归档范围。

（1）文件材料归档的范围。

国家档案局《机关文件材料归档范围和文书档案保管期限规定》对文件材料归档和不归档的范围有明确规定。文件归档范围主要包括如下内容。

①上级来文。上级来文主要有上级单位颁发的属于本单位主管业务并要执行的文件，普发的、非本单位主管业务但需贯彻执行的法规性文件，上级召开的需贯彻执行会议的主要文件等。

②本单位形成的各种文件，包括：本单位代表性会议、工作会议和专业会议的文件资料；本单位颁发的各种正式文件（签发稿、印制稿及重要文件的修改稿）；本单位与上、下级单位之间的请示、批复文件；本单位及其内部职能部门形成的工作计划、总结、报告；反映本单位业务及科技管理活动的专业文件等。

③同级单位和非隶属单位的文件，主要有：这类单位颁发的非本单位主管业务但需要执行的法规性文件，与本单位联系、协商工作中重要的来往文件，以及有关业务单位对本单位工作检查形成的重要文件。

④下级报送的文件，主要有：下级单位报送的重要的工作计划、报告、总结、典型材料、统计报表、财务预算决算等文件；直属单位报送的重要的

科技文件；下级单位报送的法规性备案文件等。

（2）文件材料不归档的范围。

不是所有的文书都归档。应该明确不归档的范围，划清文件材料应归档与不应归档的界限，确保档案质量。文件材料不归档范围主要包括以下内容。

①上级来文中包括：上级机关的文件材料中，普发性不需本机关办理的文件材料，任免、奖惩非本机关工作人员的文件材料，供工作参考的抄件等；

②本单位形成的文件材料中包括：本机关文件材料中的重份文件，无查考利用价值的事务性、临时性文件，一般性文件的历次修改稿、各次校对稿，无特殊保存价值的信封，不需办理的一般性人民来信、电话记录，机关内部互相抄送的文件材料，本机关负责人兼任外单位职务形成的与本机关无关的文件材料，有关工作参考的文件材料等；

③同级单位和非隶属单位文件中包括：同级机关的文件材料中不需贯彻执行的文件材料，不需办理的抄送文件材料；

④下级来文中包括：下级机关的文件材料中供参阅的简报、情况反映，抄报或越级抄报的文件材料。

＊相关知识链接＊

归档与不归档文件材料范围的确定及不归档文件材料的管理和处理。

（1）归档与不归档文件材料范围的确定。

确定归档范围主要把握两点：第一，抓住文件材料所记述和反映的内容与本单位的关系。凡是记述和反映本机关、本单位职能活动和历史面貌的文件材料，包括本机关、本单位形成的正式文件、会议文件、内部使用文件，本机关、本单位收到的上级、下级与本身工作活动有密切联系的各种文件材料，都应列入归档范围；凡是与本机关、本单位职能活动无关的和无保存价值的文件材料不列入归档范围。第二，严格执行《机关文件材料范围和文书档案保管期限规定》，遵循规定中关于上级机关、本机关、同级机关和非隶属机关、下级机关文件的归档范围，准确归放不归档的文件材料。

（2）不归档文件材料的管理和处理。

对不属于归档范围的没有保存价值的文件材料，应区别不同情况，进行合理的处置。一般来讲，一些工作中不需要查考的不属归档范围的文件材料，应作为资料保存一段时间，避免因需要参考却已销毁而不得不重新收集、复印的情况，造成不必要的浪费。

①本机关工作人员在外地或国外参观时考察搜集来的，并非记载和反映本机关的职能活动，但对发展本地区、本系统文化、科学、技术和经济建设有参考价值的文件材料，包括复印件和重份文件，可作为资料由有关业务部门进行管理。

②同级机关和非隶属机关的或抄送本机关而不需办理的文件材料，若对本机关某项工作有一定的借鉴作用，可作为参考资料由有关业务部门或综合部门暂存备用。

③上级和本机关制定的正在执行或需长期执行的重要法律法规和方针政策性文件，除按规定归档的份数外，其不应归档的重份文件应视情况由各部门作依据性资料保存一段时间，以便工作中随时查考。

属不归档的文件材料留在部门作为资料保存，应纳入统一的管理制度，由档案部门或档案人员监督实施，指定专人并配备必要的设施进行妥善管理。档案部门应组织有关部门或有关人员，将已确定要销毁的无保存价值的不归档文件材料，逐件登记造册，经主管领导审查批准后，指派专人监督销毁。任何组织或个人不得将机关不归档文件材料随意处理。

步骤2：掌握文书归档工作的时间

归档时间是文书部门和业务部门将需要归档的文件向档案部门移交的时间。办理完毕的文件一般在第二年6月底之前向本单位档案部门移交。

某些专业文件、特殊载体的文件或办公地点分散的部门形成的文件，为了便于日常工作查考，可根据实际情况规定归档时间。不设内部机构或内部机构简单的立档单位，文书与档案工作由一人兼管，不需专门规定归档时间，只需将处理完毕的文件归入卷夹，组成案卷，编制出案卷目录即可。电子文件应根据具体的技术设备、技术手段等，采取定期归档或即时归档方法。要确定合理的归档时间，确保归档文件的完整齐全，满足工作活动对文件的利用需求。

步骤3：了解文书归档工作的要求

归档要求是归档文件盒案卷必须符合的要求。整理归档的文件材料应遵循文件材料形成规律，保持文件之间的有机联系，符合有关标准和规范。

（1）归档文件材料应齐全完整。

（2）确保归档案卷质量。

（3）认真履行交接手续。

步骤4：掌握文书归档工作的内容

《归档文件整理规则》规定："需要归档的公文及有关材料，应当根据有关档案法律法规以及机关档案管理规定，及时收集齐全、整理归档。两个以上机关联合办理的公文，原件由主办机关归档，相关机关保存复制件。机关负责人兼任其他机关职务的，在履行所兼职务过程中形成的公文，由其兼职机关归档。"

文件经过整理后，需向档案部门移交归档，文书处理程序便进入了归档阶段。归档是指文书部门将经过系统整理的档案，移交给机关档案室保存的过程。机关档案室是积累、保管本机关形成的档案，并为本机关工作提供档案利用的机构。

文件整理后，文书人员便开始编制移交目录，编写文件整理情况说明，至此文书部门的整理工作便告结束，就要与档案部门商定归档事宜，按照归档制度及时办理案卷移交手续。

（1）编制移交目录。

移交目录可用案卷目录或归档文件目录代替。

①案卷目录。

案卷目录是案卷的名册，是先将装订好的一个年度的案卷按一定的方法排列，然后再根据其排列顺序逐一编号登录而成的。它可以用来统计案卷的数量，可作为查找案卷的工具，在归档时还可作为案卷移交目录，成为与档案室交接案卷的依据和凭证。因此，又称为案卷移交目录。

编制案卷目录，必须首先将案卷进行系统排列。案卷排列方式一般是：将本机关的全部案卷按永久、30 年、10 年保管期限分开；在同一保管期限内的案卷再按内容分类，可先排综合性文件卷、重要会议卷，再排上级机关的来文卷，然后排本机关重要的领导性文件卷、各项业务活动卷，最后排下级机关来文卷等；再将上述各类案卷，按重要程度、内容、名称等排列。案卷目录一般一式三份，一份留文书部门存查，其余同案卷一起交档案室保存。

＊相关知识链接＊

案卷目录的编制方法及案卷目录的项目填写要求

（1）案卷目录编制方法。

①按保管期限编制。将机关在本年度内形成的案卷，按永久、30 年、10 年分开制成三本目录，每本目录中再按各个组织机构或内容分类。

②按年度编制。将本年度形成的案卷，综合编成一本目录，在这本目录中，按永久、30 年、10 年分为三个部分，每个部分再按组织机构或内容分类。

③按组织机构编制。将一个机关形成的案卷，按其组织机构分别编制成几本案卷目录，每本目录中皆按永久、30 年、10 年三个部分编制。

（2）案卷目录项目填写要求。

案卷目录的主要项目有：案卷号、题名、年度、页数、期限、备注等。

表 5-18　案卷目录

案卷号		题名	年度	页数	期限	备注
档案室编	档案馆编					

具体填写要求如下：

类别。填写立卷类目中一级类目的名称，填写在"题名"处，每一大类之前。

案卷号。用阿拉伯数字填写，一般不超过三位，填写在"档案室编"或"档案馆编"处。

题名。每一案卷的题名。

年度。每一案卷的所属年度。

页数。每一案卷的实有页数。

期限。每一案卷的保管期限。

备注。对该案卷的说明。

案卷目录的封面应当写明机关和组织机构名称、案卷所属的年度、保管期限、档案室和档案馆编目录号等。

案卷目录最后还应当附有备考表，说明本目录共有几张，包括多少个案卷，目录一式几份及案卷情况等。

②归档文件目录。

归档文件目录是按照分类、排列的结果，逐类、逐件编制的目录，系统、全面地揭示归档文件的情况。

归档文件目录应单独装订成册并编制封面，目录编制成册的方式视需要而定，可以与分类方案一致，也可有所不同。例如，按照年度—保管期限—机构（问题）进行分类的机关单位，可以每年按不同保管期限装订 3 本目录，每本目录中用口取纸来区分不同机构（问题），或者通过在目录表格的右肩上标注机构（问题）名称来区分不同机构(问题)。

表 5-19   归档文件目录

机构：办公室

件号	责任者	文号	题名	日期	页数	备注

也可以每个机构（问题）装订一本目录，使用口取纸或通过在目录表格右肩上加注保管期限的方法来区分不同保管期限。

归档文件目录封面的格式应与目录的编制方式一致，设置全宗名称、年度、保管期限、机构（问题）等项目。其中全宗名称栏填写立档单位的名称，其他栏目根据目录编制成册的具体方式填写。如同一年的归档文件目录按照不同机构分别装订成册，则目录封面应设置全宗名称、年度及机构项，例如，＊＊＊机构 2012 年办公室永久档案的目录封面。

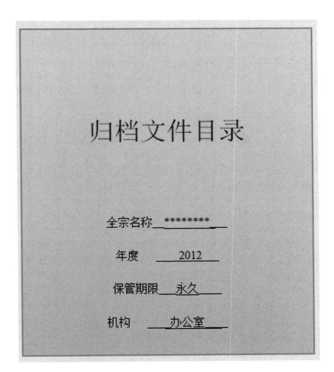

图 5-8 归档文件目录

归档文件目录及封面用纸幅面尺寸统一为国际标准 A4 型，目录用纸应选择质地牢靠、耐磨损的纸张，以保证其使用寿命。

机关档案部门应视需要编制数份归档文件目录，分别在文书（业务）

部门和档案部门留存，以更好地满足平时查阅需要。进馆时随档案移交的归档文件目录格式及份数，应符合同级档案馆接收标准。

（2）编写文件整理情况说明。

文件整理情况说明即立卷说明，是在文件整理结束后，对当年的机构、主要职能活动、文件整理归档情况和文件材料大体内容做概括介绍的文字材料，是对年度归档档案的补充说明和概述，是以全宗为对象查阅档案的一种检索工具，具有资料积累和检索的双重功能。

立卷说明的内容如下：

①立卷单位基本情况。包括立卷单位名称、成立时间、工作性质、职能范围、隶属关系，内部机构设置、人员编制及领导人变化情况，主要职能活动和职能任务完成情况，与立档单位紧密相关的重大事件、重大新闻、重大活动等。特别是立档单位机构、职能活动有重大变化时，更要在立卷说明中加以记载。

②立卷归档情况。包括立卷组织形式及立卷情况，分类及组卷情况，案卷排列与编号方法，归档文件材料的来源、内容、形式、数量、可靠和完整程度，重要案卷的状况，立卷人、立卷时间等。立卷说明综述当年立卷的全部情况，特别是归档文件中需要说明的问题，必须在立卷说明中加以记述。

立卷说明中的上述内容并不是在每年的立卷说明中都概括，而是要写每年的不同之处、变化之处。比如：机构设置和职能、案卷的分类方法等无任何变化，就可以在此项中简单交代，如果发生变化就要详细记述。立卷说明应于立卷结束后，由立卷人员根据当年立卷工作实际情况拟写，随档案一起移交给机关档案室。

＊相关知识链接＊

立卷说明的作用

①立卷说明是人们查阅档案的指南。通过立卷说明可以帮助解决查阅中的疑难问题，特别是在机构变化后，很多情况难以弄清，立卷说明可以为利用者提供帮助。同时，立卷说明还有补救的作用。一些重大事件、重

要活动，在档案中如无记载，或记载残缺不全，则可在立卷说明中加以弥补。

②立卷说明是积聚史料和编研素材的好途径。立卷说明以综合记载一个单位一年的工作活动所形成的档案为主要内容，具有资料性、真实性、系统性的特点。不仅给内部查阅利用提供原始性材料，而且为编研积累素材，特别是对编写全宗介绍意义重大。

（3）移交归档。

移交归档既是机关文件工作最后一个环节，也是人们将办理完毕的文件作为档案保存起来的第一个重要关口。为了保证归档文件的齐全完整，必须建立本机关的归档制度。

①归档时间。

文书档案一般要在第二年 4 月末前，向本单位档案室移交归档。特殊情况下，也可适当延迟。其他门类和载体档案的移交时间按有关规定执行。

②归档案卷的质量要求。

首先，应归档的档案必须齐全、完整。

其次，文件材料必须经过科学系统整理，保持文件之间的历史联系，区分价值、分类整理、系统排列，便于保管和利用。

最后，归档的档案必须有完整的移交目录。

③归档手续。

文书部门将全部档案移交给机关档案室，机关档案室按移交目录逐一清点，并检查整理质量。准确无误后，双方分别在三份移交目录的备考表中签字，并填写档案交接文据。

档案交接文据是在变更档案保管者或所有者的过程中形成的，具有法律效力。档案交接文据一式两份，分别由移交单位和接收单位保存。

档案交接文据由三部分构成：第一部分确定交接单位或个人的法定身份、交接性质及范围，第二部分为交接档案、资料及有关材料的种类、数量，第三部分为移出说明及接收意见。

表 5-20　档案交接文据

移出单位名称					接收单位名称		
交接性质					档案所属年度		
档案类别	数量（卷、米、件）				检索、参考工具种类		数量
	永久	30 年	10 年	长度			
合计							
移出说明							
接收意见							
移出单位（印章） 　领导人： 　经办人： 移出日期　年　月　日					接收单位（印章） 　领导人： 　经办人： 接收日期　年　月　日		

图 5-9　档案柜

办理完毕案卷移交手续，一年的文书工作即告结束。

（4）销毁。

销毁，是指对已经办理完毕而又无保存价值，或虽有保存价值但属于重复的文件进行焚毁。各机关每年在文件整理归档时，应清理不需归档的文件材料，不要随便堆放，以免造成泄密。

销毁文件要准确界定销毁范围，履行销毁审批手续，并对需销毁的文件登记造册，然后按销毁规定进行销毁。文件销毁是一项十分严肃的工作，必须按有关规定和手续进行。

在销毁文件时，要注意以下几点。

①按上级规定权限和范围销毁。清退的文件需要销毁的，由负责清退机关统一销毁。凡属销毁范围之内的文件，任何部门和个人不得以任何借口截留不毁。

②履行销毁审批手续。文件销毁审批一般由机关办公部门的领导人负责，文书部门报批销毁时，应有关于销毁文件的书面请示，并附有销毁目录，经领导审批签字后，方可进行销毁。

③销毁文件应登记造册。在销毁文件前要对准备销毁的文件逐件进行登记，当文书人员与监销人员核对后方可进行销毁。销毁后，监销人应写出销毁文件报告，经监销人、销毁人签字后，与销毁文件请示件、销毁目录一同存档。

文件销毁清册
（年度）

批准人：　　　　经手人：　　　　监销人：

‥‥‥年‥月‥日

序号	文件题名	年度	发文字号	页数	销毁原因	备注

图 5-10　文件销毁清册

技能训练

* 案例 *

小刘到飞扬公司办公室工作半年多就赶上了公司文书的立卷归档工作。

由于小刘在学校里学的是文秘专业，现在又负责公司文书的收发工作，于是文书立卷归档任务就落在了小刘头上。小刘心想：这是我到公司后第一次进行文书立卷归档，一定要干得漂亮，让同事了解我的工作能力和工作水平。小刘从文件柜中把零散的文件材料都抱出来堆在办公桌上，然后开始整理。小刘想起老师曾经说过，归档文件应齐全完整。为了避免遗漏有价值的文件，他将重份文件剔除出去，其他的文件材料都列入了归档范围，然后进行组卷。初步完成后，他满心欢喜地请来有多年立卷经验的老赵审查。老赵看过后指出，案卷中有不属于归档范围的文件材料，需要重新划定归档范围。

1. 思考题：请谈谈小刘在归档工作中忽略了什么环节？应以何种顺序开展立卷归档？

2. 训练：能够规范地对提供的文件材料进行修整、分类、排列、编号、编目以及装盒等整理实践。

（1）训练内容：将学生分为几个组，可通过每个组一对一的形式，请一名学生扮演新人秘书，另一人扮演业务督导，借助文书立卷归档工作任务中的某一场景进行讨论，鼓励学生将课堂学习内容融入职业扮演活动中，表达自己对解决实际问题的看法与思考。

（2）训练要求：在实训前布置学生复习文书立卷归档工作的有关规范及要求，明确工作思路。并安排小组长合理分配任务，布置好基础工作。要求学生角色互换，并需要教师参与归纳并做出相应的评价。

学习评价

表5-21　学习评价内容

学习目标	自我评价			组内评价			教师评价			备注
	好	较好	一般	好	较好	一般	好	较好	一般	
1. 文书立卷归档范围是否正确										
2. 文书立卷归档方法是否得当										
3. 文书立卷归档前的工作准备是否充分										

学习目标	自我评价			组内评价			教师评价			备注
	好	较好	一般	好	较好	一般	好	较好	一般	
4. 文书立卷归档各项业务的处置水平是否得体										
5. 文书立卷归档中能否做到具体问题具体分析										
6. 文书立卷归档中能否合理地运用工作规范解决工作中出现的问题										

第六章
领导活动管理

第一节　领导日程管理

学习目标

◆ 能够了解领导日程安排的内容。

◆ 掌握领导日程安排计划表的种类。

◆ 掌握领导日程安排的原则。

◆ 能够根据领导近期工作内容，做好日程表的调整与管理工作。

任务描述

为领导安排工作日程是秘书一项重要日常工作，为了能抓住重点、提高工作效率，需要有计划地安排，以免在繁杂的事务中忙乱无序。

任务分析

秘书人员应了解领导日常工作和工作重点，熟悉其工作习惯与做事风格，根据事务的性质、目的及紧急程度，在参考领导意见的情况下，对领导的日程进行安排，并按照实际情况随时对日程进行调整，以避免冲突、提高工作效率。

任务实施步骤

（一）预约拜访客户

【操作流程】

了解客户资料与预约细节→与客户电话预约→将预约情况备案→做好提醒工作

【操作步骤】

步骤1：了解客户资料与预约细节

秘书在进行预约前，应对要预约的客户有大概的了解，重点关注客户与本单位的合作情况，并就拜访的目的、拜访的时间段、拜访的人数和拜访场所这些情况与领导进行确认，以防出现失误。

步骤2：与客户电话预约

（1）秘书在进行预约时，如果是初次见面的客户，可以先简单介绍己方，将拜访的目的、拜访的时间段、拜访的人数和拜访场所这些情况告诉对方，并强调自己哪几天可以上门拜访，请对方从这段时间里选择一个时间，并询问对方是否方便，这样双方在时间上不会冲突，而且让对方掌握决定权，在谈话最后还要告诉对方自己的联络方式。

（2）如果是老客户，可以先就以往的合作表示感谢，之后再提出拜访请求。

步骤3：将预约情况备案

当拜访客户预约成功时，秘书要将日期、时间、地点等内容记在日程表内，并向领导汇报结果。

步骤4：做好提醒工作

拜访前一天，秘书要提醒领导做好准备。

（二）日程表的调整与管理程序和方法

【操作流程】

了解日程变更原因→做好调整方案并向领导汇报→获得领导同意→与对

方沟通确认→在原日程表上进行标注

【操作步骤】

步骤1：了解日程变更原因

秘书应了解变动的原因和影响，如会议改期、拜访某客户的时间推迟等，并依据日程变更的原因调整日程。例如，领导要在周三下午会见李先生，可是李先生打来电话说这周因为有急事出差，下周才能回来，那么调整的日程就不能安排在本周了。

步骤2：做好调整方案并向领导汇报

秘书在了解到日程变更需求后，应根据日程变更的原因，提前拟定调整方案，要注意的要点有：

（1）工作安排要主次分明，重要的事先办，急事先办，及时处理；而相对来说不太重要的事则可以放后缓办。

（2）使调整后的方案既满足对方的要求，也使己方受到的影响最小。

（3）确定调整方案后，可与相关人员沟通，如果变更后的时间、地点还有冲突则继续调整，使日程表紧凑合理，并留有安排突发事件的时间。

（4）在向领导汇报日程变更时，可告诉对方自己觉得可行的调整方案以供其参考。

步骤3：获得领导同意

为调整后的日程表征求领导意见，如果领导有什么要求或安排，应及时处理。

步骤4：与对方沟通确认

变更方案获准通过后，秘书应就调整后的日程及时与对方进行沟通，确认时间、地点等细节，并及时将变动结果告诉己方司机或者其他部门相关人员。

步骤5：在原日程表上进行标注

（1）日程表变更后，秘书可在日程变动的地方用箭头或其他颜色进行标注，用于提醒自己。

（2）如果变动涉及的时间跨度较大，秘书还应在确定变动日期的前一天提醒领导。

（3）秘书应足够熟悉日程表，在领导有突发事件时能迅速找到可以安排的时间。

（三）制定下周日程表

【操作流程】

区分常规性工作和突发性工作→了解领导下周内的主要活动→交领导审阅后确认

【操作步骤】

步骤1：区分常规性工作和突发性工作

领导的工作分为日常性工作和突发性工作。日常性工作有些是事先有计划的相对固定的工作，如每周的例会；有些是每段时间的固定会议，如年终总结会、年初工作计划会等。突发性工作是指临时安排的事情。有经验的秘书，通常将已计划好的事情预先填入拟好的日程表中，当突发性工作出现时再进行细致灵活的处理。

步骤2：了解领导下周内的主要活动

秘书应该了解领导要处理的常规性工作，将领导下周之内的主要活动记载在日程表内，这是领导一周之内具体工作安排的基本依据。询问领导除了这些常规性工作以外的其他安排，将这些事务填到日程表内，以防与其他事务冲突。秘书要有良好的记忆力，领导安排工作往往是有什么事当时就交代给秘书，要将这些安排及时记录在日程表上，这样对下周主要工作就能一目了然。

步骤3：交领导审阅后确认

下周日程表一般是在周五完成，然后交领导过目，看是否有增删调整，经领导审阅后，下周日程表就确定了。秘书据此做好有关准备工作。日程表给领导本人、秘书部门负责人、综合部门负责人、有关部门、汽车司机各一份。

表6-1 某公司领导某周工作日程

日期	时间	内容	地点	参加人员	备注
（周一）	9:30~11:00	公司例会	第一会议室	各部门经理	
	下午				
（周二）	上午				
	14:30~16:00	会见客人	领导办公室		
（周三）	9:00~11:00	业务培训	第2会议室		
	下午				
（周四）	上午	……			
	晚上	宴请刘司长	＊＊酒店		提前预订用车
（周五）	9:30~11:00	拜访客户	＊＊公司	技术总监	
（周六）					
（周日）					

＊ 相关知识链接 ＊

与客户沟通的技巧

（1）使用称呼就高不就低

在商务交往中，尤其应注意使用称呼就高不就低。例如某人在介绍一位教授时会说："这是……大学的……老师"。学生尊称自己的导师为老师，同行之间也可以互称老师，所以有这方面经验的人在介绍他人时往往会用受人尊敬的衔称，这就是"就高不就低"。

（2）入乡随俗

一般情况，也许你会习惯性地问："是青岛人还是济南人?"但是，当你人在济南时，就应该问："济南人还是青岛人?"这也是你对当地人的尊重；当你到其他公司拜访时，不能说主人的东西不好，所谓客不责主，这也是常识。

（3）摆正位置

在人际交往中，要摆正自己和别人的位置。很多人之所以在人际交往中出现问题，关键一点就是没有摆正自己的位置，也就是说，在人际交往中下级要像下级，上级要像上级，同事要像同事，客户要像客户。摆正位置才有端正态度可言，这是交往时的基本命题。

（4）以对方为中心

在商务交往过程中，务必记住以对方为中心，放弃自我中心论。例如，当你请客户吃饭的时候，应该首先征求客户的意见，他爱吃什么、不爱吃什么，不能凭自己的喜好，主观地为客人订餐，这就叫摆正位置。如果你的客户善于表达，你可以夸他说话生动形象、很幽默，或者又有理论又有实践，但你不能说"你真贫，我们都被你吹晕了"！

交往以对方为中心，商务交往强调客户是上帝，客户感觉好才是真好。尊重自己、尊重别人，恰到好处地表现出来，就能妥善地处理好人际关系。

＊相关知识链接＊

制定日程表的原则

1. 了解领导的日常工作、近期业务重点、作息习惯、身体状况，细心观察领导的工作习惯与做事风格，主动适应其工作节拍；

2. 明确事情的优先级，在处理事务时注意理顺和排序，分清轻重缓急，酌情安排处理，在时间上留有余地，防止会议等时间延长引起事务冲突，并给领导留出整理思路、处理日常事务的时间；

3. 定期与领导沟通，就双方的要求、需求和可能会遇到情况的处理原则达成共识，以利工作开展；

4. 领导不在时不能自行接受预约。

技能训练

表6-2　某领导某一天的工作日程

时间	内容	地点	备注
8:00~8:30	公司高层碰头会	总经理办公室	
9:00~9:30	主持新产品发布会	公司礼堂	中层以上干部参加
10:00~11:00	接待有合作意向的美国×公司高层代表团	公司会议室	部门经理作陪

续表

时间	内容	地点	备注
11:00~12:00	宴请×公司代表团	贵宾楼	主要部门经理陪同
12:30~13:30	视察联营工厂	北青路	部门经理陪同
14:00~14:30	出席员工婚礼	安徽大厦	
15:00~15:30	和公司法律顾问谈话	新世纪饭店	
16:00~18:00	总经理办公室		

思考题：

1. 表中的日程表制作是否合理？存在哪些问题？

2. 如果领导每天日程都如此安排，会出现什么情况？

训练：可以以自己的事务为范例，安排日程表，小组成员可以通过相互交流，指出同伴设置日程表时不合理的地方，共同讨论。

学习评价

表 6-3　学习评价内容

学习目标	自我评价			组内评价			教师评价			备注
	好	较好	一般	好	较好	一般	好	较好	一般	
1. 日程表制作得是否清晰、合理										
2. 能否及时合理调整日程表										
3. 在与客户进行预约时,可以将拜访的目的、拜访的时间段、拜访的人数和拜访场所等情况讲清楚,并且表达简洁、流畅,保持礼貌										

第二节　领导出差安排

学习目标

◆　了解领导出行的基本内容和要求。

◆ 掌握领导出差行程安排和准备技巧。

◆ 能够根据出差要求制定出详细的行程计划表。

◆ 培养并强化服务意识。

任务描述

领导经常出差，而且有很多出差任务是临时决定下来的。在领导每次出差动身之前，秘书都要为领导做大量的准备工作。秘书详细地安排出差行程，为领导出行做好充分的准备，有助于出差任务的顺利完成。

任务分析

秘书根据领导出行的情况，综合考量领导的意见，制定详细的出差行程计划；掌握领导出差实际准备工作的一般流程，针对领导出差过程中的突发事件，进行公关处理，从而使领导出差达到预期目的。

任务实施步骤

（一）制定领导出差行程计划的流程

【操作流程】

了解领导出行情况→与对方秘书沟通联系→查询相关信息→制定出差行程计划→报请领导批准

【操作步骤】

步骤1：了解领导出行情况

秘书要清楚领导出差事由、目的地、外出时间、返回时间、随行人员、会见人员、外出期间工作事项等内容。若领导没有交代，则秘书可以向领导询问，并了解领导的意图。再制定合领导心意的行程计划表。若领导没有特别交代，秘书人员可根据当时的车票、机票价格，旅行时间，出发时间和抵达时间设计一个优化的旅行线路，供领导选择。

步骤2：与对方秘书沟通联系

不管领导是开会、出访还是应邀去参加研讨会，或是洽谈具体的业务，秘书一定要提前与对方的秘书联系，把活动的时间和地点约好。如果与对方是初次接触，那么，让对方在什么地方接站，或者什么时候登门拜访对方，这些细节问题，秘书都要事先考虑好，因为这往往容易影响领导本人的形象。

步骤3：查询相关信息

主要了解出行乘坐的交通工具及票务信息，起程、抵达及运行时间，与主办方联系确认有关细节，住宿地点位置及房价，随行人员联系方式，会晤人员基本信息与联系方式。

（1）选择交通工具：一般来讲小于 300km 的是短途旅行，选用公路交通工具；300km~500km 的是中途旅行，选择铁路交通工具；大于 500km 的是长途旅行，选择航空交通工具。

（2）车票预订考虑的因素。

①由于各公司对职员和干部出差的待遇都有不同的规定，比如，按规定飞机的头等舱不是每个出差的人都能乘坐的，因此，秘书在预订车票和机票之前，一定要弄清领导出差时能享受哪一级的待遇。

②出差途中，最麻烦的就是换车，倒来倒去，稍不注意，就会误车误点，所以能直达的就最好不要换车。如果是在大站换车，在时间上一定要安排得宽裕些。为了预防意外，在日程表上要注明其他交通工具，如飞机起飞、轮船起航的时间，这样能根据实际情况，及时灵活地换乘其他交通工具。

（3）住宿安排的选定。

①领导出差，安排住什么样的旅馆，一般都要根据领导个人的爱好和习惯来决定。有的喜欢住清静优雅的小旅馆，也有的喜欢住富丽堂皇的高级饭店，有的喜欢住单人房间，有的则喜欢两人合居一室。如果出差的地方是第一次去，在那里有子公司或自己的事务所的话，就请他们为自己联系安排住处；没有的话，就请当地旅游或交通部门介绍。

②预订途径：可以通过旅行社、旅行网站、目的地商会或当地的合作单位预订，某些航空公司也有旅馆预订业务。

步骤4：制定出差行程计划

秘书根据领导意图及查询到的相关信息，制定一份领导的出差行程计划表。一般包括以下三个方面内容。

（1）出行提示。主要是行程出发、到达、返回时间；送、接安排，乘坐交通工具，会见人员的先后顺序，出差地气候特点等出行有关事项。

（2）出差行程表。将出差的事件、日期、时间、地点、有关人员等内容整合在一张表中，简便直观。特别是时间的安排一定要留有余地，尤其是第一次去的地方。之后将出差行程表交给领导，经审定后，日程表要打印多份，给领导、在家负责日常工作的领及有关人员各送一份。

（3）所需资料清单及经费预算。经费预算主要有交通费、住宿费、餐饮费、会务费、机动费等项目。

步骤5：报请领导批准

秘书根据查询的出行信息选择的交通工具、出行路线及时间安排等，最终要得到领导的认可，然后才可按计划执行。

表6-4　出差行程计划表

姓名		部门		职务	
出差时间	年　月　日　时至　　年　月　日　时返回公司				
出差地点					
出差事由					
行程计划					
费用预算：　　　　元					
1. 交通费：　　元			2. 住宿费：　　　　元		
3. 招待费：　　元（含餐饮费、娱乐费）			4. 其他费用：　　　　元		
申请人签字： 日期		部门经理审批： 日期		上级主管领导核准： 日期	

（二）领导出差实际准备工作的流程与方法

【操作流程】

车票预订→住宿安排→预支差旅费→随身携带的用品→临行前的工作安排→领导动身→领导出差回来

【操作步骤】

步骤1：车票预订

根据事先行程表上的安排预订。在准备预订车票（或机票）的时候，一定要查最新的列车时刻表，因为现在有许多季节性的或临时性的车次，稍不留心，就会订不上。所以从平时起，秘书就要注意了解预订和购买车票、机票、船票的办法等，这样才能保证工作的顺利开展。

步骤2：住宿安排

在住宿预订时告诉酒店客人姓名、性别、到达和离开的时间，预订房间的类型、朝向以及其他的特别要求，并索取预订的确认凭证。

步骤3：预支差旅费

旅行出发前，秘书根据行程表为领导准备好充足的差旅费用。这些费用一般都可以到财务部门预支，等出差回来后再进行结算。

预支的差旅费可以现金方式交给领导，也可以存入领导的信用卡。一般来说，应该携带一部分零用现金，以备在无法使用信用卡的场合使用，其他的大额费用如住宿费等则用信用卡支付。

步骤4：随身携带的用品

领导出差要随身携带的东西，秘书一定要替领导想好。如果出差是远行，忘了带什么东西必须要回来取的话，那就太误事了。临动身之前，秘书要把领导随身携带的东西按公与私分别列个清单，给领导看看有什么遗漏。

领导出差一般要随身携带下列用品：名片、资料、笔记本、活动日程表、地图、交通图、照相机、收录机及一些备用品，如备用眼镜、替换衣服、袜子、洗漱用品、药品等。但是，秘书在准备这些东西时，不能这也想带，那也想带，带得太多反而麻烦。随身携带的只能是必需的，可带可不带的就尽量少带。

步骤5：临行前的工作安排

秘书一方面为领导出差做准备，但在另一方面也要让领导对公司的事做个安排。领导要出差了，特别是出差的时间比较长，各部门来请示报告也会增多。在这时，秘书要注意安排好领导的休息，不要让领导带着满身的疲倦和牵挂去出差。比如，在动身前两三天，秘书与有关部门打个招呼，把一些定期的汇报材料先缓一缓，等领导回来后再看。

步骤6：领导动身

（1）不跟随领导一起出差。

①安排送站的车。

不论领导是从单位走还是直接从家里走，秘书都要安排好送站的车。

②检查所乘的车次或航班。

秘书最后需检查一下领导所乘车辆的状况，如果是航空出行，要特别关注气候情况，因飞机由于气候不佳而误点的情况经常发生。

③检查是否有遗漏。

动身之前，一定要再仔细检查一下领导是否有什么东西忘记带了，如果有，迅速补上。

④通知好对方。

起程之后，或把领导送上火车或飞机之后，就要立即打电话再次通知对方接站的时间。特别是在改变原定的车次或航班的情况下，一定要将新的变化告诉对方。

（2）跟随领导一起出差。

主要的工作和任务如下。

①在车内。

在车里，秘书的位置不能离领导太远，稍稍往后靠一靠就行了。秘书的主要职责是照看好行李。

②出站时。

A. 火车到站或飞机着陆时，秘书要提着行李。

如果对方有人来接站，就要先找到对方接站的人。找到对方接站的人之后，若对方是领导迎接，不要自作主张代表领导向对方表示感谢，而是先把领导介绍给对方，由领导出面表示感谢。只有当对方也是秘书来接站的情况下，自己才可以向他表示感谢。

B. 在出站时，不要麻烦对方给自己提旅行包。

如果对方非常热情，一定要帮自己提，也不能太固执，因为在大庭广众之下宾主推来推去不是特别雅观。但是，秘书自己不能两手空空，无论如何也得象征性地提点东西，同样的道理，也不能使对方秘书两手空空，使领导觉得对方的秘书一点也不热情。

③注意回避。

当领导与对方寒暄的时候，秘书要适当离他们远一些，注意回避。但是，上车后和开始正式会谈时，就不能显得太呆板了。在久别重逢等场合，领导们或许有说不完的话，从花开花落一直到人世沧桑。在这时，为了按预定时间进行活动，秘书一方面要向领导示意时间已经过了，另一方面也要注意提醒对方领导的秘书。

步骤7：领导出差回来

随领导出差回来之后，秘书有许多事情要做，如出差总结报告、报销差旅费、整理名片等。

（1）第一件事是秘书要把给对方的感谢信发出去。如果自己没有与领导一起出差，那么，就以领导的名义写；如果是与领导一起出差，也可以自己的名义向对方的秘书表示感谢。不能只打个电话就算了，一定要写成书面的感谢信。

（2）秘书应该写出差总结报告。总结报告主要是把出差的经过和结果写出来，交给有关部门传阅。出差总结报告，各单位一般都有统一固定的格式。如果秘书没有与领导一起出差的话，那就先听听领导的介绍；如果秘书与领导同行，就根据自己的记录和参考领导的谈话记录去写。

（3）报销差旅费。秘书应将车票、住宿费等费用列出来，填好报销单，如果还有其他额外支出，也要写成支出报告，请领导核实之后，送财务部门报销。

（4）跟进业务后续事宜，保持双方良好的关系。

* 相关知识链接 1 *

领导走后，秘书在家的工作

如果秘书没有随领导一起出差，留在单位，也有很多工作。

（1）检查领导遗漏的东西。

给领导送站回来后，秘书还应检查领导是否还有遗漏的东西，如果突然发现办公室桌上还有一份文件，是明天领导和对方签订协议时用的，千万不能惊慌失措，而是要想办法把它给领导送去。办法是：

一是用传真机传送过去。

二是航空特快专递。秘书将东西寄出去后，还必须打电话，告诉领导东西已经寄出。

（2）抓住机会学习。

领导出差之后，秘书不要以为自己没有什么事做了，让自己放松放松。应当把领导出差的时间当作一个自学的好机会。平时自己觉得哪些工作不太熟练、哪些方面的知识还比较欠缺，过去没有时间自学，现在就应该抓住这个机会充实自己。

（3）电话的处理。

在领导出差期间，若有客人来电话找领导，秘书就要认真做好电话记录，把电话的时间和内容记录下来。如果事情比较重要的话，领导回来时，在接站的时候汇报；如果不急，就待领导上班后再说；如果遇到重大突发事件，要立即向领导汇报；如果这时领导正在开会或与客户会谈，通过电话也找不到，这时可以把电话打到宾馆，请对方接电话的人写个纸条，让领导晚上回旅馆后再等自己的电话，或者给自己来电话；如果事情不是很保密的话，也可以把事情的大致情况告诉接电话的人，请他直接转告领导。

（4）领导回来的时候要接站。

领导出差回来的时候，秘书一般都要到车站或机场去接站。秘书接站不单纯是因为领导出差劳累帮领导搬搬东西，更重要的是可以加深彼此之间的感情；并且，还可以及时向领导汇报工作。

有的领导责任心很强，他们身在外地却挂念单位的事情，回来后急于想知道自己不在单位期间所发生的一切，特别是出差之前悬而未决的一些问题的处理结果。

在汇报时，秘书不能给领导说得太多，使他有"大雨倾盆"之感。有些重要的事情不是三言两语说得清的，对于这些事情，秘书可以先写个提纲。如果领导急于想知道详情的话，可以把提纲递给领导。

如果对方有人为领导送站的话，还要打个电话告诉他们领导已经平安到达；如果是客户为领导送站的话，那么在电话里还要向对方表示感谢。

＊相关知识链接2＊

秘书随领导外出时的禁忌

（1）忌摆错位置。

随从秘书要时刻牢记自己是为领导服务的，是普普通通的工作人员，只有服务、保障、指导下级单位工作的义务，没有争名利、搞特殊的权利，更不能借工作之便谋取私利，或借领导之名狐假虎威，应严于律己，遵守职责。其中，秘书人员要特别防止三个问题。

①身价过高。

秘书比领导还难见，比领导还难说话，盛气凌人，居高临下。

②欲望太强。

为领导办公事时顺便给自己办私事，领导享受什么待遇自己也想攀比。

③胆子过大。

未经领导许可，对有关问题擅自做主、随意表态，甚至打着领导的旗号、假用领导名义，违反规定，拉关系，走后门，搞不正之风。

（2）忌作风随便。

随从秘书必须有良好的思想作风、工作作风和生活作风。大处着眼，小处着手，时时处处严格要求自己，在领导身边工作应该树立起一种端庄可敬的好形象。其中，秘书要克服这样一些毛病：

①在领导面前毕恭毕敬、曲意迎合，背后却敷衍了事，甚至犯自由主义。

②对下级反映的问题不冷不热，甚至不屑一顾，或故意拖延，或曲解汇报。

③装腔作势。喜欢在对方面前出风头，在领导面前争彩头。领导讲话时随意插话。

④对领导过于随便，拍拍打打，乱开玩笑，在领导面前则口出狂言，不拘小节。

（3）忌动作懒散。

随从秘书办事应迅速果断，干净利落，说走就马上出发，说停可就地安顿；对领导交办的事，要件件有着落，事事有回音，既紧张快速，又有条不紊，不能拖泥带水，漏洞百出。以下三种情况是随从秘书应该避免的。

①动作拖拉，慢条斯理，不慌不忙，让领导为你操心。

②生活懒散，丢东忘西，睡眠惺忪，让领导为你操劳。

③工作被动，眼中无活，拨拨转转，让领导为你服务。

（4）忌反应迟钝。

随从秘书需要独当一面地开展工作，必须头脑机灵、思维敏捷、反应快速，能够准确理解领导意图，熟悉领导的工作特点和生活习惯，积极主动地完成工作任务。一般来说，领导对随从秘书最不能容忍的有四条，秘书人员应力戒之。

①对已经交代得很清楚的事项，理解不了，不能举一反三，执行结果走样。

②与他研究问题，没有独到见解，观点含糊不清，语无伦次，只会出馊主意、帮倒忙。

③该汇报的情况迟迟没有着落。

④说话办事不分时机和场合，用得着时不在位，该回避时不离开，说话不着边际，办事不分轻重，关键时刻躲躲闪闪，处理问题没有原则。

技能训练

案例

宏利公司肖总与金通公司经理就某合作项目安排了约见，预定在 7 月 9 日下午 1：00 开始。当时秘书人员李强预订了 7 月 8 日晚直飞金通公司所在 A 城的机票。但肖总说 8 日晚上有个宴约，恐怕不能飞往 A 城。于是李强改订 7 月 9 日上午 8：00 的机票。但是，由于肖总晚上应酬时间太晚，而早班飞机又比较早，所以最终没能赶上班机。9 日上午只有那一次航班，于是，肖总只能立即买飞往相邻城市 B 城的机票，再乘大巴车赶到 A 城的金通公司。由于迟到，金通公司经理不悦，认为宏利公司对该项目的合作缺乏诚意。宏利公司差点失去了与金通公司合作的商机。

思考题：请分析评价李强处理办法。

训练：能够制订领导出差行程计划并熟悉实际准备工作的流程与方法。

（1）训练内容：将学生分小组进行演练，可3~4人为一组，就某次领导出差制订出差行程计划。

（2）训练要求：在实训前制订领导出差行程计划，并熟悉实际准备工作，用小组讨论的形式，将学生的实施流程与大家分享。教师根据学生汇报的情况作点评和总结。要求学生具有全局思维，做到细心与耐心的结合，对临时出现的状况能够恰当解决。

学习评价

表6-5 学习评价内容

学习目标	自我评价			组内评价			教师评价			备注
	好	较好	一般	好	较好	一般	好	较好	一般	
1. 出差安排的工作行程计划是否完整										
2. 对出差安排的细节是否把握										
3. 出差安排的实际准备工作能否正确按照工作程序完成										
4. 出差安排的过程中能否做到随机应变，机智地处理突发事件										

第三节 出境差旅安排

学习目标

◆ 了解出境手续办理程序。

◆ 掌握境外支付手段。

◆ 能够根据领导出访目的办理出境相关事务。

任务描述

当领导需要出境，秘书要协助领导办理出境手续，做好相应准备工作。

1. 办理出境所需证件。

2. 协助领导办理出境前的各项准备工作。

3. 要条理清楚地说明出入境的有关事务。

任务分析

秘书根据领导出境差旅的情况，掌握出境差旅需办的手续流程，以便熟悉境外支付方式，熟悉出访目的地商务习俗。清楚实际准备工作中需完成的任务，从而使领导出境差旅顺利达到预期的目的。

任务实施步骤

（一）领导出境差旅需办的手续流程

【操作流程】

填写出境申请表，出具同意出访派遣函→提交出境申请材料，等候领取护照→办理签证→办理"黄皮书"→办理出入境登记

【操作步骤】

步骤1：填写出境申请表，出具同意出访派遣函

出国申请一般包括以下内容。

（1）出国事由；

（2）出国团组的人数；

（3）出国路线及外方所在国名称；

（4）出国日程安排，如出国时间、在国外活动时间与地点、回国时间等。

申请文书后面附出国人员名单（写清姓名、年龄、性别、职务、职称）以及外方所发的邀请函（副单）。

步骤2：提交出境申请材料，等候领取护照

护照是主权国家发给本国公民出入境及到国外办事旅行居留的合法身份证件和国籍证明。凡出国人员均应持有护照。出国前要凭护照办理所去国家和中途经停国家的签证，凭护照购买国际航班机票和住旅馆。任何国家都不允许没有护照的人进入其国境，对护照的检验很严格。

在国内，外交、公务和因公普通护照，由外交部及其授权机关（各省、自治区、直辖市的外事办公室）办理。在国外则由我国驻外使、领馆等外交机构负责办理。

秘书在办理护照时应注意几个事项。

（1）携带有关证件。这主要包括主管部门的出国批件，出国人员政审批件，所去国有关公司的邀请书等文件。

（2）认真填写有关卡片和申请表。

（3）拿到护照后，再认真检查核对每位出国人员姓名、籍贯、出生年月和地点。要检查护照上的照片、姓名是否与本人一致，有无授权发照人的签字和发照机关的盖章；发照日期和有效期有无问题，使用旧护照再次出国者更应注意其有效期，若已过期，必须申请延长，出国人员是否在持照人栏目上签字（秘书代签亦可）。护照万一遗失，应立即向当地公安局挂失查找，若查找无获，则立即申请补办。

步骤3：办理签证

护照办理好后，再申请所去国家（地区）和中途经停国家的签证。

签证是一国官方机构对本国和外国公民出入国境或在本国停留、居住的许可证明。签证一般可在护照上进行，也有的签证在其他身份证件上。如果前往未曾建交的国家，则需要签证与护照同时使用。我国的签证一般在护照上签。前往国的签证一般可持国外邀请书，或有关国家移民局的允许证等，通过中国旅行社签证代办处办理。

取得签证后，秘书要注意两点。

（1）注意签证的有效期及证明机关是否签字、盖章。

（2）若出于种种原因签证已过期失效，在国内重新申办延长，在国外应通过我驻外使馆或自行由驻在国有关当局办理延长手续。

步骤4：办理"黄皮书"

"黄皮书"即"预防接种证书"，因为它的封面通常是黄色的，所以惯称"黄皮书"。为防止国际某些传染疾病的流行，世界卫生组织正式通过的《国际卫生准则》规定，入境者在进入一个接纳国的国境前，要接种牛痘、霍乱、黄热病的疫苗。我国的"黄皮书"由原卫生部统一印制，各省市卫生检疫站负责签发和注射疫苗，初次出国者，持单位介绍信前往办理，已有"黄皮书"需要复种者可凭"黄皮书"进行。

步骤5：办理出入境登记

秘书需填写出境登记卡。如选定的是航班，在填订座单时，若领导（或其他出国人员）已选好航班、等级，并确定了出发日期，就按计划填写；如果事先没计划好，秘书先填写出国人员姓名、年龄、职称、性别、国籍、护照号码、航程、等级，其余项目可讲明要求，请售票处人员参谋帮助填写。在办妥上述各项手续后，秘书再携带出国人员的护照、户口簿、居民身份证办理临时出国登记手续。

（二）领导出境差旅的实际准备工作的流程与方法

【操作流程】

审查选定最佳旅程表→与对方秘书沟通联系→订购机票（车票或船票）→住宿预订→预支差旅费→办理保险→临行前需注意的事情

【操作步骤】

步骤1：审查选定最佳旅程表

秘书一般应根据情况编制几个旅程表，供领导选择。领导选定最佳方案后，秘书要打印成文。

步骤2：与对方秘书沟通联系

不管领导是开会、出访还是应邀去参加研讨会，或是为了洽谈具体的业务，秘书一定要提前与对方的秘书联系，把活动的时间和地点约好。如果与对方是初次接触，那么，让对方在什么地方接站，或者什么时候登门拜访对方，这些细节问题，秘书都要事先考虑好，因为这往往容易影响领导本人的形象。

步骤3：订购机票（车票或船票）

机票一般分为正式、优待、特殊三种：按等级分有一等票（F）、经济票（Y）、公务票（C）；按旅行路线的状况可分为六种：单程、往返程、环行、环球、分支旅行、断路旅行等。

在国内买机票时，须在中国民航所属的售票处先填写旅客订座单，待所属航班的机票订妥后，按约定时间，持护照和票款取票。

如果乘坐的是国际列车，秘书应携带出国人员的护照、签证、"黄皮书"等证件到北京中国国际旅行社办理购票手续，在北京火车站上车。

如果需坐船出国，秘书可携带出国人员的护照、签证、"黄皮书"等证件到中国外轮代理公司所属公司办理船票。船票只适用本船票上注明的船名、航次日期的班轮。无论什么原因，一旦误船，船票作废，不退票款。所以秘书要提醒领导不要误船。

取得机票后，应仔细核对。

（1）各票本上的每张乘机联上的姓名、外文拼音要正确，要与护照、签证和"黄皮书"一致。

（2）每张乘机联的右上角应有出票航空公司印章和开票人签字及出票日期。

（3）整个行程中所需各段机票应齐全，即乘机联上的黑粗线框是否把旅途中各点都包括进去，每个黑粗线框内的"预定"栏各项是否和自己的计划一致、正确。

（4）在"订座情况"一项中，"OK"字样表示机座已订妥，"RQ"则表示不被确认。遇此"RQ"，秘书或更换航班，或继续争取。

（5）核对票价，看计算是否有高低之错。高了多花钱，低了到国外还要补钱，一旦换票，就很费周折，应事先杜绝。

（6）如果机座是国外有关机构代为订妥，在国内购票时要向售票处说明，请求开票时把座位一项空出不填，以免在需要改变航班时麻烦。

（7）机票不能涂改，如售票处开票时写错，应请求重开，否则在涂改处盖公章，并注说明。

步骤4：住宿预订

在住宿预订时告诉旅馆客人姓名、性别、到达和离开的时间，及预订房间的类型、朝向和其他的特别要求，并索取预订的确认凭证。

步骤5：预支差旅费

出发前，秘书根据行程表为领导准备好充足的差旅费用。这些费用一般都可以到财务部门预支，等出差回来后再进行结算。

预支的差旅费可以现金方式交给领导，也可以存入领导的信用卡。一般来说，应该携带一部分零用现金，以备在无法使用信用卡的场合使用，其他的大额费用如住宿费等则用信用卡支付。

步骤6：办理保险

保险，秘书可以通过代理人直接由保险公司安排。保险主要适用于意外事故、医疗及行李丢失等。

步骤7：临行前需注意的事情

（1）提醒领导携带资料及日常用品：名片、演稿、谈判合同、协议书、科技或产品资料、笔记本、活动日程表、地图、交通图、照相机、收录机及一些备用品，如备用眼镜、替换衣服、袜子、洗漱用品、药品等。

（2）准备外汇。

外汇是货币行政当局（中央银行、货币管理机构、外汇平准基金及财政部）以银行存款、财政部库券、长短期政府证券等形式保有的在国际收支逆差时可以使用的债权。主要包括外国货币、外币存款、外币有价证券（政府公债、国库券、公司债券、股票等）、外币支付凭证（票据、银行存款凭证、邮政储蓄凭证等）。

（3）提醒领导时差问题。

国际上统一以英国格林尼治时间（GMT）为标准时间，东西两半球各分为八个时区，东八区的时间比 GMT 快，西八区的时间比 GMT 慢。由于出境差旅的日程表中离开和到达的时间都以当地时间为准，因此，安排出境差旅必须能够根据世界各地时间计算表进行各地时间的换算。

（4）了解目的国风俗和商业习惯。

秘书需帮助领导熟悉商业环境，同时还需让领导了解有关国家的风土人情及各种礼节，使领导到达后圆满顺利开展活动。

技能训练

* **案例** *

北京市宏远创业投资集团有限公司是以资本为主要联结纽带、以母子公司为主体的大型投资集团，于 2000 年 10 月正式成立。公司团队具备多年的科技行业、金融证券、创业投资等经验，拥有 IT、生物医药、新材料三个专业投资小组和一批在创业投资领域有着丰富经验的外籍高管（曾在国际知名企业任职）及国际化专业人才。截至 2008 年，公司在经济、科技和教育较发达的深圳、上海、成都、武汉等地设有总部和分支机构，建立起了全国性的投资网络，合作伙伴遍及全国各地。

为拓展经营业务范围，"十一五"期间，公司决定寻求国际合作伙伴，谋求扩大其在国外的市场空间。经过一段时间的接洽和谈判，该公司负责人施林，在美国纽约物色到了一位客户——纽约生物医药科技公司，该公司具有多年生物医药生产研发经验，是一家成长型企业，发展潜力很大。数轮磋商后，两公司达成了共识，并定于 2008 年 9 月 20 日正式签订投资合作协议。届时，宏远投资公司董事长苏明将在执行总监施林的陪同下，率公司生物医药专业投资小组赴美国与纽约生物医药科技公司签约。董事长秘书钟苗与美方公司负责人沟通后，为苏董事长制订了旅程表，将其此次赴美商务旅行日程安排得紧凑合理，以便签约事宜顺利推进。

1. 思考题：

（1）请你以秘书钟苗的身份为苏董事长设计此次赴美商务旅程安排表。

（2）钟秘书应该为苏董事长赴美商务旅行办理哪些手续？

2. 训练：能够掌握领导出境差旅需办的手续流程并熟悉实际准备工作

的流程与方法。

（1）训练内容：将学生分小组，每组可 3~4 人，对领导出境差旅需办的手续流程进行梳理。

（2）训练要求：在实训前掌握领导出境差旅需办的手续流程，并熟悉实际准备工作，用小组讨论的形式，将学生的实施流程与大家分享。教师根据学生汇报的情况作点评和总结。要求掌握需办理的出境手续。

学习评价

表 6-6　学习评价内容

学习目标	自我评价			组内评价			教师评价			备注
	好	较好	一般	好	较好	一般	好	较好	一般	
1. 对出境差旅需办的手续流程是否掌握										
2. 对出差安排的细节是否把握										
3. 对出境差旅需办的手续能否正确按照工作程序完成										
4. 对出境差旅实际准备过程中的工作能否顺利完成										

第七章
调查研究

第一节　准备调查研究

◆ 理解调查研究的含义。

◆ 掌握调查研究的分类及其基本方法。

◆ 掌握调查研究所涉及的核心概念和理论。

◆ 培养学生为某种实际操作、现场观察、调查研究做好前期准备工作的能力。

◆ 培养学生进行初步调查分析的基本能力，能在现实应用中举一反三。

任务描述

当今电子商务的发展如火如荼，大大小小公司的电子商务网站层出不穷，如何使自己的网站保有较高的人气，而且能持续赢利，这是我们要调查研究的主要问题。在这个项目中我们的目标是为一个上市公司的电子商务网站做改版，并提供相应的营销方案。通过此任务学生学习调查研究的基本方法，能够为某种实际操作、现场观察、调查研究等做好前期的准备工作，比如要了解客户的需求等。

任务分析

要求学生具备进行初步调查分析的基本能力，具有胜任调查研究工作的良好的业务素质和身心素质，并能在现实应用中举一反三。调查中需要应用系统思想和方法，把复杂的对象分解成简单的组成部分，找出这些部分的基本属性和彼此间的关系。在着手改版原有网站之前，我们需要调查研究的问题有：

（1）原网站前前后后涵盖的信息流、资金流和物流过程；

（2）实施网上订购商品的流程；

（3）评价该网站的服务质量和水平；

（4）得出新网站系统的逻辑模型；

（5）比较有针对性的营销策略。

任务实施步骤

【操作流程】

准备工作→调查组织结构→调查业务流程→新版网站开发规划

【操作步骤】

步骤1：调研任务实施的准备工作

（1）工作任务的分配。

根据实际情况，确定各子系统开发的先后次序，在此基础上分配工作任务，落实到具体组织或个人。

（2）安排时间进度计划。

（3）做出经费预算。

（4）准备资源补充，包括人员、资金、设备等内容。

步骤2：调查企业的组织结构，了解企业现状，画出企业的组织结构图

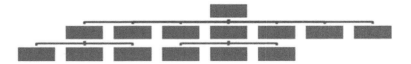

图 7-1 企业的组织结构图示意

步骤3：调查企业经营的业务流程现状以及存在的问题，必要时进行企业流程重组。

调研方法：

- 会议与访谈
- 问卷调查
- 实地观察
- 查阅资料
- 快速原型法

企业流程（过程）是为完成企业目标而进行的一系列逻辑相关、跨越时空的业务活动。企业流程重组（Business Process Reengineering，简称BPR）是按现代化信息处理的特点，对现有的企业流程进行重新设计。这是提高企业运行效率的一条重要途径。企业流程的重组不仅涉及技术，也涉及人文因素，包括观念的重组、流程的重组和组织的重组，以新型企业文化代替老的企业文化，以新的企业流程代替原有的企业流程，以扁平化的企业组织代替金字塔形的企业组织等。

步骤4：对网站的新改版开发进行思路梳理

- 主打服务牌，扩大市场份额
- 发力物流建设，打造快递新速度
- 商品适当转型，增强用户黏性
- 加强品牌管理，塑造企业的常青基因

＊相关知识链接＊

进行调查研究首要的任务就是要了解客户的需求，了解需求是沟通用户和开发人员之间的桥梁。

定义用户需求有两类方法。

1. 信息分析方法。建立信息流和信息结构模型，然后将这些模型扩展为需求规格说明，其中有些需求难以用简练的原始问题模型或输入输出规格予以定义，需要把解决问题的过程逐步描述出来，即指定每一步的数据加工、算法、精度要求及时间限制等，从而获得对用户需求过程的定义，该方法又称为问题求解过程定义法。

2. 系统开发原型。系统分析员和用户一起对原型进行评审和修改，从而获得用户满意的需求定义信息。

目前，在信息分析方法中，用户需求获取主要是依靠一些常规的调查方法，如访谈、问卷等方法。

技能训练

为某电子商务公司的经营活动设计一份调查问卷，调查客户的满意度，旨在提高公司的服务水平，调查内容可以涉及公司的网站建设、网络营销、电子交易、物流信息管理、网络采购、电子商务安全管理等方面。

学习评价

表 7-1　学习评价内容

学习目标	自我评价			组内评价			教师评价			备注
	好	较好	一般	好	较好	一般	好	较好	一般	
1. 企业的组织结构分析										
2. 企业的业务流程分析										
3. 网上订购商品的流程分析										
4. 评价原网站的服务质量和水平										
5. 营销模式分析										
6. 数据的精度控制										
7. 图表的简明清晰										

第二节　开展调查活动

学习目标

◆ 分析消费者对商品的心理需求。

◆ 分析消费者的行为模式。

◆ 掌握开展调查活动的相关理论和知识。

◆ 了解网络营销的基础知识，熟悉常见的网络营销手段，掌握常见的网络营销技能。

◆ 提升学生实际动手解决问题的能力及数据分析的技能。

任务描述

在已经收集大量相关信息的基础上，对具体问题开展调查研究活动。任务还是以电子商务公司为例，通过调研公司的网络营销活动，分析消费者对商品的心理需求，分析消费者的行为模式。

网络营销是企业以互联网为媒体做推广，以新的方式、方法和理念开展的营销活动。它是企业整体营销活动的组成部分，目的为发现、满足和创造顾客。网络营销作为一种借力网络的企业营销活动，也因此与传统营销有了很大的不同。任务主要是针对企业的营销策略做调查研究。

任务分析

现今社会企业的营销模式已经发生巨大的变化，任务是以京东商城为例（见图7-2），做相关调研活动，主要对企业的网络营销活动做分析。

图 7-2　京东商城首页

主要分析的内容如下。

一、京东商城的战略整体规划：设计市场分析、竞争分析、受众分析、品牌与产品分析、独特销售主张提炼、创意策略制定、整体运营步骤规划、投入和预期设定等方面。

二、定位为营销型网站的京东商城：网站结构、视觉风格、网站栏目、页面布局、网站功能、关键字策划、网站 SEO、设计与开发。

三、京东商城的传播内容规划：品牌形象文案策划、产品销售概念策划、产品销售文案策划、招商文案策划、产品口碑文案策划、新闻资讯内容策划、各种广告文字策划。

四、京东商城的整合传播推广：SEO 排名优化、博客营销、微博营销、论坛营销、知识营销、口碑营销、新闻软文营销、视频营销、事件营销、公关活动等病毒传播方式。

由于调研内容涉及很多方面，学生可以适当加以精简，建议选择调查分析内容二和四。

任务实施步骤

【操作流程】

调研网站组织结构→调研网购流程→调研网站后台管理功能→调查问卷设计

【操作步骤】

步骤1：企业网站的组织结构调研，如图7-3所示。

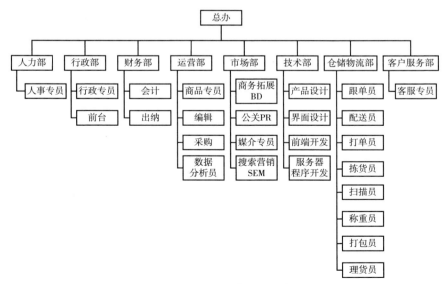

图 7-3　企业的组织结构

步骤2:企业网购流程调研见图7-4。

图 7-4　企业网购流程

步骤3：调研网站后台管理功能见图7-5。

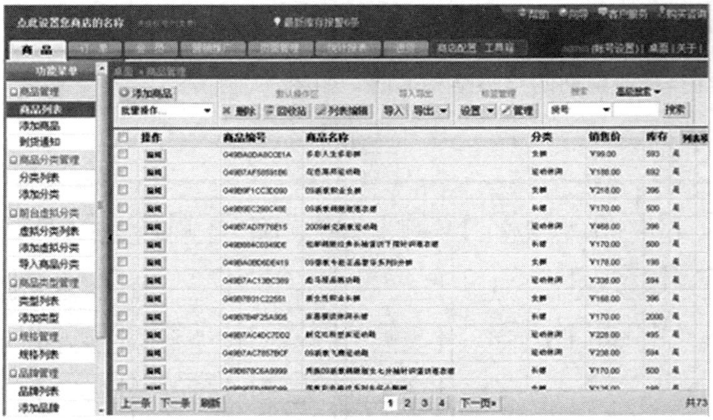

图 7-5　网站后台管理界面

步骤4：为完成原网站的调研任务，设计如下调查问卷。

京东商城电子商务活动调查问卷

注：问题后面括号内的内容为相关栏目的参考示例，根据情况在选项前的"□"中打"√"。

1. 网站上有无介绍企业经营业务、企业历史、企业文化、经营理念等企业基本信息的栏目（××概况、关于××、关于我们、公司历史、公司简介。这类栏目一般在主页的导航条上）

□有　　　　　　　　　　□没有

2. 网站上有无介绍关于企业近期各项活动和重大事件等的新闻发布板块（可多选）。

（××新闻、××动态、最新消息、企业新闻）

□有最近一年内的新闻　　　□有最近三个月内的新闻

□有最近一月内的新闻　　　□没有这类新闻板块

3. 网站上有下列哪些关于企业所生产产品各种指标性能的介绍（可多选）（产品世界、××产品）

□产品目录　　　　　　　　□产品详细文字介绍

□产品图形音像多媒体介绍　□新产品推荐

□产品虚拟体验　　　　　　□无上述栏目单元（该企业不生产产品）

4. 网站上有下列哪些关于企业所提供各种服务的介绍（可多选）（服务一览表、客户服务）

□服务目录　　　　　　　　□服务详细介绍

□新服务推荐　　　　　　　□服务虚拟体验

□无上述栏目（企业不提供服务）

5. 网站上有无对企业提供的产品或服务进行检索的搜索栏（可多选）[××搜索、请选择产品（服务）]

□只有单一的完全靠用户输入搜索信息搜索栏的

□搜索栏有下拉提示菜单

□搜索栏有分类复合搜索功能的

□没有关于产品或服务的搜索栏

6. 网站上有下列哪些链接（可多选）（相关链接、友情链接和一些直接的图文链接）

□企业所在行业总体信息的相关网站的链接

☐合作伙伴网站的链接

☐分公司或下属部门网站的链接

☐无链接

7. 网站上有下列哪些企业的联系方式（可多选）（关于××、联系我们、联系方式、企业邮箱）

☐企业地址 ☐企业电话号码

☐企业邮箱 ☐企业传真号码

☐企业分公司或下属部门联系方式 ☐无相关栏目

8. 网站上有无介绍和发布企业投资者关注信息的栏目（股市行情、投资者板块）

☐有 ☐没有

9. 网站上有无发布企业人才招聘信息的栏目（人力资源、加盟××、在线招聘）

☐只发布人才招聘信息不接受网上简历

☐发布人才招聘信息同时接受网上简历

☐没有这个栏目

10. 网站网上销售企业产品或服务栏目的订货属于下列哪种情况（可多选）（网上销售、电子商务、网上商城、购物天地）

☐设有该栏目但用户选购产品后需要主动通过电话或其他方式与商家联系购买的

☐用户选购产品后提交购买意向后由商家主动与用户联系购买的

☐双方直接在网上下单签订购买合同的

☐无该栏目或设有该栏目而无实际内容的

11. 网站网上销售后的在线支付属于下列哪种情况（可多选）（在线支付、立即购买、去收银台）

☐用户需要预付货款 ☐用户货到付款

☐网上银行卡或信用卡支付 ☐不支持在线支付

12. 网站在线采购属于下列哪种情况（可多选）（网上采购）

□设置该栏目发布采购信息

□设置该栏目进行采购招标

□设置该栏目并且能够网上订立采购合同

□没有此类栏目

13. 企业开展电子交易的平台是自己独立建设还是链接到其他交易平台上（查看链接网址后判断）

□电子交易的平台是自建

□电子交易的平台是链接到其他交易平台

□网站不提供电子交易的平台

14. 企业网站关于网络安全的说明属于下列哪种情况：（安全声明、安全条款）

□企业网站上没有关于网络安全的声明

□企业网站上只有关于网络安全的简单声明，没有关于使用何种加密和认证技术的说明

□企业网站上有关于网络安全的简单声明，声明中有使用何种加密和认证技术的说明

15. 企业网站关于隐私保护的说明属于下列哪种情况：（隐私保护、隐私条款）

□企业网站上没有关于隐私保护的声明

□企业网站上只有简单的关于隐私保护的声明，但隐私保护没有第三方担保

□企业网站上有关于隐私保护的声明，并且隐私保护有第三方担保

16. 企业网站是否能够为客户提供按个体要求定制的产品和服务（产品定制）

□网站信息表明企业能够为客户提供按个体要求定制的产品或服务

□网站信息表明企业只为客户提供固定规格的产品或服务

17. 网站提供下列哪几种客户注册（可多选）（用户注册、会员注册、俱乐部注册）

□网站对在企业网站进行电子商务交易的客户实行注册

□网站对加入企业网上俱乐部或协会的网络客户进行注册

□网站不支持客户注册

18. 网站提供下列哪些在线交流栏目（可多选）

□论坛	□聊天室
□在线常见问题（在线 FAQ）	□在线实时聊天
□在线网站管理员	□留言板

□无此类栏目

19. 网站提供下列哪些网上售后服务（可多选）（售后服务、客户中心、客服中心）

□网站提供企业产品或服务维修、维护、升级换代、鉴别等的有关的知识或常识

□网站提供企业产品或服务客户所在地服务维修点的联系方式或地址

□网站支持网上直接递交维修、维护要求

□网站提供免费的升级软件下载或一些与产品相关的免费下载

20. 网站是否开展如免费馈赠、优惠券和打折等形式的网上促销

□有　　　　　　　　　　□没有

21. 网站是否因客户类型的不同而内容有所不同（你属于××）

□有　　　　　　　　　　□没有

22. 网站是否有外文版本（含繁体字）的版本页面，如有，则外文页面的数量是多少（外文版标记一般都在首页上。外文版标记不止一个时外文页面的数量按页面数量最多的那个语种计算）

□无外文版标记

□有外文版标记但无网页

□有外文版标记且有 1 到 2 个网页

□有外文版标记且有 2 到 10 个网页

□有外文版标记且有 10 个以上的网页

23. 网站是否有专门提供给企业供应商链接的平台，与供应商沟通信

息、加强交流（需要密码和账号）

（供应链管理、查询销售流向）

☐有　　　　　　　　　　☐没有

24. 网站上是否指出企业与其他合作伙伴建立 EDI 连接

☐有　　　　　　　　　　☐没有

25. 网站上是否有专门为经销商设置的栏目，与经销商加强交流（经销商加盟）

☐有　　　　　　　　　　☐没有

26. 网站上是否有企业内网的接入口（企业内部信息化、企业内部办公自动化、员工入口）

☐有　　　　　　　　　　☐没有

＊相关知识链接＊

　　网络营销的特点有两个方面：一方面是基于互联网，以互联网为营销介质；另一方面它属于营销范畴，是营销的一种表现形式。企业网络营销包含企业网络推广和电子商务两大要素，网络推广就是利用互联网进行宣传推广活动，电子商务指的是利用简单、快捷、低成本的电子通信方式，买卖双方无须谋面地进行各种商贸活动。网络营销与传统营销一样都是为了实现企业营销目的，但在实际操作和实施过程还是有较大的区别。

技能训练

　　实践：请利用 Excel 制作企业网络意见调查表。

　　在下文的实践中，我们来尝试在网络上用 Excel 完成一次企业内部的问卷调查、投票与统计操作。

　　一年一度的暑假旅游马上就要到了，企业工会用 Excel 制作了一份教职员工旅游意向调查表，并将此文件设置成共享工作簿，让大家可以同时打开此文件来填写报名数据，以及阅读行程简介等。如果有疑问，还可以通过超链接功能，发 E-mail 咨询本次活动的组织者（工会）。最后，工会将大家填好的数据汇总、统计出来，完成此次调查工作。

（1）建立基本表格。一份员工旅游调查表不外乎是要了解员工比较想去哪个地点、是否有意参加，以及是否带和带几名家属等。调查表的形式如图 7-6 所示，文件名保存为“旅游调查 . xls”。

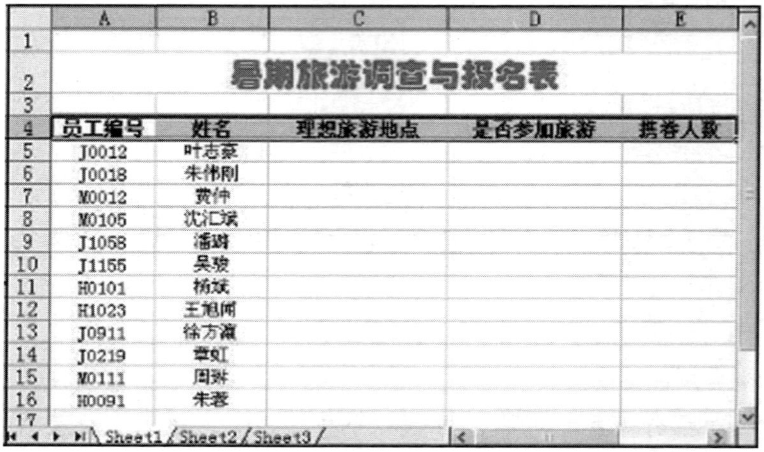

暑期旅游调查与报名表

员工编号	姓名	理想旅游地点	是否参加旅游	携眷人数
J0012	叶志豪			
J0018	朱伟刚			
M0012	黄仲			
M0105	沈汇斌			
J1058	潘鹏			
J1155	吴骏			
H0101	杨斌			
H1023	王旭闻			
J0911	徐方滨			
J0219	章虹			
M0111	周琳			
H0091	朱蓉			

图 7-6　旅游调查与报告

（2）建立选单。旅游调查表如果能采用选单方式让员工填写，则意见统一会容易一些，统计起来也会比较方便。例如，主办者可以先设计好几个热门线路，然后放入调查表中，让员工直接选取心目中理想的旅游地点。

Excel 的“数据有效性”功能可以满足这项需求。除了可设置选单项目外，还可以在输入数据前先出现提示信息，提醒填表人应该注意的事项。待输入完成后，接着验证数据是否符合预先设置的准则，例如检查输入的家属人数必须小于 4 人等。

为建立选单，主办者设计了 4 个合适的旅游地点，分别是四川九寨沟、云南大理、广西桂林和海南三亚，现在要将这 4 个地点设计成选单，以供填表人选择。

步骤 1：在 Excel 文件“旅游调查 . xls”中选取 C5：C16 单元格区域，然后在“数据”菜单中单击“有效性”命令，打开“数据有效性”对话框。

步骤 2：切换至"设置"选项卡。在"允许"下拉菜单中选择"序列"项；在"来源"栏输入选单中要出现的项目，并以"，"分隔每个项目，如图 7-7 所示。

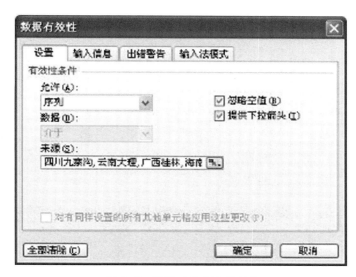

图 7-7 设置"数据有效性"

步骤 3：单击"确定"按钮。完成设置后的应用效果如图 7-8 所示。

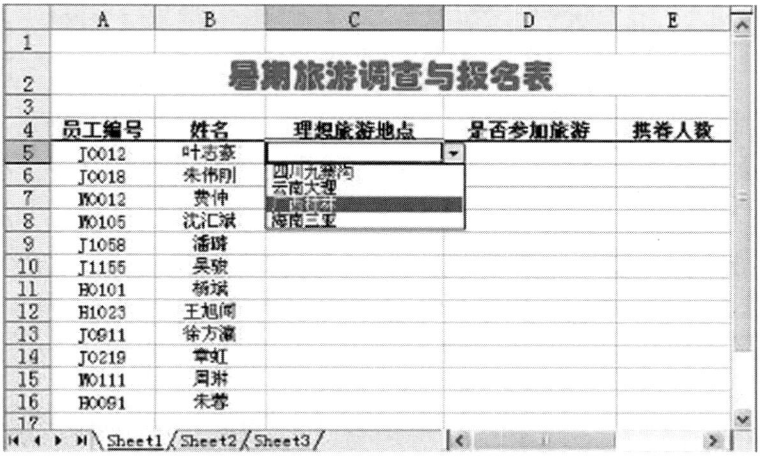

图 7-8 选单的应用

（3）设置提示信息。对 D 列的"是否参加旅游"，同样可以建立一个有"Yes"及"No"两个选项的选单。不过，这里还希望能提醒填写"No"（不参加）的人不要参与选择理想旅游地点，也无须填写携眷人数，这可以按以下步骤来操作。

步骤 1：选取 D5：D16，在"数据"菜单中单击"有效性"命令，并切换至"设置"选项卡。

在"允许"栏中选取"序列"项，在"来源"栏中输入"Yes，No"，并确认已勾选"忽略空值"和"提供下拉箭头"两项。

步骤 2：切换至"输入信息"选项卡。确认已勾选"选定单元格时显示输入信息"项，并在"标题"栏中输入提示标题，在"输入信息"栏中输入提示的信息内容（见图 7-9）。

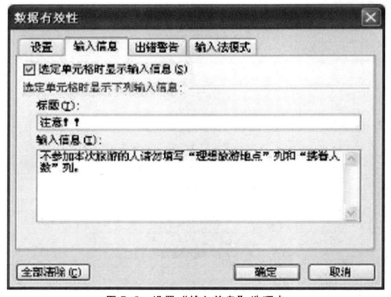

图 7-9　设置"输入信息"选项卡

步骤 3：最后，按下对话框中的"确定"按钮完成设置。

现在，用户只要选取 D5：D16 中的任一单元格，就会出现之前设置的提示信息。

（4）设置数据有效性准则。由于这次旅游每位员工最多可带 4 名家属，因此，要控制"携眷人数"列只能填入 0~4 的数值。这同样是利用数据有效性功能来完成的。

步骤 1：选取 E5：E16，然后在"数据"菜单中单击"有效性"命令。

切换至"设置"选项卡，在"允许"栏中选取"整数"，设定单元格内允许的数据类型为"整数"；在"数据"栏中指定有效性比较方式为"介于"，并在"最小值"和"最大值"栏中输入有效性数值（见图 7-10）。

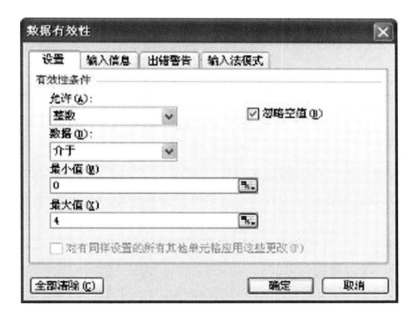

图 7-10 设定数值有效性限制

步骤 2：切换至"输入信息"选项卡，并完成提示信息的设置。在"标题"栏中输入提示标题和提示信息（见图 7-11）。

步骤 3：最后，按下"确定"按钮完成设置。

现在，若是在 E5：E16 中输入非 0~4 的整数，就会出现错误警告，提示用户输入的数据不符合有效性准则。这时，按"重试"按钮即可重新输

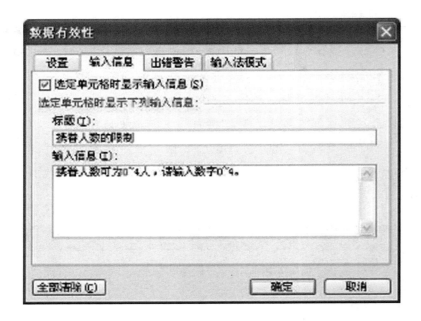

图 7-11   设定提示信息

入数据，或者按"取消"按钮表示取消输入。

（5）设置错误提示文字。上述的错误警告标志和内容也可以由用户设置。

步骤 1：选取 E5：E16，然后在"数据"菜单中单击"有效性"命令，并切换至"出错警告"选项卡。

步骤 2：拉下"样式"列表，选取想要的警告标志；在"标题"栏中输入错误提醒的标题文字和在"错误信息"栏中输入提醒的信息内容（见图 7-12）。

步骤 3：按下"确定"按钮即可改变出错警告的内容。例如，在 E6 输入"6"，则出现的错误警告显示如图 7-13 所示。

步骤 4：选取设有数据有效性的单元格后，在"数据"菜单中单击"有效性"命令，然后在"数据有效性"对话框中按下"全部清除"按钮，再按下"确定"按钮，即可清除单元格的数据有效性设置。

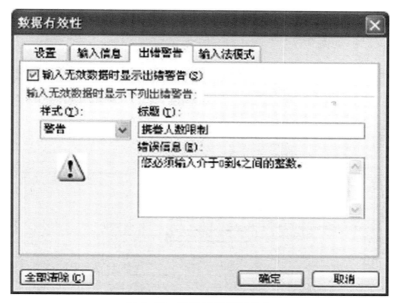

图 7-12　设置错误提示信息

图 7-13　用户设置的错误提示信息

（6）插入超链接。组织旅游，应该让参与者能够了解行程安排的内容，以及参观景点的特色等。因此，可以在这张调查表中加上有关各行程简介的超链接，让填表人选择了解自己有兴趣的行程介绍文件。另外，再设置一个 FAQ 信箱，以供对行程有疑惑的人发 E-mail 给主办者进行询问。

步骤 1：链接到一份现成的文件。事先准备好对应的 4 个旅游地点的行程介绍文件，分别命名为"四川九寨沟行程介绍.doc"、"云南大理行程介绍.doc"、"广西桂林行程介绍.doc"和"海南三亚行程介绍.doc"。

在前文建立的范例文件"旅游调查.xls"的工作表末尾，添上"行程介绍"部分，如图7-14所示。

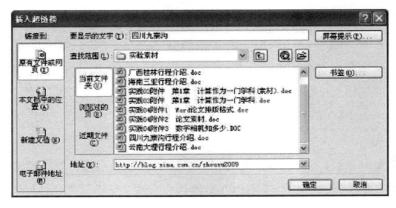

图7-14 添加行程介绍链接

在B18、B19、B20、B21单元格中分别输入这次旅游可选择的4个地点。现在，要为这4个单元格设置超链接，分别连到各自的行程介绍文件上。

步骤2：选取B18单元格，然后单击工具栏上的"插入超链接"按钮（或在"插入"菜单中单击"超链接"命令）（见图7-15）。

图7-15 插入超级链接

步骤3：接着，在"插入超链接"对话框中指定要链接的对象。在本例中，单击"链接到："区域中的"原有文件或网页"按钮，再在指定位置选择要链接的文件，或者直接链接某个因特网文件。这里选择"四川九寨沟行程介绍.doc"文件。

设置好后，可在"地址"栏中检查链接对象是否正确。

步骤4：单击"确定"按钮完成超链接设置。这样，当把光标移至超链接上时，会出现白色小手，同时显示提示文字。

步骤5：测试超链接与 Web 工具栏。将鼠标指针移动到刚才设置超链接的 B18 单元格上并单击，Excel 马上就会打开"四川九寨沟行程介绍.doc"的内容。使用超链接后，会自动出现 Web 工具栏。

在设置超链接的单元格上单击才会执行超链接。如果在超链接上按住不放，则一会儿光标会变成一个"+"的符号，此时再放开鼠标，就会变成选取该单元格。这样做是为了使用者对设有超链接的单元格进行移动、复制或其他格式设置时，可以很方便地选取单元格。

若想返回 Excel 工作表，只要按下 Web 工具栏中的"上一页"按钮即可。

步骤6：仿照上述方法，为 B19、B20、B21 单元格设置超链接，分别链接到"云南大理行程介绍.doc"、"广西桂林行程介绍.doc"以及"海南三亚行程介绍.doc"。

（7）链接到电子邮件地址。接着，我们要设置一个电子邮件地址的超链接，以方便填表人直接打开新邮件窗口写 E-mail 与主办者联系。

步骤1：先在工作表的尾端插入一个象征邮件的图片，然后再为这张图片加上超链接，连到主办者的电子信箱。

在"插入">"图片"菜单中单击"剪贴画"命令，在工作表的右侧显示"插入剪贴画"窗格，在其中选取想要的图片，并将图片插入工作表中。

步骤2：拖曳图片四周的尺寸控制点，将图片调整到适当大小，并将图片移动到 A22 单元格的位置（见图 7-16）。

图 7-16　选取用于设置超链接的剪贴画

步骤 3：为图片设置超链接。选中刚刚插入的图片，然后按下工具栏上的"插入超链接"按钮，打开"插入超链接"对话框。

步骤 4：在"链接到："栏中单击"电子邮件地址"，在"电子邮件地址"栏中输入收件人的 E-mail 地址（地址前会自动加上 mailto：）。

步骤 5：单击"确定"按钮完成设置。

现在，只要单击图片，就会启动电脑中默认的电子邮件软件（如 Outlook、Outlook Express 等）让用户寄信给"插入超链接"对话框中所设置的收件人。

在图片上设置了超链接后，若要选取该图片，应改用在图片上单击右键来进行。

（8）保护旅游调查表工作簿。由于这份调查表届时要开放给员工填写，为了防止员工不慎删除工作簿中的工作表，造成他人填写上的困难，可以事先为工作簿做好保护措施。

步骤 1：保护工作簿。打开范例文件，然后在"工具">"保护"菜单中单击"保护工作簿"命令，打开对话框，并在其中勾选"结构"项（见图 7-17）。

对工作簿的结构设置保护后，就无法移动、复制、删除、隐藏（或取消隐藏）、新增工作表及改变工作表的名称和选项卡标签颜色了。

步骤 2：取消工作簿结构及窗口的保护。当执行"保护工作簿"命令

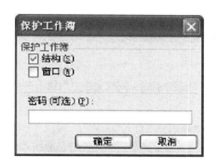

图 7-17 保护工作簿

后，此命令就变成"取消保护工作簿"命令，因此,.若是要取消工作簿结构及窗口的保护，只要在"工具"＞"保护"菜单中单击"取消保护工作簿"命令即可。

（9）共享工作簿与追踪修订。旅游调查表制作完成了。现在，可以借由局域网将调查表开放给员工来填写。为此，打开范例文件"旅游调查.xls"。

步骤 1：开放共享工作簿。要让其他人一起使用同一个工作簿，首先必须将该工作簿设成共享工作簿。

在"工具"菜单中单击"共享工作簿"命令，并切换至"编辑"选项卡（见图 7-18）。

单击勾选"允许多用户同时编辑，同时允许工作簿合并"项。在"正在使用本工作簿的用户"栏中，将列出正在使用这个文件的用户。

保存完成后，窗口的标题栏会加上"共享"字样，表示它已经是共享工作簿了。

步骤 2：工作簿资源共享。除了启用共享工作簿功能以外，还必须将这个共享工作簿共享出去（也就是可以"读/写"文件内容），这样员工才能够从网络上取用到这份工作簿文件。

为此，在 Windows 的"我的文档"窗口中单击工作列表的"共享此文件夹"项；在"旅游调查"文件的属性窗口中勾选"在网络上共享这个文件夹"项，让使用者可将修改的内容保存起来。

图 7-18　设置共享工作簿

步骤 3：单击"确定"按钮。此后，所有员工便可在局域网内访问该共享文件夹中的共享工作簿了。

步骤 4：查看共用的人员。开放共享之后，主办者就可以通知员工到网络上打开这份共享工作簿来填写调查表。而若想知道现在有哪些人正在使用这个共享工作簿，只要在"工具"菜单中单击"共享工作簿"命令，再度打开"共享工作簿"对话框，就可以在"编辑"选项卡中看到正在使用这个文件的所有人员了。

请记得提醒共享工作簿的使用者，在编辑完共享工作簿之后一定要保存，这样才能看到他们所做的修订。

步骤 5：修订时的冲突。什么样的情况下会造成"冲突"呢？假设有两个以上的员工在同一个单元格中输入不同的数据并保存，此时就会有冲突现象发生。例如，假设员工 A 误填了员工 B 的字段并保存，后来 C 又重新在该字段填入内容后也按了"储存文件"按钮，这时就会发生冲突的情况。

假如是两个人先后在同一个单元格中输入相同的内容并存档，则不会发生冲突的情况。

修订时的冲突情况的解决方法可以是：在"工具"菜单中单击"共享工作簿"命令，在"高级"选项卡中的"用户间的修订冲突"区域进行设置。默认值是"询问保存哪些修订信息"。

步骤 6：由使用者决定要接受哪一个修订。若要使用自己的修订，可单击"接受本用户"按钮；若要使用别人的修订，可单击"接受其他用户"按钮。

步骤 7：以正要被保存的修订为准。同样，若将解决冲突的方法设为"选用正在保存的修订"，则在保存时不会出现任何信息，完全以正在被保存的修订为主。

步骤 8：在屏幕中标示修订记录。等到员工都填好自己的旅游意见之后，便可以打开工作簿来查看大家填写的情况。

打开共享工作簿。可以看到调查表被做过哪些修改。在"工具">"修订"菜单中单击"突出显示修订"命令，勾选其中的"编辑时跟踪修订信息，同时共享工作簿"项；"时间"栏参数选择"全部"；勾选"在屏幕上突出显示修订"项（见图 7-19）。

凡是在共享工作簿中所做的修改（包括移动、粘贴单元格内容，或是插入、删除列和行等），均会以边框及注解的方式标示出来，而不同修订者所做的修订，也会以不同的颜色表示。

如果原来的工作簿并未设成共享，则执行"突出显示修订"命令时，Excel 会要求保存，并自动将工作簿设成共享。

步骤 9：接受或拒绝修订。将工作簿开放共享后，每个人都可以来修改工作簿的内容，因此也可能会发生填错的情况，譬如不参加旅游的人却填了"携眷人数"，这可以在事后检查一遍，自行决定是否接受各项修

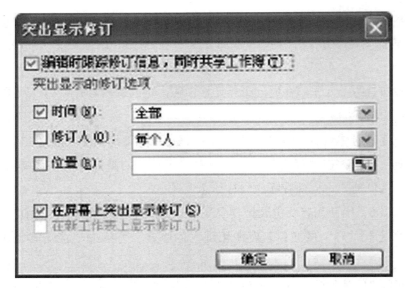

图 7-19 突出显示修订

订。这时，可在"工具">"修订"菜单中单击"接受或拒绝修订"命令。

在"接受"或"拒绝"某一项修订以后，才能继续看到下一项修订的内容。当所有修订记录都处理完毕后，便会自动关闭"接受或拒绝修订"对话框。

步骤 10：解除工作簿的共享。调查表都已经填妥并处理完毕后，就可以将工作簿的共用状态解除了。为此，可在"工具"中单击"共享工作簿"命令，并切换至"编辑"选项卡。

在取消工作簿的共享状态之后，建议也一并将工作簿的资源共享关掉。若是要继续共享工作簿所在的文件夹，则可以将文件夹的存取类型设为只读，以免工作簿的内容被任意更改。为此，可在要共享的文件夹图示上单击右键，选择"共用和安全性"命令。

（10）调查结果统计。现在，可以根据旅游调查表的填写结果来统计一下本次旅游的地点与人数了。

步骤 1：计算参加的人数。运用 COUNTIF 函数计算在"旅游调查"

工作表的 D 栏中填写"Yes"的个数,即可求出要参加旅游的员工人数。

步骤 2:计算携眷人数。携眷人数可以直接使用 SUM 函数相加旅游调查工作表中的 E5:E16 单元格区域。不过,为了避免有人填了"No"不参加,结果又在携眷人数中填入数字,我们改用 SUMIF 函数来做计算,可以输入如下的公式:

=SUMIF(旅游调查!D5:D16,"Yes",旅游调查!E5:E16)

即:当 D5:D16 的值为"Yes"时,相加其"携眷人数"栏内的数值。

步骤 3:计算旅游总人数。

步骤 4:统计各地点得票数。以计算"广西桂林得票数"为例,可建立如下公式:

=COUNTIF(旅游调查!\$C\$5:\$C\$16,"广西桂林")

按照相同的方法,将每个旅游地点的得票数计算出来。最后,再将得票数最高的地点填入相应的单元格就完成了。

(11)用 E-mail 发送调查结果。调查结果统计出来了,接下来的工作就是向大家公布结果。我们采用电子邮件方式,Excel 本身也有发送电子邮件的功能。不过电脑中必须安装有电子邮件软件,如 Outlook、OutlookExpress 等才能使用这项功能。

步骤 1:用 E-mail 发送工作表。打开工作表后,在"文件">"发送"菜单中单击"邮件收件人"命令(或单击工具栏上的"电子邮件"按钮),Excel 会自动启动系统默认的电子邮件软件来准备发送邮件(见图 7-20)。

步骤 2:接收工作表。当员工使用电子邮件软件接收以工作表内容作为邮件内文的 E-mail 时,便可直接在预览窗格中看到邮件内容。

请记录:上述各项操作能够顺利完成吗?如果不能,请说明为什么。

图 7-20 用 E-mail 发送工作表

学 习 评 价

表 7-2 学习评价内容

学习目标	自我评价			组内评价			教师评价			备注
	好	较好	一般	好	较好	一般	好	较好	一般	
1. 企业的组织结构分析										
2. 企业的业务流程分析										
3. 网上订购商品的流程分析										
4. 评价原网站的服务质量和水平										
5. 营销模式分析										
6. 数据的精度控制										
7. 图表的简明清晰										

第三节　调查分析研究

学习目标

◆ 掌握调查分析的基本方法。

◆ 学会对调查活动的结果进行数据分析和挖掘，找出调查对象的内在活动规律。

◆ 学会用相关的数据分析统计软件对调查活动的结果进行数据分析和挖掘。

◆ 提升学生的信息处理能力，为学生成功走上工作岗位做好准备。

任务描述

此任务以撰写网络调查问卷为例。因为调查研究是一项信息收集与分析活动，它以获得特定方向的信息为主要目的，并以信息的方式对更高层的决策提供支持，因此为了实现科学化先进化的调研活动，我们应该尽可能请有经验的营销专家和业务工作者帮助设计网络调查问卷，力求问卷的内容切合实际。调研分析的任务总体分为三个过程：事前准备阶段、调查问卷的设计阶段、事后定稿阶段。学生应该围绕调查主题考虑提出哪几方面的问题，这些问题是否满足调查主题的要求。

任务分析

调研的基本方式有普遍调查、综合调查、典型调查、专题调查、定点调查、抽样调查、个别调查、公开调查、追踪调查、统计调查等。我们在此推荐典型调查和专题调查，典型调查的优点在于：①调查深入细致，全面深入解剖，具有深度；②省时省工省钱。而专题调查就是侧重某个问题进行较深入的调查，这类调查一般常常在标题上反映出来。

常见的调查分析研究的方法有：走访调查、开调查会、书面调查、问卷调查、实地考察。这里结合学生的假期实践活动，尤其推荐实地考察。即调查者深入事件现场，进行有计划、周密细致的考察，以便得出准确的判断，也就是常言所说：百闻不如一见。要求学生亲自到现场进行实地考察，可以获得第一手材料，可以得到生动直观的鲜明印象，丰富自己的感性认识，实地考察是一种常用的调查方法。

任务实施步骤

【操作流程】

准备调查→设计问卷→确定问卷

【操作步骤】

步骤1：事前准备阶段

在准备阶段，首先要围绕调查对象和调查主题考虑提出哪几方面的问题，这些问题是否满足调查主题的要求，因此，要尽可能请有经验的营销专家和业务工作者帮助设计，力求问卷的内容切合实际。

＊相关知识链接＊

在线调查问卷的一般结构由序言、问题和答案、结束语等部分组成。

（1）序言。

它一般包括调查问卷的标题、调查的目的和意义、填表要求等。序言主要用来向被调查者说明市场调查的主题是什么，调查主办单位是谁，此次调查有何重要性，同时恳请被调查者积极配合和支持。

（2）问题和答案。

这是调查问卷的主要内容，也是市场调查所要收集的主要信息资料的来源。通过这一部分问题的设计和被调查者的答复，市场调查者可以对被调查者的个人基本情况，如性别、年龄、职业等，被调查者对某一特定事物的态度反应和意见倾向以及人们的行为和后果有充分的了解。

（3）结束语。

结束语放在问卷的最后，一方面对被调查者的积极合作表示诚恳的感谢；另一方面还应向被调查者征询对市场调查问卷设计的内容的意见和想法。征询意见可用具体的问题表示出来。

例如，您对这份问卷的内容有何看法。

①很有意义。

②可能会起些作用。

③意义不大。

④不必要。

⑤没过多考虑。

结束语要求简短明了。有的问卷也可以不要结束语，但要有对被调查者表示感谢的语句。

步骤2：调查问卷的设计阶段

问卷调查是以书面方式向被调查者提问，被调查者根据各种提问做出回答，提供市场现象的有关资料。问卷设计中问题的选择、问题的表达、问题的数量和排列顺序等，都直接影响问卷的质量。问卷设计总的要求包括以下内容。

①问卷的问题应保证收集到调查所需要的全部信息。

②问卷中的每一个问题都是与调查目的相关的必要的问题，不存在与调查目的无关的问题。

③问题的设计和安排通俗易懂，合乎逻辑，是被调查者能够回答的。

④问题的设计和安排便于对调查资料的整理、分析、研究。

一份完整的网络调查问卷通常包括几个部分：卷首语、问题指导语、问卷主体以及结束语。

（1）卷首语主要用来说明由谁执行此项调查，调查的目的和意义何在。

（2）问题指导语（填表说明）主要用来向被调查者解释怎样以及如何正确地填写问卷。

（3）问卷主体主要包括问题和备选答案，是问卷的核心部分。

（4）要注意的事项主要有以下几点。

①考虑被调查者的特征及心理特点，设计较满意的问卷，可以使被调查者有兴趣和愿意回答提问。

②问卷不宜过长。

③问题应简洁易懂，定义清楚。

④敏感性的问题应婉转迂回地提出，如用第三人称，而尽量不用第二人

称，不要让被调查者产生厌烦甚至反感情绪。

（5）结束语主要是感谢语，要做到诚恳、亲切。

＊相关知识链接＊

1. 问卷设计的一般程序

（1）根据调查的目的、要求，列出调查的项目，确定问题的范围，问卷设计人员应从调查的目的、要求出发，确定在调查过程中需要收集哪些方面的信息资料。

（2）问题的设计、选择和排列。

（3）测试、修改问卷。

2. 调查问题的类型

（1）事实性问题。

这类问题的主要目的是获得有关被调查者的事实性资料，因此，问题的意思必须清楚，使被调查者容易理解并回答。

（2）行为性问题。

这类问题的主要目的是获得有关被调查者的行为方面的信息资料。例如"您是否喜欢吃方便面？""您是否使用××牌洗衣粉？""您是否经常去××网站？"

（3）动机性问题。

这类问题的主要目的是了解被调查者行为的原因或动机。例如"您家为什么喜欢使用××牌牙膏？""您家购买××牌空调的原因是什么？""您上网的目的是什么？"被调查者回答动机性问题有一定难度，这是因为人们的行为可以是有意识动机，也可以是半意识动机或无意识动机产生的。对于前者，有时会因种种原因不愿真实回答；对于后两者，由于回答者对自己的动机不十分清楚，也会造成回答的困难。

（4）态度性问题。

这类问题的主要目的是了解被调查者对某一事物或某一问题的态度、评价、看法等。例如"您对××产品质量满意吗？""您对这种销售方式有何看法？"

上述 4 类问题中，事实性问题是任何调查问卷都不可缺少的。其他三类问题，则依市场调查的目的、内容而定。

3. 提问的形式

（1）二项选择式。

（2）多项选择式。

（3）填空式。

（4）矩阵式。

（5）顺位式。

（6）开放式。

4. 问卷调查的方法

（1）E-mail 问卷。

（2）交互式 CATI 系统。

（3）网络调研系统。

步骤3：事后定稿阶段

事后定稿阶段包括问卷的检查推敲、问卷的模拟试验、问卷的修改及问卷的定稿印刷等工作。

设计在线问卷后需要进行检查，根据预备测试进行修正、印刷、校对等工作，并着重对以下几个问题进行检查。

①被调查者或被调查区域的文化、传统、宗教、法规等方面的情况。

②调研的主体要明确、简洁，便于被调查者正确理解和回答。

③方便调查人员和数据统计人员的工作，便于调查的整理和处理。

④是否采用适当的激励措施和手段。

⑤在吸引更多网民参与的同时，也要采用一定的技术手段来杜绝弄虚作假。

* 相关知识链接 *

1. 调查问卷中应该注意的问题

（1）提问用语不要使用专业名词或令人费解的问句，甚至不要用一些形容词；

（2）提问要全面、客观，避免倾向性；

（3）不要在一个问题里问两种不同的事情；

（4）不要在前提有争议的基础上提问；

（5）不要问双重否定的问题，否则容易引起歧义，使调查结果产生误差；

（6）问卷问题不宜过多，回答问卷的时间至多半小时左右；

（7）避免诱导性提问；

（8）涉及个人的问题应放在问卷的最后；

（9）问句要考虑时效性，并有利于数据处理。

2. 网络问卷调查的优点

（1）较高的应答率。

（2）更准确的应答。

①减少应答错误。

②减少人工错误。

③减少访问偏差。

④减少样本分发问题。

（3）更多的乐趣。

（4）更多的美感。

（5）更少的花费。

（6）更快的回收速度。

（7）瞬间的全球到达。

3. 网络问卷调查的缺点

（1）自荐偏差。

（2）网民不是大众百姓的代表。

（3）联网用户的匿名性。

（4）多文化因素。

（5）担心泄露个人信息。

（6）缺少人与人交流的明察秋毫。

（7）应答者的真实性和重复作答。

（8）网络调查的应答率会越来越低。

技能训练

1. 访问中国在线调查系统（网址是 http：//www. nbzh. net. cn/vote/），并使用它设计一个在线的调查表。

（1）特点。

①向政府用户、商业用户及个人用户免费开放的调查系统，用户只需根据自己的意愿输入几个关键性参数，即可自动在网站上生成调查表。

②该系统支持 16 种调查内容分类栏目，调查界面支持嵌入和弹开两种基本模式。该系统支持调查项目个性化界面定制操作，支持调查项目的创建、重编辑、删除、用户验证操作。

③该系统具有防止重复投选功能，很大程度上保证了调查结果的准确度。

④调查表的选项类型包括单选、多选（文本、数值、单选下拉列表框）。用户可设置选项是否必填，如果被访者没有填写必填选项，系统会给出提示。

⑤用户可在线浏览每个问卷，并可剔除无效问卷，提高信息收集的准确率。整个调查活动的组织、管理、发布都可以到 Internet 上进行，实现远程操作。

⑥被访者填写的问卷可自动收集、汇总到服务器端数据库；调查结果可以自动、即时生成饼形图或柱状图；统计结果可以自动发布在 Internet 上。

（2）该系统的使用流程见图 7-21。

图 7-21　系统使用流程

2. 问卷调查图表分析。

图 7-22 的左边是一份关于楼市销售诚信度的市场问卷调查结果，请根据该调查数据，自行完成对应（右边）的统计分析图形，完成 Excel 统计图表，并根据调查数据的含义确定统计图形的类型。

请记录：上述各项操作能够顺利完成吗？如果不能，请说明为什么。

_____

_____

学习评价

表 7-3　学习评价内容

学习目标	自我评价			组内评价			教师评价			备注
	好	较好	一般	好	较好	一般	好	较好	一般	
1. 调查问卷的设计思路										
2. 在线调查问卷的内容										
3. 在线调查问卷技术										
4. 评价原网站的服务质量和水平										
5. 问卷设计的一般程序和方法										
6. 数据的精度控制										

第四节　撰写调研报告

学习目标

◆ 掌握调研报告的撰写方法，提高以后从事文秘相关工作的基本素质。

◆ 掌握符合实际的丰富确凿的材料，培养去粗取精、去伪存真的辨别能力。

◆ 锻炼学生深入实践，提高其社会实践能力。

◆ 检验学生在课堂学过的专业知识，提升学生分析处理问题的能力。

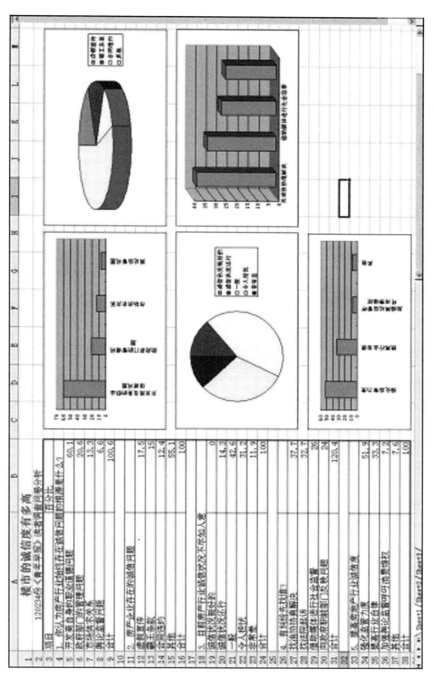

图 7-22　楼市问卷调查结果

任务描述

调查报告是整个调查工作，包括计划、实施、收集、整理等一系列过程的总结，它是一种沟通、交流形式，其目的是将调查结果、战略性的建议以及其他结果传递给管理人员或其他担任专门职务的人员。

要写好调研报告，要求撰写者必须自觉以研究为目的，根据社会或工作的需要，制定出切实可行的调研计划，即将被动的适应变为有计划的、积极主动的写作实践。从明确的追求出发，而且必须经常深入社会第一线，不断了解新情况、新问题，有意识地探索和研究，才能写出有价值的调研报告。因此撰写调研报告是学生提高社会实践能力、深入实践的好机会。学生还可以结合自己的专业在假期进行"三下乡"活动，开展调研活动，检验自己在课堂学过的专业知识，提升自己分析处理问题的能力。

任务分析

调研报告是对某一情况、某一事件、某一经验或问题，经过在实践中对其客观实际情况的调查了解，揭示出本质，寻找出规律，总结出经验，最后以书面形式陈述出来。调研报告的撰写要符合行文规范，力求做到重点突出、结构严谨、层次分明、条理清晰。对调研报告的结构应进行恰当设计，并对庞杂的数据、资料、图表、观点等，进行合理的分类与取舍，作符合逻辑的安排。撰写调研报告应遵循的原则是针对议题建言献策，旨在激发活力、汇聚智慧，因此在撰写报告时一定要本着解决问题的态度去进行。

任务实施步骤

【操作流程】

挑选素材→撰写报告→检查报告

【操作步骤】

步骤1：对掌握的素材进行遴选，去伪存真，去粗取精

第一，必须掌握符合实际的丰富确凿的材料，这是调研报告的生命。丰富确凿的材料一方面来自实地考察，另一方面来自书报、杂志和互联网。在知识爆炸的时代，获得间接资料似乎比较容易，难得的是深入实地获取第一手资料。这就需要我们脚踏实地地到实践中认真调查，掌握大量的符合实际的第一手资料，这是写好调研报告的前提，必须下大功夫。

第二，对于获得的大量的直接和间接资料，要做艰苦细致的辨别真伪的工作，从中找出事物的内在规律性，这是我们反复强调的，也是最不容易的事。在调查研究所得的第一手材料中，筛选出最典型、最能说明问题的材料，对其进行分析，从中揭示出事物的本质或找出事物的内在规律，得出正确的结论，总结出有价值的东西，这是写调研报告时应特别注意的。

步骤2：撰写调研报告

（1）标题。

标题必须主题突出、文字精练、醒目鲜明、引人入胜，一看标题就能把人抓住，一看标题就能知道本文要说什么。由于我们所撰写的调研报告具有特定性，内容多是向政府及有关部门提出建议，因此，调研报告的一般命题形式为"关于某……某问题的建议"。

（2）署名。

即签署作者的名字。一般的要求是：某某工委、某某支部、某某人。

（3）导语。

导语位于调研报告正文的开头部分，也称作"说明"或"概要"。导语是用一段简短的文字，概括地说明调查研究的起因、目的，调查范围、对象，调查方法和过程，调研报告的基本观点等。导语应使读者迅速、准确地把握文章中心思想，对全文有一个大体的了解。

（4）主体。

主体是撰写调研报告的核心和主干部分。其主要部分如下。

①发现问题：要提出问题被调查的原因，陈述其表现、影响及危害。

②分析原因：应从多方面多层次进行探究，运用调查的材料分析问题产生的原因。应从历史和现实、文化和习俗、各种利害关系、不同部门的利益冲突等方面进行分析，找出问题产生的原因。要从现象看本质、由局部看全局，找出深层次的原因。

③提出解决问题的方法：应针对问题产生的原因，找出解决问题的具体

的、符合法律法规的、具有可行性与时效性的、有利于社会和谐的解决方法。

以上部分可概括为看问题、找原因、提方法。

（5）结尾。一般应与开头相呼应，提出对调研报告的期望等，比如希望得到处理、解决、答复等。此部分应简洁，不可拖沓。

步骤3：检查调研报告

第一，用词力求准确，文风朴实。写调研报告，应该用概念成熟的专业用语，非专业用语应力求准确易懂。调研报告一般是针对解决某一问题而产生的。报告需要陈述问题发生发展的起因、过程、趋势和影响。如果用词概念不清，读者就难以了解事物的本来面目，也就达不到解决问题的目的。

第二，逻辑严谨，条理清晰。调研报告要做到观点鲜明、立论有据。论据和观点要有严密的逻辑关系，条理清晰。论据不单是列举事例、讲故事，逻辑关系是指论据和观点之间内在的必然联系。如果没有逻辑关系，无论多少事例都很难证明观点的正确性。结构上的创新只是形式问题，不能把主要精力放在追求报告的形式上。调研报告的结构可以不拘一格。

＊相关知识链接＊

1. 调研报告的种类

调研报告根据其性质不同，可分为两大类：一是普通调研报告，也叫社会调研报告；二是学术调研报告，也叫科研调查报告。

普通调研报告即社会调研报告是我们最常用的。按调研报告的文体特点，大致可以分为描述式、论说式、合一式调研报告等。按照调研报告的调查范围、方式，大致可分为全面调研报告、专题调研报告、典型调研报告等。按照调研报告的目的、作用、内容，大致分为情况（概况）、事件、经验、问题、对策（理论）调研报告等。

2. 一般格式

标题页：①标题，②客户（委托人），③调研公司，④日期、内容、目录。

执行性摘要：①目标的简要陈述，②调研方法的简要陈述，③主要调研结果的简要陈述，④结论与建议的简要陈述，⑤其他相关信息（如特殊技术、局限、背景信息）。

分析与结果（详细）：①调查基础信息，②一般性的介绍分析类型，③表格与图形，④解释性的正文结论与建议。

调查方法：①研究类型、研究意图、总体的界定，②样本设计与技术规定［a. 样本单位的界定，b. 设计类型（概率性与非概率性，特殊性）］，③调查问卷［a. 一般性描述，b. 对使用特殊类型问题的讨论］，④特殊性问题或考虑，⑤局限［a. 样本规模的局限，b. 样本选择的局限，c. 其他局限（抽样误差、时机、分析等）］。

附录：①调查问卷，②技术性附录（如统计工具、统计方法），③其他必要的附录（如调查地点的地图等）。

3. 一般写法

第一，标题。

标题可以有两种写法。一种是规范化的标题格式，即"发文主题"加"文种"，基本格式为"××关于××××的调查报告""关于××××的调查报告""××××调查"等。另一种是自由式标题，包括陈述式、提问式和正副题结合使用三种。陈述式如《教学反思实效性研究实验调查》，提问式如《为什么要进行教学反思实效性研究》，正副标题结合式，正题陈述调查报告的主要结论或提出中心问题，副题标明调查的对象、范围、问题，这实际上类似于"发文主题"加"文种"的规范格式，如《提高教师教学反思质量——××××教学反思实效性研究的调查报告》等。

第二，正文。

正文一般分前言、主体、结尾三部分。

前言。有几种写法：第一种是写明调查的起因或目的、时间和地点、对象或范围、经过与方法，以及人员组成等调查本身的情况，从中引出中心问题或基本结论来；第二种是写明调查对象的历史背景、大致发展经过、现实状况、主要成绩、突出问题等基本情况，进而提出中心问题或主要观点来；第三种是开门见山，直接概括出调查的结果，如肯定做法、指出问题、提示影响、说明中心内容等。前言起到画龙点睛的作用，要精练概括、直切主题。

主体。这是调查报告最主要的部分，这部分详述调查研究的基本情况、做法、经验，以及分析从调查研究所得材料中得出的各种具体认识、观点和基本结论。

结尾。结尾的写法也比较多，可以提出解决问题的方法、对策或下一步改进工作的建议；或总结全文的主要观点，进一步深化主题；或提出问题，引发人们的进一步思考；或展望前景，发出鼓舞和号召。

技能训练

科技是第一生产力，当前我国大力发展科教兴国战略。教育人数及教学质量都有了空前的增长和提高。但是出于各地经济条件等各种原因，教育逐渐形成了城乡差异，城市教育要遥遥领先于农村教育。因此国家对 21 世纪新阶段农村教育工作进行了全面部署，为农村教育事业的改革和发展指明了前进方向。请大家在假期到自己家乡所在地的乡村进行调研，可以通过问卷调查、走访居民、实地调查的方式对家乡乡村的教育问题进行调查研究，并撰写调研报告，重点对当地教育存在的不足进行探讨，提出可行的建议。

学习评价

表7-4　学习评价内容

学习目标	自我评价			组内评价			教师评价			备注
	好	较好	一般	好	较好	一般	好	较好	一般	
1. 调研报告的撰写思路										
2. 调研报告的内容										
3. 调研报告的分析技术										
4. 调研报告的语言表达方式										

第八章
危机管理与突发事件应急处置

第一节　危机管理

学习目标

- ◆ 掌握与危机相关的知识内容。
- ◆ 熟悉危机管理的措施与方法。
- ◆ 能够依据危机的原因和破坏程度协助领导采取相应的措施。
- ◆ 培养沉着冷静、反应灵敏的处突能力。

任务描述

危机千变万化，面对危机，秘书有的束手无策，有的帮助单位化险为夷，这主要由秘书帮助领导解决危机的办法和手段不同所致。秘书在日常生活中应努力提高自己的能力，尽最大的努力帮助公司游刃有余地应付各种危机。危急时刻，更能显示出秘书综合能力和整体素质。

任务分析

秘书应根据不同的危机类型，采取不同的危机管理方式，这样能够避免公司损失，为公司树立良好的声誉，从而实现秘书自身的价值。

任务实施步骤

（一）危机预防的工作任务及流程

【操作流程】

居安思危，树立防范危机意识→信息收集→组建危机处理的人才库→完善预案

【操作步骤】

步骤1：居安思危，树立防范危机意识

对很多问题需要在事情发生以前就考虑好足够的对策，只有这样，在危机来临时，才不会顾此失彼、疲于应付、事倍功半。拥有危机意识并做相应准备，才能够放心大胆地去创新、去改革，把辅助领导的工作做到最好。

步骤2：信息收集

信息管理的含义就是防止不利的信息对领导和组织正常的工作带来干扰，避免领导做出错误的决策，避免公众的心理和情绪受到不良的刺激和影响。信息收集应包括针对各类危机事件在信息沟通方面的必要准备，主要是人员、设备、渠道等方面的准备，传播所需要的媒介名称、地址、联系电话等，确定足够的能在危机时和外界公众沟通的受训人员，准备一份留有空头的、在危机发生时刻可直接并立即发出的应急新闻稿；贮备危机一旦发生所需要的通信设备；搜集信息，了解过去和现在生产、经营管理等方面的信息以及社会环境方面的信息。

步骤3：组建危机处理的人才库

设立危机管理小组是危机处理的组织保障，为使公共危机管理专门机构正常发挥作用，在组建中，应着重考虑以下内容。

（1）规模和编制，从公共实务看，可5～20人，没有一定的要求，可以根据实际需要，增设人数，但以20人为上限。

（2）成员结构，首先，应该由组织决策层担任公关危机管理专门机构；其次，也应该具有社会组织的资深主管和各部门负责人。

（3）明确任务，小组以领导牵头，秘书负责，安排好各成员的任务，

让每个成员明确自己的任务。

（4）添置必要的沟通硬件设备并备齐有关资料，设备有打印机、复印机、传真机、计算机、内部电话、移动电话等。有关资料主要包括危机管理机构人员之间的通讯录等。

（5）编制危机处理手册，预测和评估有可能发生的危机，准备危机处理相关资料。

表 8-1　公司相关人员登记表

序号	姓名	出生日期	联系电话	职务	工作表现	兴趣爱好	电子邮箱	亲属姓名	亲属联系电话
1									
2									

步骤4：完善预案

一般来讲，有相当一部分危机的发生是有一定规律可循的，可以预测和防范。所以事前制定详尽的预案，做好预防工作，降低发生的概率。即使发生，也可在平时充分准备、训练有素的基础上，迅速采取有效措施，将损失和危害降到最低点。做好科学预测、积极防范的具体要求是：

（1）对可以预见的危机做好科学的预测分析，及时预报。

（2）对可能发生的危机，要多渠道了解信息，掌握动向，及时发现苗头，将其消灭在萌芽状态。

（3）对过去曾经发生过的危机进行科学分析，找出"哪些时间容易发生""哪些地区或部位容易发生""哪些人群容易发生""哪些条件下容易发生"等规律，并以此作为制定预案和实施防范的依据。

（4）针对不同的危机制订相应的预案。预案的主要内容包括：

①可能发生的危机的性质；

②应对和处理危机的领导机构及其组成人员，主要责任人以及内部分工；

③处理该项危机事件的程序和规则；

④纪律和禁止事项。

（5）加强对参与危机处理的人员的培训和演练，使其掌握危机处理的必要知识，提高其处理危机事件的技能和能力。

（6）在容易发生事故的地方和部位张贴警示性标志，或将应急程序和办法公示于醒目处。

（7）平时做好处理危机事件所需的物品和器材的采购、保管、维护工作，保证性能良好，关键时刻用得上。

（二）危机处理的工作任务及流程

【操作流程】

调查原因，及时汇报→注重协调，稳定军心→写好书面材料→协助领导正面宣传，增强公关效果

【操作步骤】

步骤1：调查原因，及时汇报

当危机暴发时，秘书应遵循及时行动原则，深入现场，组织有关负责人员，要在第一时间到达危机现场，把握危机类型，确实弄清事件发生的时间、地点、原因、人员伤亡和财产损失情况，并掌握事态发展和控制情况。同时，秘书应该把危机的全部情况汇报给上级，及时调整心态，用沉着冷静的心态做好后续一系列工作。

＊相关知识链接＊

危机的类型

（1）按危机的来源可分为：

①内源性危机。即因内部管理不善、服务欠周到或因内部人员违反管理制度、故意破坏导致的危机，如安全生产事故、产品质量事故、设备损坏事故、餐饮食物中毒、消费纠纷投诉、媒体曝光等。

②外源性危机。即由外界自然灾害、病疫、战争、恐怖袭击、社会动乱、公共政策变化、合作伙伴违约、不法分子侵权等各种因素造成的危机，

如人员伤亡、财产损失、合同违约、名誉受损、营销受阻等。实际上许多危机的产生往往是内因和外源因素相互作用的结果，因此在判断时，既要深入分析又要注意综合。

（2）按危机的性质分为：

①政治性危机，是指因人为因素而发生的破坏社会稳定、危害国家利益的事件。如恐怖主义袭击、冲击政府机关、蓄意聚众闹事等。

②群众性危机，又称群体性事件，是指部分群众的游行、示威、静坐、罢工、罢课等事件。这类危机应同政治性危机区别开来，但如处理不当，有可能转化为政治性危机。

③治安性危机，即因发生杀人、抢劫、纵火、投毒、偷盗、寻衅滋事等案件而导致的危机。

④自然性危机，是指由自然界不可抗力引起的灾难，如地震、水灾、台风、泥石流、疾病流行等。

⑤责任性危机，是指因管理责任的缺陷而引起事故、造成危机，如生产事故、交通事故、质量事故、食物中毒事故、泄密事故等。

⑥公共性危机，是指组织外部突然发生的、对同一地区或系统的组织不同程度上都会造成利益损失的公共事件，如金融危机、社会动乱、停水、停电、停气以及其他与本组织相关联的公共危机事件。

⑦侵权性危机，是指社会组织被他人假冒名义、盗用商标、伪造文件、窃取专利而造成经济和名誉上损失的侵权事件。

⑧误解性危机，这类危机并非组织内部工作和事故原因引起的，而是外界的因素，如社会流言、不利的社会舆论导向、专家或媒体的误报、竞争对手的误导乃至造谣中伤等，使本组织受到公众的误解、怀疑甚至是无端指责，从而使组织形象受到严重破坏。

步骤2：注重协调，稳定军心

对危机事件的处理需要实行统一领导，各方配合协调。秘书接到危机报告后，除了立即向领导汇报和请示外，还要随时与公安、消防、卫生、交通、物资、新闻等有关方面保持密切沟通，互通信息，加强协调，使危机处理工作有条不紊地顺利进行。对内，稳定企业各成员的情绪，不慌不乱对外，稳住媒体和顾客的情绪，寻求正确得当的解决办法，处理中有条不紊、应付自如，实现对危机最终合理控制和解决。

步骤3：写好书面材料

危机处理中，秘书要为领导写好情况报告、紧急通知、调查报告、新闻发布稿等书面材料。

步骤4：协助领导正面宣传，增强公关效果

秘书在查明事件真相之后，应该把真相一五一十地告知媒体和公众，以示单位解决问题的诚意，在取得公众谅解的同时，也会避免流言和无端猜疑，遏制事态进一步发展。此时，秘书的工作重点转移到媒介公关上来，要引导媒介对事件进行客观报道。

（三）危机善后的工作任务及流程

【操作流程】

总结经验教训→进行内部调整→策略调整，应对竞争

【操作步骤】

危机处理之后，并不意味着危机结束，秘书还必须配合领导进行以下工作。

步骤1：总结经验教训

秘书要通过周密的调查和认真的分析，找出引起危机的各种原因，是人为疏失，还是外在无法控制的因素。秘书应进行危机处理的总结。从而使单位不再重蹈覆辙。从危机的根源、产生的原因，到处理是否妥当，再到个人的表现，都需要逐一拷问，吃一堑长一智，吸取经验教训。

步骤2：进行内部调整

危机的产生必然有单位内部原因的沉积，因此必须进行内部调整，对单位问题部门，可以是撤销重组，可以是人员裁减，也可以是降低工资和福利。这必然导致内部大动荡，但在单位存亡关头，这也是不得已而为之，秘书要做的就是协助领导把这些事情处理好。对于那些被裁减的人员，秘书要通过与他们的沟通，起到平定情绪的作用，让同事理解单位的难处，让他们

感受单位不是一个绝对利益之地，也有温情。

步骤3：策略调整，应对竞争

要对危机管理工作进行全面的评价，详尽地列出预警系统的组织和工作程序、危机处理计划、危机决策等危机管理各方面工作存在的问题，举一反三、亡羊补牢，建立或调整危机预警机制，尽可能防止类似的危机再次发生，或者在危机发生前有充分的准备，将危机造成的损失降到最低程度。此外，还应当参考和吸纳媒体对危机处理方式的合理意见和建议，毕竟媒体对于单位重树组织形象、恢复组织信誉有大影响。主要策略包括以下几方面。

（1）采取总成本领先策略。

单位努力减少生产成本，通过降低成本维持竞争优势。要做到成本领先，就必须在管理方面对成本严格控制。

（2）采取差异性策略。

秘书应帮助单位别具一格地提供产品或服务，使单位成为同行业中的领先者，体现出本公司和其他竞争公司的差异性。利用这种差异性，提升客户对单位的忠诚度与信任度。

（3）采取聚焦策略。

秘书应帮助领导筹划策略，主攻某个客户群、某产品系列的细分市场，使单位能以更高效率、更好的效果来服务客户，有效地应对其他公司的竞争。

（4）采取信息化管理措施。

在管理理念和管理水平上，秘书应帮助上层领导提升管理能力，建设信息化管理体系，确定公司自身发展方向，降低管理成本。

＊ 附：秘书处置具体性危机的程序和方法 ＊

1. 政治性、群众性危机的处置

①接到报告后要了解事件发生的地点、人数、形式（静坐、游行、罢工、冲击、袭击）等详细情况，必要时亲自到现场调查，务必弄清情况，准确判断事件的性质。

②立即向领导报告情况并请示处置办法。

③事先已制定预案的，经领导人同意后通知有关部门紧急启动预案。如

无预案，属于群体性事件的，通知群众所在单位的领导到现场进行疏导、劝散；个别人有过激行为的，要进行劝阻，必要时请公安部门依法采取恰当措施予以制止。如果属于恐怖袭击、坏人破坏这类政治事件，要通知公安、武警等部门采取坚决措施。

④加强值班，确保信息的畅通，及时办理领导交办的临时事项。

⑤事后协助公安等有关部门对事件进行深入调查，分析原因，准确定性，对群众的合理要求要及时满足，对有过激行为者，应当进行教育，对违法者依法处理。

⑥根据需要以及有关规定和领导人的指示，组织安排好新闻发布会。

2. 自然性、责任性危机的处置

①接到报告时要详细了解灾害或事故的类型和性质、发生的地点和单位、波及的范围、目前的灾情和大致伤亡损失情况，如果是通过媒体获得信息，要与媒体沟通加以确认，然后立即向领导汇报，听候领导人的指示。

②根据领导人的指示通知有关部门启动相关的应急预案。如通知公安部门出动警力维持秩序，通知消防、卫生部门组织抢险、抢救，通知有关单位组织群众疏散避险，等等。

③亲自或安排人员赶赴现场了解第一手灾情及救灾情况，向领导人及时汇报。遇到重大灾害，应陪同领导人赶赴现场，为领导人现场视察、指挥、协调、慰问提供服务。

④做好值班工作，保持信息畅通并及时办理领导交办的临时事项。

⑤协助领导人和有关部门调查灾害或事故的原因。

⑥组织安排新闻发布会，落实会场，向有关媒体发出邀请，为领导人写好新闻发布稿，或安排领导人接受记者个别采访。

⑦及时处理公众的来信、来访、来电，并根据领导人确定的统一口径一一答复。对来信、来访、来电中反映的重要情况和意见要及时向领导汇报。

⑧协助领导人安排好后期的理赔、抚恤、治丧、慰问等相关工作。

3. 侵权、误解性危机的处置

①了解情况、收集证据。秘书要迅速详细了解侵权、误解性危机发生在

什么地点、以什么形式出现、已经造成哪些损失。对于侵权性危机要了解侵权方的法定名称和住址，采用了哪些侵权的手段，有哪些直接或间接的证据；对于误解性危机要了解产生误解的原因。了解情况后及时向领导汇报。

②根据领导的指示，邀请有关专家和律师参加情况分析会，共同商讨应对措施。会议中秘书要做好记录，并根据会议决定迅速起草新闻发布稿、声明等文件材料。如决定采取法律行动维护权益的，还要协助律师做好必要的证据收集、补充和法律文书的起草工作。

③安排新闻发布会或情况说明会，向有关媒体发出邀请，为领导撰写新闻发布稿，或安排领导接受记者个别采访。

技能训练

＊案例＊

雀巢奶粉碘超标风波

2005年5月25日，浙江省工商局公布儿童食品质量抽检报告，其中国际知名品牌雀巢的金牌成长3+奶粉被查出碘含量超标。

5月26日，雀巢中国公司做出反应：承认碘超标事实，解释碘超标是由牛奶原料天然含有的碘含量存在波动引起的，又声称该项碘检测结果符合《国际幼儿奶粉食品标准》。

5月27日雀巢中国有限公司发布声明，以中国营养学会公布的《中国居民膳食营养素参考摄入量》为参照，称儿童碘摄入量的安全上限为每日800微克，因此雀巢金牌成长3+奶粉"是安全的"。

5月28日，雀巢正式对外公布，出现碘超标质量问题的奶粉批次为：2004.09.21，但拒绝透露生产数量及销往哪些市场。

5月28日，与雀巢公司的推三挡四、故意拖延却无实质性措施对照，家乐福等部分经销商开始对雀巢奶粉进行自发下架处理。

5月29日，中央电视台"经济半小时"播出专题：《雀巢早知奶粉有问题》。

6月1日，中国消费者协会表态支持消费者起诉雀巢，并公开指责雀巢公司明知奶粉有问题仍然任其上市销售，不能自圆其说。

6月2日，云南昆明发现雀巢同样产品另一批次奶粉碘超标。

6月5日，迫于巨大压力，雀巢首次正式向消费者表示道歉，但购买该批次奶粉的消费者不能退货，只能换货，且只能更换同类型号产品。

6月7日，雀巢终于在退货问题上有所松动，表示可以退货，但没有透露退货细节。

6月9日，国家标准委首次对雀巢奶粉事件表态：雀巢奶粉必须强制执行国家标准，对不达标产品禁止生产和销售。

6月11日，雀巢公司公开表示，将主动替换零售市场上所有批次的金牌成长3+奶粉。

6月15日，雀巢开始退换所有金牌3+奶粉，并开始接受超市退换货。

6月19日，雀巢高层再次向公众道歉，称公司为错误付出昂贵代价。

1. 思考题：雀巢公司的处理不妥之处主要有哪些？

2. 训练：能够掌握危机处理的一般流程。

（1）训练内容：用2学时，老师讲授危机管理的基本内容，学生可根据事前查找的资料与老师进行互动。

（2）训练要求：老师布置经典案例作业，学生将危机管理的步骤以作业的形式写出来，之后师生在课堂上进行全面剖析。要求学生能够掌握危机管理的一般步骤以及灵活处理不同的危机。

学习评价

表8-2　学习评价内容

学习目标	自我评价			组内评价			教师评价			备注
	好	较好	一般	好	较好	一般	好	较好	一般	
1. 对危机管理的预案是否明确										
2. 对危机管理的大致步骤是否掌握										
3. 对危机管理前的准备工作是否能全面落实										
4. 危机管理中能否做到随机应变，准确解决工作中出现的问题										
5. 对危机管理后的工作是否完整归档										

第二节 突发事件的处理

学习目标

◆ 了解突发事件的类型。

◆ 能够制定明确的突发事件预案。

◆ 掌握突发事件的预防和应对措施。

◆ 能够根据突发事件的不同性质，快速处理事件。

任务描述

突发事件通常指突然发生的、具有很大危险性、需要立即采取应对措施并尽力控制的事件。突发事件的最大特点就是不可预见性，我们无法知道它什么时候发生、在哪里发生、发生到什么程度。所以需了解突发事件的种类、特点以及处理技巧，及时妥善地处理各种突发事件。

任务分析

突发事件的处理工作是非常重要的，秘书办事是否果断，直接影响到单位的整体形象。所以秘书必须重视突发事件的处理工作。秘书可根据突发事件的种类，灵活掌握突发事件的处理方式，这样才能使突发事件得到快速解决。

突发事件的种类如下。

（1）偶发自然灾害：包括意外伤害、火灾、风暴灾害、水灾、疾病、地震等。

（2）偶发人为事件：如食物中毒、交通事故、炸弹威胁等恐怖事件。

（3）刑事案件：如持枪杀人、抢劫银行、流氓滋事等。

（4）偶发政治事件：如法轮功等邪教组织聚众闹事、暴乱等。

突发事件的处理原则如下。

（1）快速反应，控制事态发展。

按照危机管理理论，任何危机的发展过程均分为突发期、扩散期、爆发期和衰退期4个阶段，随着阶段的后移，处理好和平息危机的成本将成几何级增长。因此，及早发现、快速反应并有效控制事态发展，不仅能减少损失，而且投入成本也相对较低。

（2）以人为本，保护公众利益。

当自然灾害发生时，保护人的生命安全是最高利益、最大原则。当人为的事件发生时，要最大限度地维护公众利益，努力降低公众的损失，以取得公众的理解和信任，维护单位的良好形象。

（3）公开透明，真诚面对公众。

单位一旦发生突发事件，正确的应是及时与新闻媒体联系，披露事实真相和单位所采取的应对措施，争取公众的理解和支持。

任何企图封锁消息、隐瞒事实真相的做法都是愚蠢的，到头来，不仅掩盖不住真相，还会造成舆论上的混乱，延误救援的最佳时机，极大地损害组织形象。

（4）重塑形象，置之死地而后生。

危机并不可怕，可怕的是在危机中一蹶不振，进而痛失发展良机。世界上很多优秀的大企业都曾遇到过危机，但由于应对得当，都能够化险为夷，变危机为转机。

任务实施步骤

（一）突发事件预防工作任务及方法

【操作流程】

制定预案→加强培训→大力宣传→模拟演练→明确责任→保障有力

【操作步骤】

步骤1：制定预案

以书面形式确定紧急情况处理程序，准确而详尽地描述出发生火灾、人员受伤、突发疾病或炸弹威胁等时的具体处理程序。

步骤2：加强培训

对所有工作人员进行上述紧急情况处理程序培训，如健康培训、安全培训、急救培训、保安人员的特殊培训等。

步骤3：大力宣传

利用各种形式宣传突发事件处理程序，让所有人员了解有情况发生时该如何疏散，让所有人员知道有关急救人员的姓名和联系方式。

步骤4：模拟演练

加强紧急情况模拟演练，如定期进行消防演习或疏散演习，逐步提高员工在各种紧急情况下的应急反应能力。

步骤5：明确责任

明确各级管理人员在紧急情况下应承担的任务和职责，一旦发生紧急情况，他们就可以迅速地按照事先的分工奔赴相关岗位。

步骤6：保障有力

要配备相关的设备和资源以保证能够随时处理各种紧急情况，如报警装置、灭火器、急救包等，并通过定期检查和更新，保证这些设备时刻处于有效状态。

（二）处理突发事件的工作流程

【操作流程】

及早发现，马上报告，保护现场→查找问题原因→成立临时指挥中心→控制源头，釜底抽薪→召开新闻发布会

【操作步骤】

步骤1：及早发现，马上报告，保护现场

单位发生重大事件时，务必在第一时间向有关部门和当地政府报告情况，由政府统一组织和调动各种资源进行抢救。这时，单位的主要任务是组织人员有序撤离危险地带，提供真实准确的情况，组织并配合专业人员进行抢救。

步骤2：查找问题原因

在突发事件面前，单位领导者要临危不乱、沉着应对，首先搞清楚问题的原因。只有找出主要矛盾和矛盾的主要方面，才能选准主攻方向和突破口，迅速化解危机。

步骤3：成立临时指挥中心

单位一旦发生危机，不管什么性质，都要成立临时指挥中心，调动一切可以调动的资源，进入紧急状态。指挥中心应由单位的第一负责人担任总指挥，并组建抢救组、调查组、善后处理组、接待组、宣传组、物资供应组等临时组织，明确责任，统一指挥，集中资源，分工负责，做到忙而不乱。

步骤4：控制源头，釜底抽薪

在找到问题的原因后，最要紧的是找到引发事件的源头，通过控制源头，防止事态的发展和蔓延。

步骤5：召开新闻发布会

发生危机后，单位要设立新闻发言人，召开新闻发布会，统一口径，一个声音对外。

要向公众坦诚说明情况，避免公众因不了解情况而听信传言、损害组织形象。如果确实是单位自身的问题，除了诚恳道歉外，还要同时公布补救的措施，以获得公众的谅解和支持。

突发事件的记录：不管什么样的突发事件，也不管有没有发生实质性的伤害或者损失，都应该报告和记录，这是相关法律的要求，也是安全教育的案例资料。因此，突发事件一旦发生，必须立即报告给领导或安全主管部门，并按照要求填写"事故情况记录表"。如果事故中有人受伤，涉及的每一个人都要填写一张"工伤情况报告表"，准确记录受伤人的基本信息、事故发生过程、救治情况和证明人等。

附：

表 8-3　××公司事故情况记录

事故时间	年　月　日　时　分	事故地点	
涉及人员		证人	
记录人		记录时间	

事故过程概述：

表 8-4　××公司工伤情况报告

工伤人员基本情况			
姓名		出生日期	
住址		职务	
事故情况			
发生时间		发生地点	
事故细节描述：			
救治情况			
证明人情况			
姓名		职务	
填表人：		填表时间：　　年　月　日	

（三）总结报告

一般以书面材料的形式，将突发事件的整个过程、处理的措施汇报上来，整理归档，以备公司不时之需。

＊相关知识链接＊

往往无法准确预料突发事件发生的时间、范围和程度，但有些是可以预测并提前做好防范的，如行凶、踩踏、食物中毒、炸弹威胁等，因此提前做好各种突发事件的预防工作，可以有效降低突发事件的发生频率和带来的损失。

（一）突发事件的预防措施

（1）对可预见的自然灾害和可能发生的人为事故，多渠道深入了解有关信息，掌握动向，及时发现苗头并采取措施，将事件和事故扼杀在萌芽状态。

（2）对以前发生过的突发事件制定应急预案，找出诱发事件发生的规律和可能性，并以此制定防范措施。

（3）对预测的突发事件制定应急预案。预案主要包括以下内容。

①制定预案的目的、原则和依据。

②突发事件的类型、分类，突发事件发生时的应对程序、方法。

③处理突发事件的领导机构、责任部门和责任人。

④突发事件的预警与响应机制。责任人或当事人基于突发事件等级、发展趋势和危害程度根据预案及时开展部署工作。

⑤突发事件信息管理。紧急事件的信息报送原则和内容等。

⑥应急保障。主要是信息保障、人员保障、演练保障和物资保障等。

⑦培训与演习。定期组织突发事件的演练，提高人们对突发事件的认识和应对水平。

⑧附则。说明预案的解释和修订部门、预案的实施日期等。

⑨附件。不同紧急事件的适用范围、等级确定与划分、处置流程和后续处置。

（4）将突发紧急事件的应对措施和处理程序张贴于各个出口，让所有人员熟悉遇到突发事件时应采取的措施和处理步骤。

（5）就应对突发事件定期进行培训和演练，提高处理突发事件的能力。

（6）配备相关设备和资源，如灭火器、防火门、报警装置、烟雾报警器、急救包、炸弹扫描仪等，以随时应对突发事件。

（7）定期检查、维护更新设备和资源，使设备始终处于良好的备用状态。更新及检查周期一般是：

①灭火器应每年更新一次，火警报警装置每月检查一次，防火门、安全出口、烟雾报警器等每月检查一次。

②急救包定期更换，防止过期使用，最好每三个月检查一次。

③炸弹报警铃每月检查一次，扫描设备最好每三个月检查一次。

（二）不同突发事件的应对措施

对不同性质的突发事件，可采取不同的应对措施。下文主要介绍突发人为事故、突发炸弹威胁、突发刑事案件等的应对措施。

1. 突发性人为事故应对措施

突发性人为事故主要包括交通事故、食物中毒、安全生产事故等。

（1）立即了解事故发生地点、部门或人员、伤亡情况等。

（2）立即通知有关责任部门赶赴事故现场组织抢救、抢险，以控制事故发展。

（3）向领导报告情况，重大事故应请领导人到现场指挥。

（4）在抢救、抢险时注意保护好现场，以便分析原因、判断责任。

（5）协助调查事故原因。对重大事故要成立事故调查组进行调查。

（6）办公室要安排值班人员，始终保持联系通畅。

2. 突发炸弹威胁的应对措施

（1）迅速拉响报警铃，启用应急预案，同时主管领导和相关负责人第一时间赶到现场。在向上级主管部门报告的同时，迅速向公安消防部门报告。

（2）在爆炸现场及时设置隔离带，封锁和保护现场，疏散人员，要求撤离人员尽量带走自己的物品，以便排查不明物；若在室内，打开窗户，防止飞溅物品的伤害；迅速采取有效措施检查并消除继发性危险，防止事故再次发生。

（3）发现肇事者或直接责任者，立即采取有效控制措施，并迅速报告公安机关。

（4）如有人员受伤，通知医疗机构救助。

（5）请公安部门调查事件原因，协助做好各项工作。

3. 突发性刑事案件的应对措施

突发性刑事案件包括盗窃、行凶、抢劫、寻衅滋事等。

（1）立即了解案件发生的地点、环境和周围情况。

（2）提醒有关方面，注意保护现场，以便公安部门取证。

（3）立即通知公安部门迅速控制现场，阻止事态发展。

（4）协助公安部门抓捕犯罪分子。

4. 突发漏水、漏气、水源污染等后勤安全保障事件的应对措施

（1）立即了解有关情况，通知责任人和领导赶到现场。

（2）组织人员进行抢修和抢救，控制事态，提醒有关方面注意保护现场（若是漏气，组织人员撤离，注意打开窗户通风以降低燃气浓度）。

（3）必要时请求当地有关专业部门支持帮助，如请卫生防疫部门进行检疫、化验和排污处理。

（4）判断事故原因，协助有关部门调查。

技能训练

＊案例＊

天地公司的秘书高山陪同法国某毛衣代表团参观故宫。出发前，代表团每人在外币兑换处换了 2000 元人民币。一行人刚进故宫大门，走在队伍最后的高山秘书就看见兑换处的女出纳员急急忙忙赶来了，她一把拉住高山秘书，引向人少处，上气不接下气地说在兑换外币时，出了差错，多给了一位客人 1000 元人民币，可不知是哪位客人。她请求高山秘书快快想办法，尽快把钱找回来。

高山秘书费了半天周折也未能够找出，此时代表团成员纷纷不满，更有几个年纪大的声称身体不适要回驻地。高山不知所措，结果闹得整个参观活动十分不愉快。

1. 思考题：若你是高山，你如何处置该问题？

2. 训练：能够掌握突发事件的处理程序。

（1）训练内容：用 2 学时，将学生分小组，各组以团队合作的形式交上一份突发事件的预案。

（2）训练要求：针对不同的预案，设置不同的模拟场景，要求学生能够掌握处理突发事件的原则，机智地处理突发事件。

学习评价

表 8-5　学习评价内容

学习目标	自我评价			组内评价			教师评价			备注
	好	较好	一般	好	较好	一般	好	较好	一般	
1. 处理突发事件的基本程序是否正确										
2. 处理突发事件的原则是否掌握										
3. 制定的突发事件预案是否全面、合理										
4. 突发事件中能否做到随机应变、灵活处理										
5. 突发事件的善后工作是否做到位										

参考文献

［1］ 王银清、瞿麦生：《企业秘书实务》，中国人民大学出版社，1995。

［2］ 王晓彬、包镭：《秘书实务训练教程》，北京大学出版社，2009。

［3］ 孟庆荣主编《秘书学》，暨南大学出版社，2014。

［4］ 袁维国：《秘书学》，高等教育出版社，1987。

［5］ 陈合宜：《秘书学》，暨南大学出版社，1994。

［6］ 戴胜利：《文秘管理》，上海教育出版社，2004。

［7］ 杨振宇：《现代文秘学》，黑龙江大学出版社，2014。

［8］ 王萍、张卫东编著《现代文秘工作实务》，机械工业出版社，2007。

［9］ 王宗兴、贾玉铭：《现代文秘基础》，电子科技大学出版社，1993。

［10］ 史玉峤、陶菊怀：《现代秘书学》，青岛出版社，1995。

［11］ 周鹏主编《秘书礼仪》，合肥工业大学出版社，2005。

［12］ 钱立静主编《秘书原理与实务》，合肥工业大学出版社，2005。

［13］ 向国敏编著《现代秘书学与秘书实务》，华东师范大学出版社，2012。

［14］ 杨树森：《秘书学概论》，安徽人民出版社，2005。

［15］ 欧阳周、陶琪编著《现代秘书学——原理与实务》，中南大学出版社，2000。

［16］ 陆瑜芳：《秘书学概论》，复旦大学出版社，2001。

［17］ 范立荣主编《现代秘书学教程》，首都经济贸易大学出版社，2005。

［18］ 杨锋主编《秘书工作案例与分析》，暨南大学出版社，2010。

［19］ 王玉霞主编《办公室事务管理》，清华大学出版社，2010。

［20］ 钟铮：《办公室事务管理》，科学出版社，2010。

［21］ 普林林：《秘书理论与实务》，高等教育出版社，2012。

［22］倪丽娟：《文书学》，高等教育出版社，2014。

［23］陈涛涛：《党政机关公文写作处理：规范方法与范本》，中国法制出版社，2015。

［24］周泉主编《文书与档案管理》，北京理工大学出版社，2010。

［25］刘萌主编《文书与档案管理》，首都经济贸易大学出版社，2012。

［26］王萍、张卫东编著《秘书学教程》，辽宁大学出版社，2013。

［27］周耀林、叶鹏、黄川川编著《公文管理教程》，辽宁大学出版社，2013。

［28］陈琳：《档案管理技能训练》，机械工业出版社，2011。

［29］郭树银主编《归档文件整理工作指南》，中国大百科全书出版社，2001。

［30］罗春娜、张智主编《秘书实务》，清华大学出版社，2011。

［31］焦名海等主编《办公室事务处理》，重庆大学出版社，2010。

［32］张丽荣主编《办公室实务》，机械工业出版社，2010。

［33］梁春燕等主编《会议组织与服务》，北京大学出版社，2010。

［34］施新主编《秘书写作》，浙江大学出版社，2010。

［35］谭一平：《我是职业秘书》，机械工业出版社，2008。

［36］高建华：《笑着离开惠普》，商务印书馆，2006。

［37］沈美莉、陈孟建编著《管理信息系统》，人民邮电出版社，2009。

［38］黄梯云主编《管理信息系统（第四版）》，高等教育出版社，2011。

［39］樊理略等主编《大学计算机基础》，天津科学技术出版社，2008。

［40］邝孔武等编著《管理信息系统分析与设计（第二版）》，西安电子科技大学出版社，2003。

图书在版编目（CIP）数据

办公室事务管理／王雯著.--北京：社会科学文
献出版社，2023.6（2024.8 重印）
（职教师资本科秘书学专业丛书／王雯主编）
ISBN 978-7-5228-1549-7

Ⅰ.①办…　Ⅱ.①王…　Ⅲ.①办公室工作-管理
Ⅳ.①C931.4

中国国家版本馆 CIP 数据核字（2023）第 048326 号

职教师资本科秘书学专业丛书

办公室事务管理

著　　者／王　雯

出 版 人／冀祥德
组稿编辑／陈　颖
责任编辑／桂　芳
责任印制／王京美

出　　版／社会科学文献出版社·皮书分社（010）59367127
　　　　　地址：北京市北三环中路甲 29 号院华龙大厦　邮编：100029
　　　　　网址：www.ssap.com.cn
发　　行／社会科学文献出版社（010）59367028
印　　装／三河市龙林印务有限公司

规　　格／开　本：787mm×1092mm　1/16
　　　　　印　张：19　字　数：289 千字
版　　次／2023 年 6 月第 1 版　2024 年 8 月第 2 次印刷
书　　号／ISBN 978-7-5228-1549-7
定　　价／98.00 元

读者服务电话：4008918866